深埋长输水隧洞
施工风险评价与控制

吴剑疆　罗立哲　王曙东　编著

中国水利水电出版社

www.waterpub.com.cn

·北京·

内 容 提 要

本书主要结合已建或在建的深埋长隧洞工程，介绍与总结深埋长隧洞施工特点，基于深埋长隧洞施工风险因素的研究，提出深埋长隧洞施工风险评估模型、施工风险分级标准、施工风险管控机制等成果。书中深埋长隧洞施工风险分析与分级管控案例资料对深埋长隧洞施工风险与施工安全管理研究具有重要意义。

本书可供水利、岩土、隧道等工程及相关专业从业者参考，也可作为高等院校相关专业学生学习用书。

图书在版编目（CIP）数据

深埋长输水隧洞施工风险评价与控制 / 吴剑疆，罗立哲，王曙东编著. -- 北京：中国水利水电出版社，2021.5
　　ISBN 978-7-5170-9616-0

Ⅰ．①深… Ⅱ．①吴… ②罗… ③王… Ⅲ．①深埋隧道－过水隧洞－施工管理 Ⅳ．①U459.6

中国版本图书馆CIP数据核字(2021)第101632号

书　　名	深埋长输水隧洞施工风险评价与控制 SHENMAI CHANG SHUSHUI SUIDONG SHIGONG FENGXIAN PINGJIA YU KONGZHI
作　　者	吴剑疆　罗立哲　王曙东　编著
出版发行	中国水利水电出版社 （北京市海淀区玉渊潭南路1号D座　100038） 网址：www.waterpub.com.cn E-mail：sales@waterpub.com.cn 电话：(010) 68367658（营销中心）
经　　售	北京科水图书销售中心（零售） 电话：(010) 88383994、63202643、68545874 全国各地新华书店和相关出版物销售网点
排　　版	中国水利水电出版社微机排版中心
印　　刷	清淞永业（天津）印刷有限公司
规　　格	184mm×260mm　16开本　13印张　219千字
版　　次	2021年5月第1版　2021年5月第1次印刷
定　　价	**98.00元**

凡购买我社图书，如有缺页、倒页、脱页的，本社营销中心负责调换

前言
FOREWORD

深埋长输水隧洞技术已广泛应用于我国众多水利、铁路和公路等工程中，但由于施工过程受自然地理条件和社会人为因素的影响，会存在各种不确定性风险。施工风险如不能引起广泛重视，不采取相应措施加以控制，极有可能带来巨大的财产损失、人员伤亡等；反之，施工风险得到科学管理，安全问题得到可靠保障，工程项目的安全可靠性与经济性即可实现统一。

风险评估与控制理论是在工程科学、经济学、管理学、统计学、计算机科学和系统科学等多学科和现代工程技术的基础上，逐步发展形成的交叉性新兴科学。该理论自 20 世纪 50 年代建立后，得到了迅速发展和广泛应用，在社会和经济管理活动中占据了举足轻重的位置。其目标是通过辨识、评估、控制和处理工程建设过程中因不确定因素而引发的风险，防止和减少损失，减轻和消除风险的不利影响，以最低的工程成本获得项目安全保障的满意结果，进而保障项目的顺利进行；对深埋长输水隧洞工程来说，则是识别和评估施工风险，建立风险分级与控制管理机制，减少或避免因风险因素带来的重大施工灾害损失和工期延误，确保工程顺利实施。目前，铁路和公路等行业对风险评估和控制理论已有研究，并制订了相应的风险管理标准，但水利行业相关研究在国内外尚处于空白。

本书结合了"十三五"国家重点研发计划项目"长距离调水工程建设与安全运行集成研究与应用"中的课题——"高压水害等不良地质条件下深埋长隧洞施工灾害处治和成套技术研究"（编号：2016YFC 0401805）及"大型引调水工程施工风险评估系统研究及软件开发"（编号：CX2017232）中的相关内容，并得到以上课题资助。全书系统地介绍深埋长输水隧洞施工风险的分析方法及其在引调水等水利工程领域的应用，提出了包含风险粗评与风险专评的多层风险评估体系，建立了基于专家打分与模糊层次分析法的深埋长输水隧洞施工风险评估模型，构建了与之对应的风险分级机制与风险控制机制。全书共分 8 章，其中：第 1 章绪论，介绍了深埋长输水隧洞工程建设和风险评估现状及施工风险评估与控制主要内容；第 2 章分析了深埋长输水隧洞施工特点及难点；第 3 章为深埋长输水隧洞施工风险因素识别；第 4 章为深埋长输水隧洞施工风险评估；第 5 章介绍了工程项目风险分级；第 6 章分析了深埋长输水隧洞施工风险；第 7 章研究了深埋长输水隧洞施工风险控制；第 8 章为总结与展望。参与本书撰写的人员有：支悦、段寅、李宁博、喻文振、张安、朱成冬、朱学贤、吴俊、边策等。

本书在撰写过程中，得到了水利部水利水电规划设计总院刘志明、温续余、邵剑南和长江勘测规划设计有限公司倪锦初、李勤军等专家的指导和帮助。在此一并表示感谢！

作者

2021 年 5 月

目录
CONTENTS

第1章 绪 论

1.1 工程建设和风险评估现状

我国人均水资源占有量十分有限,只有 2300m³,仅为世界平均水平的 1/4,是全球人均水资源最贫乏的国家之一,且地区间水资源分布严重不均衡。随着国民经济的快速发展,工农业生产和人民群众生活对水资源的需求也日渐增加,建设长距离调水工程已成为解决水资源区域不均衡的重要方式。长距离调水工程的显著特点是引水流量大,工程线路长,沿线渠、隧等构成运行系统复杂。随着"新奥法"和 TBM 等施工技术的发展,深埋长输水隧洞在工程实践中已获得了广泛运用。其优点是大大缩短输水线路长度,减少建筑物数量和移民占地,降低由于移民占地所带来的社会影响,减小工程运行管理难度,节约工程投资。20 世纪 90 年代以来,我国已建成的深埋长输水隧洞工程有:引大入秦工程,隧洞共 77 座,总长度 110km,其中长度超过 1km 的有 31 座;万家寨引黄入晋工程,一期线路总长 317.45km,其中输水隧洞长约 192km,最大埋深 420m;辽宁大伙房输水工程,主洞长 85.31km,洞径 8m,最大埋深约 600m;引大济湟调水总干渠工程引水隧洞,全长 24.17km,洞径 5m,最大埋深约 1000m。目前在建的深埋长输水隧洞工程有:陕西省引汉济渭工程秦岭输水隧洞,总长 98.26km,设计流量 70m³/s,最大埋深约 2010m;云南省滇中引水工程,输水总干渠长度 664.236km,其中隧洞 58 座、长 611.986km,占比 92.1%,埋深最大隧洞为香炉山隧洞,单洞长 62.6km,最大埋深近 1500m。除了引调水工程,深埋长输水隧洞在水电、公路、铁路等工程领域也有广泛应用。国内已建成或在建的深埋长距离输水隧洞工程见表 1.1。

表 1.1 国内已建成或在建的深埋长距离输水隧洞工程

工 程 名 称	长度/km	最大埋深/m	断面尺寸/m	建成时间/年
引汉济渭工程秦岭隧洞	98.30	2000	圆形 ϕ8.02/马蹄形 6.76×6.76	在建

续表

工　程　名　称	长度/km	最大埋深/m	断面尺寸/m	建成时间/年
滇中引水工程香炉山隧洞	62.60	1450	圆形 $\phi8.3\sim10.0$	在建
新疆某引水隧洞 1	41.80	2100	圆形 $\phi5.8$	在建
新疆某引水隧洞 2	283.30	774	圆形 $\phi6.8$	在建
引黄入晋工程南干线 7 号隧洞	42.50	400	圆形 $\phi4.88$	2001
青海引大济湟调水总干渠工程大坂山输水隧洞	24.30	1100	圆形 $\phi5.5$	2015
新疆布伦口-公格尔水利枢纽引水隧洞	17.46	1600	圆形 $\phi5.2$	2009
辽宁省大伙房水库输水工程输水隧洞	85.31	800	圆形 $\phi8.0$	2009
天生桥二级水电站 I 号引水隧洞	9.58	810	圆形 $\phi10.8$	2002
新疆萨海干渠工程达坂隧洞	30.70	260	圆形 $\phi6.0$	2010
新疆齐热哈塔尔水电站工程引水隧洞	13.20	1720	马蹄形 $5.5\sim7.1$	2014
锦屏二级水电站引水隧洞	16.67	2525	圆形 $\phi12.4$	2014
四川娘拥水电站引水隧洞	15.40	800	马蹄形 6.0×7.19	2015

受地质条件和施工环境等因素的影响，深埋长输水隧洞的工程建设难度往往较大，施工风险也较高。与一般隧洞工程相比，大型引调水工程中的深埋长输水隧洞受纵断设计条件等限制，长度更长、埋深更大，地质条件更复杂，施工环境更为恶劣，使其在建设过程中存在更多的不确定风险因素，可能造成更大的人员伤亡、工期延误、经济损失、区域环境破坏以及参建方社会信誉损失等风险。从已建成的工程看，许多隧洞在施工过程中均遇到了涌水、岩爆、坍塌以及 TBM 卡机等事故，特别是卡机事故造成了非常严重的财产损失，并使施工工期大幅延长。为保证大型引调水工程深埋长输水隧洞施工安全与进度，对深埋长输水隧洞施工风险进行评估和分级成为一项非常必要和重要的工作，可为工程施工的风险管理提供必要的技术支持。

随着工程风险意识的不断提高，深埋长输水隧洞工程的立项风险评估和施工风险评估越来越受到重视，以尽可能地为项目投资与管理提供决策依据，减少工程事故的发生，降低风险和经济损失。国际隧道协会（International Tunnel Association，ITA）于 2004 年发布了《隧道风险管理指南》，提出了隧洞工程风险管理的指导性标准。2006 年英国隧道协会联合 ITA 发布了《隧道及地下工程风险管理作业规范》。我国开始隧洞工程施工风险管理研究和实践的时间比较晚，尚属于起步阶段。近年来，有关设计、施工单位及高校等取得了一

些研究成果，在地铁、公路、水电、铁路等行业也逐步制订和发布了一些相应的规程规范和技术指南。如 2007 年中国土木工程学会、同济大学等编写了《地铁及地下工程风险管理指南》，2011 年中华人民共和国住房和城乡建设部发布了《城市轨道交通地下工程建设风险管理规范》（GB 50652—2011）和《风险管理风险评估技术》（GB/T 27921—2011）国家标准、2013 年发布了《大中型水电工程建设风险管理规范》（GB/T 20927—2013）国家标准，2015 年中国铁路总公司发布了《铁路建设工程风险管理技术规范》（O/CR 9006—2014）。上述规范结合地铁交通、水电工程、铁路工程的不同特点，对项目生命周期不同阶段的风险辨识、风险评估、风险控制等方面进行了规定。但经调查，目前针对大型引调水工程中的深埋长输水隧洞的施工风险评估和控制的技术和相关规范在国内外尚处于空白状态。

1.2 施工风险评估与控制内容

根据深埋长输水隧洞特点，其施工风险评估与控制内容主要包括：施工特性分析；施工风险因素辨识；施工风险评估；施工风险分级；施工风险控制措施制订。

（1）施工特性分析。结合地形地质条件、工程布置和施工条件等因素，分析待评估的深埋长隧洞施工特性。

（2）施工风险因素辨识。对深埋长输水隧洞的施工过程进行分析，辨识出复杂建设环境下影响施工的不确定性因素，如自然条件、社会环境、施工方法、施工设备、施工安全、施工进度等；分析致险因素特征，探索深埋长输水隧洞施工风险的形成机理、发生发展过程，研究建立各风险因素描述模型。

（3）施工风险评估。在风险因素描述模型的基础上，研究致险因素参与致险的机理及相互关系，建立风险评估指标体系，确定各因素相对权重，参数化各类风险发生的概率与损失，研究建立深埋长输水隧洞施工风险评估模型，并进行综合评估。

（4）施工风险分级。施工风险分级是一个在客观的风险量化基础上的主观标准。在深埋长输水隧洞施工风险评估模型的基础上，研究分析各工程各类风险的风险标准，提出各类风险的耦合方法，研究各风险因素风险分级标准及整

体风险分级标准，建立以各工程参建方为风险评估主体的风险分级机制。

（5）施工风险控制措施制订。在多层次深埋长输水隧洞施工风险分级机制基础上，拟定各级风险的应对原则与处理措施，分别提出风险转移、风险减轻、风险回避、风险预防与风险自留等应对方案；针对不同的风险应对措施与方案，提出相应的风险跟踪与控制原则与方法，建立调水工程深埋长输水隧洞工程的施工分级风险控制及管理机制。

第 2 章　深埋长输水隧洞施工
特点及难点

2.1　施工特点

2.1.1　定义

关于深埋长隧洞，尚无明确定义。由于隧洞工程的服务对象和技术特点不同，水利、水电、铁路和公路等行业没有统一标准。

《公路隧道设计规范 第一册 土建工程》（JTG 3370.1—2018）考虑到既有公路的实际长度，将公路隧道按其长度划分为：特长隧道（$L>3000\text{m}$）、长隧道（$3000\text{m}\geqslant L>1000\text{m}$）、中隧道（$1000\text{m}\geqslant L>500\text{m}$）、短隧道（$L\leqslant500\text{m}$）。《铁路隧道设计规范》（TB 10003—2016）将铁路隧道按其长度划分为四类：特长隧道（$L>10000\text{m}$）、长隧道（$10000\text{m}\geqslant L>3000\text{m}$）、中长隧道（$3000\text{m}\geqslant L>500\text{m}$）、短隧道（$L\leqslant500\text{m}$）。在计算围岩压力时，根据上述规范将隧道按埋深划分为深埋隧道和浅埋隧道。深埋隧道和浅埋隧道的临界深度以隧道顶部盖层能否形成压力拱（自然拱）为原则确定。深埋隧道、浅埋隧道的分界深度多以隧道开挖对地表产生影响的原则来确定，目前常认为深埋隧道洞顶覆盖岩体厚度应大于 $2\sim2.5$ 倍的塌方高度 h_0，通常在 Ⅰ～Ⅲ级围岩采用 $2h_0$，Ⅳ～Ⅵ级围岩采用 $2.5h_0$。不同类别围岩的塌方平均高度不同，因此分界深度是不一样的。对于公路和铁路山岭隧道，埋深超过 50m（保守的估计 100m）的隧道基本上都可以划分为深埋隧道。

《水力发电工程地质勘察规范》（GB 50287—2016）认为，长度大于 2km 的隧洞为长隧洞，埋藏深度大于 300m 的地下洞室为深埋洞室。显然这是根据钻爆法施工的困难程度与能力而确定的。公路、铁路、电力行业对于现在隧道施工中广泛采用 TBM 施工，长度已达数十千米，埋深大于 300m 的隧洞工程案例也比较多，上述定义所针对工程的规模、范围、难度等已经显得不够全面。

有学者在尊重既有划分方案的基础上,从岩体初始地应力特征、围岩压力及围岩稳定性的角度将硬岩隧道划分为浅埋隧道、深埋隧道和超深隧道三大类,见表 2.1。

表 2.1 硬岩隧道埋深划分方案

埋深分类	浅埋隧道	深埋隧道	超深隧道
深度范围/m	$\leqslant (2\sim3) h_+$	$(2\sim3) h_+ \sim 500$	$\geqslant 500$

对于水利水电行业,新中国成立以来我国水利水电工程隧洞施工方法经历了钻爆法短洞施工、钻爆法"长洞短打"和 TBM 深埋长隧洞施工 3 个阶段。改革开放以来,许多地区开展长距离、跨区域、跨流域调水以实现水资源优化配置和充分利用河谷地形落差修建高水头水力发电站等,极大促进了深埋长输水隧洞施工技术的进步和发展。

水利行业规程规范中,在《水工隧洞设计规范》(SL 299—2016)中没有对深埋长输水隧洞赋予明确定义。《水利水电工程地质勘察规范》(GB 50487—2008)中将"钻爆法施工长度大于 3km 的隧洞;TBM 施工长度大于 10km 的隧洞"定义为长隧洞,将"埋深大于 600m 的隧洞"定义为深埋隧洞。

基于《水利水电工程地质勘察规范》(GB 50487—2008)规定和国内一些学术专著的观点,经分析认为对于引调水工程隧洞,TBM 施工隧洞的埋深不小于600m,单洞长度不小于 10km 为深埋长隧洞较为合适;钻爆法施工隧洞的埋深不小于 300m,单洞长度不小于 3km 较为合理。

2.1.2 深埋长输水隧洞施工特点

深埋长输水隧洞工程施工具有以下特点:

(1)深埋长输水隧洞线路长,地下隧洞开挖、支护、衬砌等工程量大,由于埋深也大,相较于浅埋隧洞不易布置施工通道,因此具有工程投资大,施工周期长的特点,往往是制约工程进度的关键线路项目。

(2)深埋长输水隧洞多位于深山峡谷地区,沿线地质条件复杂,需穿过许多复杂地质单元或构造带,断层多、规模大、活动性强,地层岩性复杂,水文地质条件复杂,地下水容易在断层破碎带、岩溶发育的岩层富集,隧洞施工过程中可能遭遇突涌水、岩爆、围岩大变形、高外水压力、高地温、放射性元素与有毒有害气体等多种不良工程地质问题,严重影响施工安全,滞后施工进度,

增加不良地质处理工程投资。

（3）深埋长输水隧洞多位于高山区，地形复杂，交通不便，地质勘探外业工作条件困难。由于隧洞埋深大，现有的地质勘察手段、勘察工作量、勘探仪器设备精度、外业数据综合分析水平难以满足深埋长输水隧洞沿线不良地质情况的准确预见需求，甚至与实际情况有较大的偏差。在施工过程中需要大量应用综合超前地质预报技术，对掌子面前方地层岩性、地质构造、不良地质、地下水等进行预测预报，对严重地质安全风险进行预警，有针对性地采取超前预处理措施、加强支护强度、改进施工程序和施工方法等措施加以应对。

（4）深埋长输水隧洞施工多采用 TBM 与钻爆法混合施工。TBM 施工具有掘进速度快，施工环境好、安全的优点，在深埋长输水隧洞施工中得到了广泛应用，但深埋长输水隧洞沿线复杂的地质条件常造成 TBM 在施工过程中发生机头下沉、管片破损、卡机、埋机、受困等风险事件，同时由于 TBM 机身庞大，占满整个掌子工作面和临近洞段，对于相关地质素描、地质超前预报、地质超前处理都有较大影响。因此，TBM 对复杂地质条件下不良地质问题的适应能力相对于钻爆法施工较差。实际深埋长输水隧洞工程施工中，多采用钻爆法施工长大断层破碎带，或钻爆法施工先导洞、绕行洞探明地质条件后，对 TBM 掘进掌子面前方岩土进行加固处理。

（5）深埋长输水隧洞施工独头掘进距离长，长距离施工通风、开挖出渣、施工通道布置以及隧洞贯通测量难度较大。

2.2 施工难点和主要处置措施

随着施工方法和新型结构的不断发展，水工隧洞、铁路隧道、公路隧道和地下铁路等长隧洞数量越来越多。迄今，国内外已建 10km 以上的特长隧洞超过 150 座。隧洞长度越来越长：已建的引黄入晋工程南干线 7# 隧洞全长约 42km，在建的引汉济渭工程秦岭隧洞超过 90km，芬兰佩扬奈水工隧洞长 120km，新疆某引水隧洞工程单洞长度超过 280km。洞径越来越大：瑞士圣哥达高速铁路两条平行隧道成洞洞径 9.6m，四川福堂水电站有压引水隧洞成洞洞径 10.40m，锦屏二级水电站引水隧洞最大成洞洞径 12.4m。埋深越来越深：我国锦屏二级水电站引水隧洞最大埋深 2525m，世界上埋深最大的法国谢拉水电

站引水隧洞最大埋深 2619m。建洞自然条件越来越复杂：隧洞不仅可以建于完整的岩体或出现断层等不良地质条件的岩体中，还可以建于砂砾石或土层甚至海底。施工难度越来越大：复杂的地质条件无疑增加了施工难度，而长隧洞的深埋布置又导致支洞布置困难甚至无法布置，致使交通、通风困难，施工风险不断加大。本书结合引汉济渭工程秦岭输水隧洞、锦屏二级水电站长引水隧洞等工程在实施过程中遇到的主要问题和难点，说明深埋长输水隧洞工程难点和主要处置措施。

2.2.1　高地应力条件下的岩爆预测与防治

岩爆是在高地应力、硬脆性岩体中开挖隧洞诱发的一种工程地质问题，严重威胁洞内施工人员和设备的安全，影响隧洞正常施工。岩爆预测是隧洞工程建设的难题，由于形成机理十分复杂，准确预报岩爆发生的位置、时间和强度难度非常大。TBM 施工对围岩扰动较小，且开挖断面多为圆形，在一定程度上减弱了围岩应力局部集中现象，降低了岩爆发生的可能性。但在国内外一些TBM 隧洞施工过程中，仍然有岩爆发生，给施工带来严重危害。

2.2.1.1　锦屏二级水电站引水隧洞岩爆问题

锦屏二级水电站位于四川省凉山彝族自治州境内的雅砻江干流上，其利用雅砻江锦屏 150km 长大河弯的天然落差，裁弯取直凿洞引水，额定水头288.00m，装机容量为 4800MW，多年平均发电量 242.3 亿 kW·h，为雅砻江上水头最高、装机容量最大的水电站，属雅砻江梯级开发中的骨干水电站。工程主要由首部低闸、引水系统、尾部地下厂房三大部分组成。

首部拦河闸坝位于雅砻江锦屏大河弯西端的猫猫滩，最大坝高 34m，河道中央布置泄洪闸，左右岸接头为混凝土重力坝，水库正常蓄水位为 1646.00m，闸址以上控制流域面积为 10.3 万 km^2，闸址处多年平均流量 1220m^3/s。进水口和拦河闸坝采用分离式布置，进水口布置在闸址上游的景峰桥右岸。地下发电厂房位于雅砻江锦屏大河弯东端的大水沟。引水洞线自景峰桥至大水沟，采用"4 洞 8 机"布置，引水隧洞共 4 条，洞线平均长度约 16.67km，与引水隧洞平行布置 2 条长约 17.5 km 的辅助交通洞和 1 条施工排水洞。1# 和 3# 引水隧洞自东向西采用直径 12.4m 的 TBM 掘进，施工排水洞也采用 TBM 掘进，其余隧洞均采用钻爆法分上下台阶开挖。TBM 开挖洞段开挖直径 12.4m，独头掘进通风距离 12 km；施工排水洞开挖洞径为 7.2m；钻爆法施工洞段开挖洞径 13m，独头掘进通风距离 7km。

引水隧洞沿线上覆岩体厚度一般为 1500～2000m，最大厚度达 2525m，隧洞埋深大于 1500m 的洞段约占全洞长度的 75%，具有洞线长、埋深大、洞径大的特点，为特大型深埋长输水隧洞。因埋深大，再加上地质构造作用，隧洞区域高地应力问题十分突出。地应力反演结果表明，引水隧洞轴线上最大主应力超过 70MPa，中间主应力约 40MPa，最小主应力约 30MPa。隧洞水文地质条件复杂，沿线最大外水压力超过 10MPa。主要工程地质问题包括高地应力和岩爆、涌（突）水、高地温、有害气体、断层破碎带围岩稳定等。

引水隧洞沿线穿越主要地层自西向东分别为 T_{2z} 杂谷脑组大理岩、T_1 绿片岩、T_3 砂板岩、T_{2b} 白山组大理岩、T_{2y} 盐塘组大理岩，其中大理岩单轴抗压强度为 70～100 MPa。地层走向与隧洞线基本呈大角度相交，在构造作用下，形成一系列近南北向展布的复式褶皱和高倾角压性或压扭性断裂，并伴有 NWW 向张性或张扭性结构面，地层扭曲、揉皱现象较明显。根据隧洞内实测应力，围岩强度应力比大多小于 2，实测岩体岩爆倾向性指数 Wet 为 1.32～5.8，表明隧洞沿线不少岩石具有高储能性质，具备发生高地应力破坏的强度条件。其中 T_1 绿片岩地层岩石具有低-中等岩爆倾向性；T_{2b} 白山组和 T_{2y} 盐塘组的大理岩具有中-高强岩爆倾向性。

辅助洞 A 和 B 开挖过程中遭遇到了 270 多次岩爆事件，并多次造成人员伤亡和设备损毁。据统计，辅助洞 A 岩爆段累计长度为 3259.5m，占隧洞总长度的 18.48%，强烈以上岩爆段累计长度为 301.5m，占隧洞总长的 1.73%；辅助洞 B 岩爆段累计长度为 2957.2m，占隧洞总长的 16.29%，强烈以上岩爆段累计长度为 241m，占隧洞总长的 1.39%。发生岩爆的引水隧洞洞段长度达 11027.93m，其中轻微岩爆占比 71.02%，中等岩爆 21.75%，强烈岩爆 6.68%，极强岩爆 0.54%。

锦屏二级水电站引水隧洞岩爆采用宏观地质预测、超前钻探、TSP 中长距离预报、短距离表面雷达等方法进行综合地质预报，预报距掌子面前方 50～150m 范围内的地质条件，判断围岩类别；采用微震监测技术对潜在岩爆的类型、风险程度、位置进行判断和预测，提前预警。

对于钻爆法施工洞段，由于开挖断面大，采用上下台阶法开挖，光面爆破

控制，以避免因开挖面不平顺引起围岩局部应力集中而导致岩爆发生。强—极强岩爆洞段采用短进尺、弱爆破等方法，减小岩爆发生的尺寸效应。通过微震监测判断前方有岩爆先兆时，采取应力解除爆破减轻或避免岩爆，在掌子面开挖钻孔的同时，施打应力解除爆破孔，孔深不小于 2 倍循环进尺，钻孔以 $10°\sim15°$ 向外成扇形分布，孔底接近开挖边界，以爆破后不对开挖边界造成破坏为宜。强—极强岩爆洞段开挖后施工径向应力释放孔，用以释放较高的地应力，减轻岩爆强度。支护采用水胀式锚杆或涨壳式预应力中空注浆锚杆快速支护，并安装锚垫板；采用纳米钢纤维或仿钢纤维混凝土对出露的围岩及时进行封闭。在施工过程中，对设备和人员进行必要的安全防护。

对于 TBM 施工的 1#、3# 引水隧洞，TBM 自身具备应付中低强度等级岩爆的能力，在强岩爆风险洞段则采用钻爆法开挖先导洞，通过先导洞预先解除高地应力，然后再通过 TBM 二次扩挖的开挖方案。导洞采用玻璃钢锚杆支护，对 TBM 刀盘不构成影响。刀盘切断先期安装的锚杆以后，仍遗留约 3m 长的预装锚杆在 TBM 掘进隧洞围岩内，起到了预安装临时支护的作用，可以大大减轻 TBM 支护压力，提高 TBM 掘进速度。

2.2.1.2　引汉济渭工程秦岭输水隧洞

引汉济渭工程地跨黄河、长江两大流域，穿越秦岭屏障，是陕西省内大型跨流域调水工程。工程供水范围为西安、宝鸡、咸阳、渭南等沿渭大中城市，主要解决城市生活、工业生产用水问题。工程规划在汉江干流黄金峡和支流子午河分别修建水源工程：黄金峡水利枢纽和三河口水利枢纽，经总长 98.3km 的秦岭隧洞送至关中。

秦岭隧洞设计流量 $70m^3/s$，设计纵坡 1/2500，最大埋深约 2010m，分为黄三段（16.48km）和越岭段（81.78km）。黄三段进口位于黄金峡水利枢纽坝后左岸，出口位于三河口水利枢纽坝后，断面为马蹄形，尺寸为 6.76m×6.76m。越岭段进水口位于三河口水利枢纽坝后右岸，出口位于渭河一级支流黑河右侧支沟黄池沟，分段采用内径为 6.76m×6.76m 的马蹄形断面和 6.92m/7.52m 的圆形断面，其中进口段 26.14 km 及出口段 16.55 km 采用钻爆法施工，断面为马蹄型，穿越秦岭主脊段 39.08km 采用 TBM 施工，开挖直径为 8.02m，分岭南 TBM 施工段和岭北 TBM 施工段，相向施工，南北对挖。

秦岭隧洞属于超长隧洞，具有超长、深埋、地质条件复杂、高地温、高地

应力、施工通风及运输距离长等特点，施工难度非常大。隧洞沿线分别穿越大理岩、花岗岩、闪长岩、千枚岩夹变质砂岩，隧洞埋深最大处原岩地温预计可达到42℃，最大水平地应力预计超过50~60MPa，TBM施工相对开挖的两个掌子面之间最大距离达到40km。施工难度大、技术复杂，多项参数突破世界工程记录，也超越了现有设计规范。实施过程中遇到的许多技术难题无工程实例可以参考，也无相关标准可遵循，工程的设计、施工、运行均面临诸多风险。

秦岭隧洞沿线出露岩性主要为变质砂岩、千枚岩、片岩、大理岩、变粒岩、石英岩、片麻岩、花岗岩、闪长岩、花岗闪长岩等。在大地构造单元上属于秦岭造山带，沉积巨厚，岩浆活动频繁，变质作用复杂，褶皱、断裂发育。洞址区岩浆侵入活动极为强烈，主要有花岗岩、花岗闪长岩、闪长岩、花岗斑岩等岩浆岩，除印支期花岗岩外，还有加里东期花岗岩，分布于K23＋880.00~K24＋830.00、K26＋800.00~K27＋950.00、K28＋630.00~K42＋380.00、K64＋850.00~K69＋500.00等地段，总长度为20500m。洞室埋深为540~1460m，最大埋深1790m。石英岩干抗压强度为86.1~216.0MPa，石英含量为58%~97%；花岗岩干抗压强度为96.7~242.0MPa，石英含量为25%~30%。根据秦岭隧洞越岭段6个深钻孔中采用水压致裂法进行的地应力测试成果，最大水平主应力值为16.11~23.70MPa，最小水平主应力值为10.11~15.41MPa，最大水平主应力方向为N30°~W46°，优势作用方向为北西向。深钻孔地应力实测结果表明，三向主应力的关系为：$S_H > S_h > S_v$，具有较为明显的水平构造应力作用，地应力值较大。在深埋条件下，由于隧洞的开挖，洞室附近产生应力集中，具备发生岩爆的应力条件。

秦岭隧洞在花岗岩地段已发生了150多次不同程度岩爆，其中轻微岩爆108次、中等岩爆34次、强烈岩爆13次。岩爆级别以轻微为主，中等次之，部分地段发生了强烈岩爆。隧洞发生岩爆地段断裂构造不发育，以Ⅱ类围岩为主，岩质坚硬，岩体完整干燥，发生岩爆部位多在拱部，少数发生在边墙上。无地下水活动，处于弱富水或贫水段，洞室埋深一般大于600m。

施工过程中采用微震监测的方法对前方围岩的应力情况进行探测，根据预报成果分析前方掌子面发生岩爆的概率、位置及规模，提前采取应对措施。①对于轻微岩爆，除按设计要求做好系统支护外，对拱部120°范围进行挂网、加密锚杆施工，同时做好应力释放短孔，并对出露围岩进行喷水，以适当改变岩石力学性质,降低岩石脆性,将需释放的能量转变为热能;②对于中等岩爆,快速施工锚杆,采用大垫板涨壳式预应力中空注浆锚杆,提前施加预应力,迅速锚固围岩,喷混凝土采用钢纤维、塑料纤维混凝土,快速封闭和加固围岩,安设钢拱架,提高初期支护强度;③对于强烈岩爆,如监测存在高地应力情况,可能出现强烈岩爆,必须超前进行应力释放,利用超前钻机在拱部 120°范围内施作超前钻孔,孔深 10～30m,往孔内注射高压水释放部分地应力,或者是直接实施预爆破,释放地应力,待岩体出露护盾后,结合中等岩爆治理措施进行加强支护,必要时安设钢管片加强初期支护。另外,增设 TBM 设备临时防护设施,主要设备安装防护网和防护棚架。

2.2.2　深埋软岩洞段大变形及控制

深埋隧洞通过软岩时,在高地应力条件下围岩极易发生大变形,是深埋长输水隧洞设计和施工中非常突出的问题。在不采取支护措施的情况下,软岩开挖后的变形量可达数十厘米甚至上百厘米,最终趋势甚至可将隧洞封死。在采取支护措施的情况下,如支护不当,则可能因为变形较大导致支护设施严重损坏。采用 TBM 掘进时,软岩洞段的大变形可能导致衬砌混凝土管片损坏,严重时导致 TBM 卡机。

1. 锦屏二级水电站 1 号引水隧洞软岩大变形问题及控制措施

锦屏二级水电站 1 号引水隧洞 K1＋537.00～1＋802.00 埋深达 1550～1850m,主要揭露地层为 T1 绿片岩,局部夹少量大理岩或透镜体。现场实测绿片岩洞段最大主应力 30.45MPa。岩石强度软化系数约 0.5,单轴干抗压强度平均值约 38.8MPa,饱和抗压强度约 19.47MPa,弹性模量软化系数约 0.27,遇水软化问题十分突出。施工过程中出现了严重的围岩大变形,变形侵占衬砌净空普遍在 20cm 以上,大部分为 20～60cm,局部超过 1m。

工程实施过程中软岩大变形洞段采用分台阶开挖,上断面开挖高度 9.5～9.7m,下断面开挖高度 2.9～3.3m,采取"短进尺、弱爆破、超前支护、系统支护紧跟"的施工方法。对开挖掌子面及两侧围岩实施超前支护,普通洞段掌子面顶拱 120°范围超前布置 4.5m 长自进式中空注浆锚杆,环向间距 60cm;易塌方洞段掌子面顶拱 150°范围布置 4.5m 长注浆小导管,环向间距 30～40cm。掌子面及时使用 CF30 硅粉钢纤维混凝土喷护封闭,根据需要增设随机玻璃纤维锚杆。系统支护随开挖进行跟进，普通洞段采用带垫板砂浆锚杆，格栅拱架间距 1m，喷护 20cm 厚 CF30 硅粉钢纤维混凝土；易塌方洞段初喷后挂钢筋网，布置系统锚杆和钢拱架至掌子面，拱架间距 0.5～1.0m，复喷 25cm 厚 CF30 硅粉钢纤维混凝土。

（1）对于已产生较大变形的洞段进行扩挖并加强支护。经过断面变形分析和衬砌强度验算，Ⅲ类围岩采用 14.6m 的扩挖洞径，Ⅳ类围岩采用 15.0m 的扩挖洞径。分上下断面分别施工，上断面扩挖尽量采用液压锤机械松动拱架和混凝土喷层，液压锤处理盲区使用弱爆破方式处理，视围岩稳定情况，采用小导管或随机锚杆超前支护。扩挖断面临时支护完成后立即安装新增钢拱架，新增锁脚、锁腰锚杆，复喷 CF30 硅粉钢纤维混凝土封闭钢拱架，采用 9m 长锚杆系统支护，拱脚设锚筋桩，局部围岩劣化部位采用预应力锚索加强。

（2）下断面落底开挖采用"先中间拉槽后全断面落底"开挖方式。中间拉槽形成倒梯形，及时对两侧围岩采用玻璃纤维锚杆临时加固；对两侧边墙、掌子面和中槽底板喷纳米钢纤维混凝土封闭。中槽开挖并支护 30m 段长后，进行全断面落底开挖。开挖采取光面爆破，采用"浅眼、多孔、多段、少药、大时差"弱爆破方式，落底以后，及时对暴露岩面喷护 CF30 纳米钢纤维混凝土封闭，布置边墙拱架，每侧边墙拱架至少布设两根锁脚锚杆，复喷 CF30 纳米钢纤维混凝土覆盖钢拱架。

2. 秦岭隧洞 1 号勘探试验洞软岩大变形问题及处理措施

秦岭隧洞通过各断层泥砾带、云母片岩、千枚岩中局部破碎的炭质千枚岩地段，由于岩质软弱，洞室埋深较大，地应力值相对较高，施工中产生软岩塑性变形风险较大。

秦岭隧洞 1 号勘探试验洞洞口位于宁陕县四亩地镇附近蒲河右岸，隧洞设计斜长 2286m，断面净空尺寸为 5.2m×6.0m（宽×高），钻爆法施工。试验洞掘进过程中，在上游 K18＋539.00～K18＋625.00 段进行初期支护后，支护结构严重变形破坏，喷射混凝土普遍挤裂、压碎，钢拱架间均出现环向和纵向裂缝，钢拱架严重扭曲变形。大变形段岩性为下元古界长角坝岩群沙坝岩组大理岩夹片麻岩。岩石呈微风化—未风化，岩体受地质构造影响较重，节理裂隙较发育，片理、片麻理较发育，岩体较完整，局部完整性差，围岩局部稳定性差。该段地下水主要储存于片理及构造节理裂隙中，属于地下水强富水区。

（1）分析大变形产生原因如下：①大变形段埋深在 720～920m，地应力随埋深增加而增大，围岩中蕴含巨大的构造应力和应变能，隧洞开挖后围岩初始应力平衡状态被打破，以变形的形式释放出来；②大变形段受地质构造影响，岩体完整性和稳定性均较差，围岩极不稳定，在构造应力的作用下，围岩的蠕变较大，导致围岩变形较大；③大变形段属地下水强富水区，隧洞开挖后，改变了地区原有的地下水流路径，开挖后的隧洞形成了新的水流通路，使更多的地下水向隧洞掌子面及周边汇集，进一步导致岩体软化；④前期对隧区强构造应力和大变形的规律认识不到位，所采用的初期支护偏弱，二次衬砌施工作业跟进不及时，导致围岩变形没有得到及时有效的遏制。

（2）大变形处理措施如下：①对于初期支护开裂钢架局部变形但尚未侵限地段，进行二次套拱处理，即在原来 2 榀钢拱架之间临时增加 1 榀钢拱架，限制变形继续发展；②加强初期支护措施，采用自进式锚杆快速支护，增加锚杆长度和布置密度，注水泥单液浆；③加强二次衬砌，混凝土中掺加钢纤维；④对于变形过大侵限地段，采用跳槽拆换新的钢拱架。

（3）秦岭隧洞 1 号勘探试验洞大变形处理经验证明在深埋长隧洞施工过程中采取以下措施，可有效应对软岩大变形发生发展：①加强超前地质预报和监控量测，提高预报的准确性，适当提高监测频率，加密监测间距；②适当加强支护设计参数，提高支护强度和刚度，提高钢架刚度，加长锚杆长度；③通过分析监控量测数据，确定合理的预留变形量，在围岩应力得到释放的同时，保证初期支护不侵限。可以有效应对软岩大变形发生发展。

2.2.3　富水洞段涌水突泥处置

突涌水是隧洞工程中普遍存在的地质灾害，特别是富水地区的深埋隧洞，具有水量大、水压高、突发性强等特点，因此经常会导致围岩失稳、出现塌方，甚至淹没隧洞，危及洞内施工人员及设备的安全，给隧洞施工带来严重灾害损失，并严重影响 TBM 施工效率，使隧洞工期大幅延长，对隧洞运营也极为不利。

1. 秦岭输水隧洞

秦岭隧洞穿越 3 条区域性大断层，宽度 170～190m 不等，及其 4 条次一级断层和 33 条地区性一般性断层，断层带物质为碎裂岩、糜棱岩、断层角砾以及断层泥砾，宽 30～190m 不等。地下水以潜水为主，地表沟谷发育，补给来源主要为大气降水及地表水。各断层破碎带、大理岩洞段因构造裂隙水及岩溶水较发育，施工中突涌水风险较大；在通过断层泥砾带、含泥质地层影响带时产生突水涌泥风险较大。预测正常涌水量为 $87340m^3/d$，最大涌水量为 $196160m^3/d$。

其中桩号 K2+840.00 附近下穿汉江二级支流椒溪河，最小埋深仅 20 m，上为三河口水库蓄水区，最大蓄水深度78m。主要岩性为志留系中统大理岩夹石英片岩，发育两条逆断层，走向 N60°～W70°，倾角 60°～80°，主要岩性为断层角砾和断层泥，宽度 5～15m。由于埋深浅，地质条件差，岩体导水性强，施工中极易揭穿含水构造，涌水风险极大。实际施工过程中发生三次规模较大的突涌水现象：①第一次涌水，隧洞施工至 K2+693.00，初期涌水量 $1400m^3/d$，最大涌水 $12700m^3/d$；②第二次涌水，隧洞施工至 K2+707.00，初期涌水量 $9800m^3/d$，最大涌水量 $23600m^3/d$；③第三次涌水，隧洞施工至 K2+738.00，初期涌水量 $9800m^3/d$，最大涌水量 $18500m^3/d$。

实施过程中对涌水突泥风险较大洞段在隧洞内、外采用高密度电法、地震反射法、红外探水法、放射性测氡法等方法推测掌子面前方断裂构造、节理裂隙发育情况，分析储水和导水构造，同时布置超前水平钻孔对前方岩体富水构造进行探测。结合超前地质预报和水平探孔预测结果，指导现场施工对掌子面前方围岩进行超前预注浆处理，大大减少涌水突泥处理时间。在椒溪河段，考虑涌水通道与洞顶有一定水力联系时，通过分段修筑挡水围堰和防渗墙，隧洞逐段施工的方法，可有效减小洞内涌水。

2. 锦屏二级隧洞超高压大流量地下水问题

锦屏山属裸露型深切河间高山峡谷岩溶区，主要接受大气降水补给。岩溶地层和非岩溶地层呈 NNE 走向分布于河间地块。受主构造线与横向扭-张扭性断裂交叉的影响，构成了河间地块地下水的集水和导水网络。根据三维渗流场分析，在天然状态下，区域最高地下水位约 2623.00m，最大压力水头约为 1100.00m。

锦屏深埋隧洞群中，辅助洞最先施工。辅助洞地下水具有"高水头、大流量、强交替、突发性"的特点。经统计，辅助洞内共揭露12条出水带，突发性涌水点 5 个，涌泥点 2 个；A 洞和 B 洞最大稳定总涌水量为 $11.50m^3/s$，单点突发性最大涌水量为 $5.0 \sim 7.3 \mathrm{m}^3/\mathrm{s}$；集中涌水段外水压力为 $5 \sim 6 \mathrm{MPa}$，其他一般为 $3 \sim 4 \mathrm{MPa}$ 及以下。

由 TBM 掘进的 1 号和 3 号引水隧洞在施工过程中遭遇大小不同的涌水近 30 余次，最大涌水量分别为 $7.75 \mathrm{m}^3/\mathrm{s}$ 和 $3.95 \mathrm{m}^3/\mathrm{s}$，具有突发性强、涌水量大、出水前期伴有夹泥等特点。

锦屏二级水电站引水隧洞施工期地下水处理采用"以堵为主、堵排结合"的总体设计原则，主要采用的处理技术有：

（1）引流处理。主要用于量少、渗水面小、随季节性变化的密集滴水段，将隧洞无序的地下渗水集中归流到排水沟渠。

（2）局部封堵处理。主要用于量少、水压力低、出水结构连通性差的密集滴水和线状流水及股状涌水段。通过灌浆将涌水点出露的主裂隙充填满水泥浆液，堵塞涌水通道。

（3）高压固结灌浆处理。主要用于出水流量大、压力高、出水构造连通性好的线状和股状涌水段。通过系统的、全断面布置的固结灌浆，封闭辅助洞周边岩体渗水裂隙和通道，增强围岩抗渗性和长期渗透稳定性，从而减免外水内渗，防止辅助洞围岩发生水力渗透破坏。

为保证辅助洞周边围岩形成分层承载结构，采用孔内分段灌浆施工工艺，在外层围岩固结灌浆时采用比内层固结灌浆更高的灌浆压力，并采用更细的水泥浆液或化学灌浆，以及加密灌浆孔间的排距等，使外层围岩固结灌浆圈渗透系数相对较小，将高压地下水尽可能阻隔在远离隧洞临空面的外圈。

（4）大涌水点的处理。通过"分流减压"方案，降低施工难度和施工风险，最终达到封堵地下涌水目的。包括"排、控、堵"3 个过程，其中"排"是通过工程措施（如开挖分流导洞）将大涌水从主要工作区或交通要道引开；"控"是通过工程措施（如安装导流钢管）将大涌水进行控制，以自如地关闭和排放大涌水；"堵"是当工程上不需继续排水减压时，对大涌水进行封堵，彻底解决大涌水的问题。

2.2.4 极硬岩影响 TBM 掘进速率问题

TBM 在高硬度、完整性好的岩体中掘进时，存在的主要难点是：掘进推力大，贯入度小，刀具磨损及异常损坏严重，掘进效率低下。若岩石坚硬且完整，需加大推力和扭矩破岩，但滚刀贯入度小，破岩效率低，掘进缓慢，刀具磨损严重。如岩石坚硬且节理发育，破岩过程中滚刀受到的冲击将加剧，易造成滚刀轴承漏油、刀圈偏磨、刀圈崩刃等异常损坏。若刀盘整体强度和刚度不能满足要求，则容易出现刀盘面板开裂，一旦刀盘开裂，由于受条件和环境等限制，修复质量难以保证，势必造成推力无法充分发挥，从而使掘进效率大幅降低。

秦岭隧洞 TBM 施工涉及的极硬岩有印支期花岗岩、下元古界长角坝岩、群黑龙潭岩组石英岩及华力西期闪长岩。花岗岩呈灰白色，主要矿物质成分为斜长石、钾长石、石英、黑云母和角闪石；石英岩呈灰白色，主要矿物质为石英、长石等；闪长岩呈灰色及灰白色，主要矿物成分为石英、斜长石、普通角闪石、黑云母。岩石石英含量高（石英岩最高达 97%、花岗岩最高达 30%、闪长岩最高达 18%），岩石强度高（花岗岩最高达 242MPa），对施工进度影响大。

秦岭隧洞以 K46+360.00 为界，岭南 46km 多为硬岩，其中有 14km 花岗岩，强度多在 180MPa 左右，岭北多为千枚岩和变质砂岩，为中等硬度岩石，强度多在 40~80MPa，呈现南硬北软的巨大差别。由于极硬岩的影响，秦岭隧洞 TBM 施工岭南月进度指标远远落后岭北段。岭南段除了地质条件复杂，TBM 进入富水地段后，大流量涌水导致排水量增加、施工环境恶化、物料运输困难，也导致 TBM 掘进效率降低。

根据秦岭隧洞岩石抗压强度、完整性与掘进速度关系的研究，岩石的单轴抗压强度对 TBM 掘进速度影响较大，即掘进速度与岩石抗压强度具有一定的负相关性，强度越高，掘进速度越低。抗压强度小于 150MPa 时掘进速度大于 1.5m/h，抗压强度大于 170MPa 时掘进速度小于 1.0m/h，抗压强度超过 200MPa 时掘进速度接近 0.6m/h，这时 TBM 一个循环将大于 3h，掘进速度大大降低。

TBM 在极硬岩洞段掘进施工，须做到：①加强刀具检查与维护，根据磨损状态及时更换滚刀及刀牙（铲斗齿），否则会严重影响掘进效率、加剧刀具损坏，甚至导致刀盘严重磨损；②控制连续掘进时间，一般每隔 2h 左右暂停掘进，加强刀盘、刀具以及其他部位的检查，避免刀盘破岩效率低，且刀盘、刀具严重发热现象对刀盘、刀盘驱动等系统产生的不利影响。

2.2.5 有毒有害气体问题

深埋长隧洞垂直和水平埋深均较大，工作面往往距离洞口较远，致使通风距离长、强度大，造成通风难度大，如在隧洞中存在有毒有害气体，则可能严重影响人员的安全和施工进度。

有害气体主要分布于中硬岩及富含有机质等特殊成分的岩层内，如含煤层、含炭质、含油层、沥青质岩层等富集有害气体的地层。有害气体的赋存不仅与隧洞的岩性及岩石的矿物成分有关，还与地质构造密切相关。适当的地质构造为有毒有害气体的富集、储存提供了条件。适合有害气体赋存的构造条件主要为背斜构造（或穹隆构造），断裂带特别是深部岩体断裂带、节理裂隙发育带、活动火山活动源处或剧烈的地表活动区也是有害气体运移和富集的场所。

秦岭隧洞岭北段 TBM 施工至 K47+912.70，TBM 护盾尾部岩体纵向节理面有不明可燃气体溢出。根据现场便携式四合一气体检测仪检测，发现溢出气体为 CO 和 H_2S，其中 CO 浓度超过 1000ppm（仪器检测范围 0～1000ppm），H_2S 浓度超过 100ppm（仪器检测范围 0～100ppm），两项有害气体均远超有害气体允许浓度。根据补充勘察，发现逸出点附近的泥盆系上统刘岭群桐峪寺组含有炭质千枚岩，具备赋存有害气体的岩性条件。岭北 TBM 施工段断裂构造发育，勘察中共发现 14 条断层，还有多条次生小断层和节理裂隙发育带，为有害气体的运移和富集提供了良好的通道。

现场施工中将已揭示的有害气体溢出段作为封堵试验段，对溢出点进行局部封堵。在初期支护喷混凝土及二次衬砌混凝土中掺加气密剂，提高衬砌的抗透气性能。同时，在施工过程中加强施工通风，加强工作面瓦斯监测，设置瓦斯监测警报和熄火的装置，做好专项超前地质预报等工作。

第3章　深埋长输水隧洞施工风险因素识别

3.1　致险因素

3.1.1　风险的定义

风险是指特定危害事件发生的概率和后果严重程度的总和，是描述工程系统危险程度的度量。危害是风险存在的前提，危害事件包括：人员伤亡、财产损失、对环境的破坏、对生产的影响等人们不愿意发生的事件。这种危害不仅取决于事件发生的频率，而且与事件发生后造成的后果大小有关。风险一般可用损失量 c 和发生概率 p 的函数表示为

$$R = f（p，c）$$

《风险管理原理和指南》（ISO 31000—2009）中，对风险的定义为："所有类型和规模的组织都面临内部和外部因素的影响，使得它不能确定是否及何时实现其目标。这种对一个组织的目标影响的不确定性即是'风险'。"

3.1.2　风险因素

风险因素是导致风险事件发生，促使风险事件发生概率增大和（或）损失幅度增加的潜在原因。危害事件之所以其能造成危险、有害的后果，都可归结为存在危险有害物质、能量和危险有害物质、能量失去控制两方面因素的综合作用，并导致危险有害物质的泄漏、散发和能量的意外释放。因此，存在危险有害物质、能量和危险有害物质、能量失去控制是危险、有害因素转换为事故的根本原因。

根据危害事件在安全事故发生、发展中的作用以及从导致事故和伤害的角度，把风险因素划分为"固有"和"失控"两类风险因素。

3.1.2.1　固有风险因素的含义

根据能量释放论，事故是能量或危险物质的意外释放，作用于人体的过量能量或干扰人体与外界能量交换的危险物质，是造成人员伤害的直接原因。于是把系统中存在的、可能发生意外释放而伤害人员和破坏财物的能量或危险物质称为"固有风险因素"。

能量与有害物质是危险、有危害因素产生的根源，也是最根本的危险、有害因素。一方面，系统具有的能量越大，存在的有害物质数量越多，其潜在危险性和危害性就越大；另一方面，只要进行生产活动，就需要相应的能量和物质（包括有害物质），因此危险、有害因素是客观存在的。

3.1.2.2　失控风险因素的含义

在生产实践中，能量与危险物质在受控条件下，按照人们的意志在系统中流动、转换，进行生产。如果发生失控（没有控制、屏蔽措施或控制措施失效），就会发生能量与有害物质的意外释放和泄漏，造成人员伤亡和财产损失。因此，失控也是一类危险、有害因素，主要体现在故障（或缺陷）、人的失误和管理缺陷、环境因素等方面，并且这几个方面可相互影响。伤亡事故调查分析的结果表明，能量或危险物质失控都是由于人的不安全行为或物的不安全状态或管理缺陷造成的。

在《企业职工伤亡事故分类》（GB 6441—1986）中，分别对人的不安全行为、物的不安全状态、安全管理缺陷进行了相应的规定。

1. 人的不安全行为

将人的不安全行为分为操作失误、造成安全装置失效、使用不安全设备等13 大类，具体如下：

（1）操作错误、忽视安全、忽视警告。

（2）造成安全装置失效。

（3）使用不安全设备。

（4）手代替工具操作。

（5）物体（指成品、半成品、材料、工具、切屑和生产用品等）存放不当。

（6）冒险进入危险场所。

（7）攀、坐不安全位置（如平台护栏、汽车挡板、吊车吊钩）。

（8）在起吊物下作业、停留。

（9）机器运转时加油、修理、检查、调整、焊接、清扫等工作。

（10）有分散注意力行为。

（11）在必须使用个人防护用品、用具的作业或场合中，忽视其使用。

（12）不安全装束。

（13）对易燃、易爆等危险物品处理错误。

2. 物的不安全状态

将物的不安全状态分为4类，包括：防护、保险、信号等装置缺乏或有缺陷；设备、设施、工具、附件有缺陷；个人防护用品、用具缺少或有缺陷（包括防护服、手套、护目镜及面罩、呼吸器官护具、听力护具、安全带、安全帽、安全鞋等缺少或有缺陷）；生产（施工）场地环境不良等缺陷。

3. 安全管理的缺陷

（1）对物（含作业环境）性能控制的缺陷，如设计、监测和不符合处置方面的缺陷。

（2）对人失误控制的缺陷，如教育、培训、指示、雇用选择、行为监测方面的缺陷。

（3）工艺过程、作业程序的缺陷，如工艺、技术错误或不当，无作业程序或作业程序有错误。

（4）用人单位的缺陷，如人事安排不合理、负荷超限、无必要的监督和联络、禁忌作业等。

（5）对来自相关人员（供应人、承包人等）的风险管理的缺陷，如合同签订、采购等活动中忽略了安全健康方面的要求。

（6）违反安全人机工程原理，如使用的机器不适合人的生理或心理特点。此外，一些客观因素，如温度、湿度、风雨雪、照明、视野、噪声、振动、通风换气、色彩等也会引起设备故障或人员失误，是导致危险、有害物质和能量失控的间接因素。

3.1.3　深埋长隧洞施工风险因素

3.1.3.1　隧洞施工风险因素

《企业职工伤亡事故分类》（GB 6441—1986）中，综合考虑起因物、引起事故的诱导性原因、致害物、伤害方式等，将危险、有害因素（风险因素）分为物体打击、车辆伤害、机械伤害、起重伤害、触电、淹溺、灼烫、火灾、高处坠落、坍塌、冒顶片帮、透水、放炮、火药爆炸、瓦斯爆炸、锅炉爆炸、容器爆炸、其他爆炸、中毒和窒息和其他伤害 20 类。

《公路桥梁和隧道工程施工安全风险评估指南》（以下简称《公路桥梁和隧道风险评估指南》）将坍塌、涌水突泥、瓦斯爆炸、洞口失稳、岩爆、大变形作为重大风险源。根据《企业职工伤亡事故分类》中的事故分类，表 3.1 列出了公路隧道工程钻爆法施工作业及程序有关隧洞的事故类型，包括：物体打击、高处坠落、触电、起重机伤害、瓦斯爆炸、冒顶片帮、涌水突泥、放炮、火灾、机械伤害、车辆伤害、倒塌和其他。公路隧道重大风险源和隧道主要作业内容及程序对应的事故类型基本反映了隧道工程主要施工风险因素，对于一般隧洞施工风险因素的识别、评估和控制具有指导和参考意义。

上述风险因素中，物体打击、高处坠落、触电、起重机伤害、放炮、火灾、机械伤害、车辆伤害、倒塌和其他属于失控风险因素，一般隧洞施工中都有可能存在相关的问题。通过控制人的不安全行为，消除物的不安全状态，加强安全管理，及时弥补安全管理中漏洞，可以对失控风险因素加以控制和消除。

坍塌、涌水突泥、瓦斯爆炸、洞口失稳、岩爆、大变形、冒顶片帮属于固有风险因素，一般与隧洞工程沿线区域地质、工程地质和水文地质条件紧密关联，是隧洞工程项目与生俱来、客观存在的，由隧洞的设计布置方案、沿线地质条件、施工方法等所决定，并通过设计方案、施工方法、预防措施可加以控制、缓解、预防或消除的风险因素。

表 3.1   公路隧道工程钻爆法施工作业活动与典型事故类型对照表

主要作业内容及程序	典 型 事 故 类 型												
	物体打击	高处坠落	触电	起重机伤害	瓦斯爆炸	冒顶片帮	涌水突泥	放炮	火灾	机械伤害	车辆伤害	倒塌	其他
一、临时工程													
1. 场地平整													
a. 便道施工及危险点处理		√	√							√			
2. 施工场地布置													
a. 临时建筑	√		√									√	
b. 混凝土拌和场		√	√									√	
c. 钢拱架、锚杆等加工场			√							√			

主要作业内容及程序	典型事故类型												
	物体打击	高处坠落	触电	起重机伤害	瓦斯爆炸	冒顶片帮	涌水突泥	放炮	火灾	机械伤害	车辆伤害	倒塌	其他
d. 弃渣场		✓									✓		
e. 重型机具进场				✓							✓		
二、洞口边坡工程													
1. 边坡开挖及防护													
a. 地表清除（清表）		✓								✓			
b. 坡面开挖	✓	✓								✓		✓	
c. 弃土运输	✓									✓			
d. 打设锚杆		✓											
e. 喷射混凝土		✓											
f. 截水沟开挖		✓											
2. 洞口施工													
a. 洞口测量													
b. 架设钢拱架		✓	✓							✓		✓	
c. 洞口管棚或小导管施工		✓	✓				✓						
d. 注浆										✓			
e. 洞口开挖(爆破或机械开挖)						✓	✓	✓				✓	
f. 锚喷支护	✓	✓											
g. 明洞工程	✓	✓	✓									✓	
三、洞身开挖													
1. 隧道开挖													
a. 中心线及高程测量	✓	✓											
b. 布孔		✓				✓	✓						
c. 钻孔		✓	✓			✓	✓	✓		✓			
d. 装药及结线	✓		✓					✓					
e. 起爆	✓					✓	✓						
f. 通风			✓										
g. 盲炮检查和危石清理（找顶）	✓				✓	✓	✓			✓			
h. 出渣	✓				✓	✓							
2. 初期支护													
a. 初喷	✓		✓		✓	✓				✓			
b. 立钢拱架	✓	✓	✓		✓	✓						✓	
c. 钢筋网铺设		✓	✓		✓	✓						✓	

23

续表

主要作业内容及程序	典型事故类型												
	物体打击	高处坠落	触电	起重机伤害	瓦斯爆炸	冒顶片帮	涌水突泥	放炮	火灾	机械伤害	车辆伤害	倒塌	其他
d. 打锚杆		✓			✓	✓	✓			✓			
e. 喷射混凝土	✓	✓			✓	✓	✓						
3. 仰拱施工													
a. 仰拱开挖										✓	✓		
b. 仰拱钢拱架施工			✓		✓	✓	✓						
c. 绑扎钢筋			✓										
d. 混凝土浇筑			✓		✓	✓	✓						
4. 监控量测													
a. 监测仪器装设及量测	✓	✓											
四、二衬初砌													
1. 防水层工程													
a. 搭设施工台车		✓	✓									✓	
b. 初支表面处理	✓	✓											
c. 土工布铺设		✓							✓	✓			
d. 防水板铺设		✓							✓	✓			
2. 二衬工程													
a. 钢筋绑扎	✓	✓	✓									✓	
b. 模板架设		✓								✓			
c. 混凝土浇筑		✓	✓							✓	✓		
d. 养生		✓								✓			
e. 拆模		✓	✓										
五、其他工程													
1. 管沟施工													
a. 管沟混凝土工程			✓							✓			
2. 路面工程													
a. 沥青或混凝土路面摊铺			✓							✓	✓		
3. 交通工程													
a. 机电工程		✓	✓							✓			
b. 安全设施		✓								✓		✓	

3.1.3.2 深埋长隧洞施工风险因素

深埋长隧洞与普通隧洞相比，具有：①埋深大、线路长、工程量大、施工工期长；②沿线地质条件复杂，具有多种不良工程地质问题；③前期勘察难以实现对不良地质情况下风险因素的准确预见；④施工多采用 TBM 与钻爆法混合施工；⑤施工通风、开挖出渣、施工通道布置以及隧洞贯通测量等技术难度大等特点。深埋长隧洞施工因为具有上述特点，导致安全事故发生的原因往往具有多样性、复杂性和不可预知性。为区别于一般隧洞，深埋长隧洞施工风险因素的筛选更侧重于深埋长隧洞固有风险因素的识别、评估、风险分级和风险控制。以下对于深埋长隧洞可能发生的事故类型进行全面梳理分析，进而确定深埋长隧洞施工风险因素。

1. 坍塌

坍塌是指建筑物、构筑物、堆置物等倒塌以及土石塌方引起的事故，也就是指物体在外力或重力作用下，超过自身的强度极限或因结构稳定性遭到破坏而造成的事故，适用于因设计或施工不合理而造成的倒塌，以及土方、岩石发生的塌陷事故，如建筑物倒塌、脚手架倒塌、堆置物倒塌，挖掘沟、坑、洞时土石塌方等情况。不适用于矿山冒顶片帮和爆炸、爆破引起的坍塌。坍塌不仅对施工人员造成极大的人身安全威胁，还延长了隧洞的施工工期、增大了工程预算、破坏了机械设备和降低隧洞的施工质量。

2. 冒顶片帮

冒顶片帮是指隧道、洞室矿井工作面、巷道侧壁由于支护不当、压力过大造成的坍塌，称为片帮；拱部、顶板垮落为冒顶。二者常同时发生，简称冒顶片帮。

3. 洞口失稳

隧洞洞口部位一般位于覆盖层或全强风化岩体中，岩土体破碎，强度较低，埋深较浅，洞口仰坡易发生滑坡、坍塌、溃屈等失稳破坏，影响下方人员设备安全，造成进洞通道被堵，严重影响施工进度。

4. 岩爆

岩体地应力随埋深增加呈增加的趋势，深埋长隧洞埋深大的特点，造成隧洞周围地应力较高，当洞室围岩为硬岩，发生岩爆的可能性较大，而且埋深越大，开挖时产生岩爆的强度和频率也越高。岩爆是深埋地下工程在施工过程中常见的动力破坏现象，往往造成开挖工作面的严重破坏、设备损坏和人员伤亡，已成为岩石地下工程和岩石力学领域的世界性难题。

5. 软岩大变形

在隧洞及地下工程中，由软弱岩体构成的围岩，在高或相对高地应力、地下水或自身膨胀性的作用下，其自承能力丧失或部分丧失，产生具有累进性和明显时间效应的塑性变形且变形得不到有效约束，因此会产生较大的岩体变形，侵占衬砌净空厚度，甚至造成塌方，对施工安全与进度造成不利影响。

6. 突水涌泥

突水涌泥是在铁路、公路、水利、矿井等地下工程开挖过程中，在没有及时防护时，由于揭露岩溶通道的组成部分、构造富水带或渗流击穿隧道洞壁而产生的水流、泥流突然涌出的现象。水流量大于 $0.1 \mathrm{m}^3/\mathrm{s}$，并有一定压力和流速时，称为突水；当突出的地下水中含有的泥沙等物质超过 50% 时，称为涌泥。突水涌泥灾害的实质是围岩的含水层结构、水动力条件和围岩力学平衡状态因隧洞开挖而发生急剧变化，存贮在地下水体中的能量瞬间释放，并以流体形式高速地向隧洞内运移的一种动力破坏现象。在断层破碎带、节理裂隙密集带等地质薄弱地段容易发生突水涌泥问题，围岩应力较大的深埋隧洞，在水压力的作用下，可能会出现塌方、冒顶等事故。

7. 瓦斯突出、爆炸

瓦斯突出是指在富含煤层的隧洞里，由煤层或岩层内瞬间涌出的以 CH_4（甲烷）为主要成分的各种有害气体总称。瓦斯具有以下主要特点：无色、无味的气体，较空气轻，易聚集在隧洞的顶部；渗透性高，扩散速度快，容易透过裂隙发育、结构松散的岩石；瓦斯浓度过高时，相对降低空气中的氧气含量，使人窒息；瓦斯极易燃烧，但不能自燃，瓦斯、煤尘与空气混合形成了达到燃烧极限的混合物，接触火源时，引起的化学性爆炸事故。隧洞内遇有瓦斯对安全施工威胁很大，并有可能引起重大灾害。

8. 有毒有害气体

天然形成的有害气体一般赋存于产生这些气体的原岩和岩体的孔隙裂隙中，也有少量溶于地下水中。当地下洞室开挖后，有毒有害气体在地应力作用下就会迅速或缓慢地向地下洞室中释放和溢出，有毒气体超出允许浓度后可造成施工人员窒息、中毒，可燃性有害气体与空气混合接触火源时，引发爆炸事故。

9. 高地温

隧洞一般埋深越大地温越高，当埋深小于1000m时，地温随埋深的变化不大；当埋深大于1500m时，地温将随着埋深的增加而急剧升高。因此，隧洞越长、埋深越大，高地温问题越突出。高地温会对工作人员的健康和设备的生产率造成不利的影响，危害施工人员安全健康与施工进度。

10. 放射性物质

当深埋长隧洞通过酸性岩浆岩体、伟晶岩脉等具有放射性物源地层，或虽未直接通过放射性物源地层，但邻近地区存在该类放射性物源时可能存在放射性物质浓度超标，对施工、运行人员产生内、外照射、辐射危害，应对洞室进行环境放射性影响评估。

11. 断层破碎带

断裂两侧的岩石沿断裂面发生明显位移者称断层。由于断层两盘相对运动的结果，常使断层面附近岩石破碎成碎石和粉末，形成断层角砾岩和断层泥。断层破碎带是由断层或裂隙密集带所造成的岩石强烈破碎的地段。破碎带的宽度可达数百米甚至上公里，长度可为数十米乃至数十公里。断层是隧洞施工中最常见的不良地质现象，是造成隧洞塌方、大变形、突涌水，甚至引起山体滑动等隧洞施工地质灾害的主要原因。

12. 岩溶

岩溶，又称喀斯特，是可溶性岩石在水的溶蚀作用下，产生的各种地质作用、形态和现象的总称。岩溶对隧洞工程的影响主要为洞害、水害、洞穴充填物及塌陷、洞顶地表塌陷四个方面。

13. 特坚硬岩石和易造成开挖机械磨损的岩石

当围岩单轴抗压强度约在30～200MPa时，TBM掘进效率发挥较为正常；大于200MPa时，TBM掘进很困难，刀头磨损增大。片麻岩、结晶花岗岩、角闪岩、辉石岩、石英砂岩等极硬岩虽不至于发生TBM事故，但会使得TBM推力难以贯入或破碎岩石，磨蚀性较高，易造成刀具、刀圈及轴承的严重磨损，甚至导致液压系统故障，严重影响TBM掘进效率，增加成本。

14. 施工通风

深埋长隧洞独头通风距离长，施工支洞或通风洞布置困难，巷道式通风受限；因埋深大，施工通道多采用斜井，纵坡度较大，重载车辆爬坡困难，同时地温升高，影响机械车辆性能，增加了废气排放，使洞内空气环境质量变差，影响施工人员身体健康和安全。

15. 施工设备故障

隧洞施工需要大量的施工设备，如凿岩台车、钢模台车、湿喷机、通风机，在长隧洞中还可能用到 TBM。如施工中出现施工设备故障不能及时处理，小则影响施工质量和进度，大则造成财产的损失，甚至危及施工人员安全。因此定期做好施工设备的维护、检修或更换对保障施工顺利进行尤为重要。

上述风险因素中，坍塌、冒顶片帮和洞口失稳风险因素在一般隧洞也可能发生，不是深埋长隧洞特有的施工风险因素；瓦斯实际上是隧洞施工中的一种有害气体，瓦斯突出、爆炸可归并入有毒有害气体；断层破碎带和岩溶是坍塌、软岩大变形、涌水突泥等风险因素发生的重要致险因子，不是风险因素发生的必要条件；特坚硬岩石和易造成开挖机械磨损的岩石主要由岩性和岩体单轴抗压强度决定，相关风险比较容易识别判断，不确定性不强，可不作为风险因素进行分析；施工通风、施工设备故障属失控风险因素，由"物的不安全状态"造成，通过合理的施工通风方案设计，加强通风设备配置，对施工设备加强日常保养维护，可以控制在受控状态。因此，根据深埋长隧洞的施工特点，其施工风险因素主要归结为 6 个，即岩爆、软岩大变形、涌水突泥、有毒有害气体、高地温与放射性物质。

3.2　主要风险因素发生机制

3.2.1　岩爆

岩爆是指在高地应力地区洞室开挖后，由于洞室围岩的应力重分布和应力集中，在较短时间产生的突发的、猛烈的脆性破坏形式。破碎岩石从坑洞壁面弹射或大量岩石崩出，产生强烈的气浪或冲击波，最强可使整个作业面乃至整个洞室摧毁。岩爆发生有两个条件：高地应力和脆性、高强度围岩。从能量的观点来看，岩爆是由于围岩内原先储存的弹性应变能突发性地急剧释放，发生高速崩块甚至弹射抛掷现象的一种动力局部失稳现象。

1. 岩爆动力学特性

动力学特征是岩爆区别于其他形式的脆性破坏的最显著特征之一。

（1）震动特征：强度较弱的岩爆造成的震动一般较弱，强度较大的灾难性岩爆常引起强烈震动，释放大量能量，使洞室乃至地面较大范围内的建筑物遭受破坏。

（2）弹射特征：一般岩爆抛射物具有一定的初速度，弹射物的分布范围大于爆裂面的面积，并具有一定的散射角。轻微的岩爆不具有弹射特征。

岩爆都伴有声响，轻微岩爆声响微弱，岩石内部有噼啪声，岩爆烈度越大，声响也越大，强烈岩爆的巨响有如炮声。

2. 岩爆机理

岩爆发生机理是岩爆判别、预测、防治研究的主要依据和理论基础。由于深埋长输水隧洞沿线地质条件的复杂性、工程条件的多样性，以及岩爆具有突发性、随机性与破坏性，导致岩爆的发生机理极端复杂。国内外学者提出的主要岩爆机理包括强度理论、刚度理论、能量理论、岩爆倾向理论、"三准则"理论、失稳理论等一系列重要的理论等。目前在岩爆发生机理研究中，强度理论、能量理论和冲击倾向理论占主导地位。

岩爆破坏的进程大体如下：深埋长隧洞条件下处于高应力状态，隧洞开挖形成临空面，卸荷效应使围岩内的三向应力大小和方向均将发生调整和重分布，当调整后的应力状态达到或超过岩体极限强度时，完整坚硬的围岩产生拉裂破坏，裂缝与隧洞围岩壁面呈一定小角度或零角度相交或与硬岩中已有结构面组合，形成不同规模的板状、片状和鳞片状以及不规则状的岩块。原状岩体中积聚的能量和开挖后瞬间超应力状态下岩体中积聚的能量在岩体的细观裂纹形成与破坏过程中得以耗散，以声能和热能的形式得以释放部分能量，剩余的能量转变为动能，使破裂后的岩体脱离母岩，破裂岩块以片帮或剥落的形式脱离母体，在能量足以将破裂岩块弹出时使得破裂岩体崩落甚至向外抛射，从而形成岩爆。岩爆孕育演化过程可划分为：应力调整、能量聚集、裂隙萌生—扩展—贯通、破裂岩体崩落和弹射。

通过对爆裂的岩片断面进行电镜扫描鉴定可以发现，与最大初始应力平行的断面特征为沿晶拉花和空晶拉花等，为张性断面；而与最大初始应力斜交的断面特征为切晶擦花和擦阶擦花等，属剪性断面。根据大量岩爆实例的统计分析，岩爆的破坏机制主要有两种：劈裂破坏机制和剪切破坏机制。很多岩爆则兼有这两种破坏机制。岩爆的劈裂破坏机制主要指脆性劈裂破坏。岩石是含有各种缺陷的地质材料，在均匀岩体中含有矿物颗粒、晶体、微裂隙等，较大范围内还有岩脉、节理、裂隙等。大量的室内岩石样品试验结果反映岩石具有脆性断裂性质，就是岩石中的缺陷在起作用。岩石在受力比极限抗压强度低许多时就可能出现这种断裂。

由于深埋隧洞初始地应力量级较大，洞室周边切向应力与径向应力差也较大，而岩石的脆性特征决定了当切向应力小于岩石的单轴抗压强度时，围岩便产生脆性张裂，裂缝总是沿最大主应力方向延伸。从洞室围岩的应力分布规律看，切向应力为最大主应力，在洞室周边最大，向围岩深部逐渐减小，径向应力在洞室周边最小为零，向围岩深部逐渐增大，因此在脆性岩石中，洞室边缘发生呈劈裂破坏的岩爆属于低应力的脆性断裂失稳，转化成喷射岩石的能量不多，岩爆一般较弱。

岩爆的剪切破坏主要指剪切-拉伸破坏和纯剪切破坏，这种破坏在洞室中常常表现为破坏面向开挖面相反的方向伸展，圆形洞室呈对数螺线形破坏，直边墙洞室呈楔形破坏，被破坏的围岩应力已经达到极限状态，当岩石应力达到极限强度形成不稳定状态时，不仅破坏区内岩石释放能量比初始破裂失稳时多，而已破坏区以外也有一部分岩体应力降低，也要释放能量，因而有较多能量转化为动能，造成岩块（片）的强烈喷射。由于岩体中存在节理、裂隙，岩体剪切区受其影响，破坏面往往不规则，可能呈块状或整块岩体喷射或散射。两种岩爆是不同应力水平的产物。由于岩石的劈裂破坏和剪切破坏准则分别为格里菲斯准则和库仑-纳维叶准则，因此劈裂破坏机制和剪切破坏机制的岩爆的强度准则亦为这两个准则。

3.2.2　软岩大变形

3.2.2.1　定义

软岩有地质软岩和工程软岩两个范畴。

1. 地质软岩

地质软岩是按地质学的岩性及岩石的物理力学特性进行划分，是指强度低、孔隙度大、胶结程度差、受构造面切割及风化影响显著或含有大量膨胀性黏土矿物的质软、结构松散、破碎的岩层。软岩按地质成因划分为：①火山型，代表性岩石有部分凝灰岩、凝灰质页岩；②沉积型，代表性岩石有泥质页岩、钙质页岩、灰质页岩、油页岩、泥岩、斑脱岩、泥灰岩、沉积型贝壳灰岩、白垩、石膏、石膏质砾岩、泥质粉砂岩、贝壳灰岩、疏松砂岩；③变质型，代表性岩石有绿泥石片岩、滑石片岩、石墨片岩、蛇纹片岩、绢云母千枚岩、钙质千枚岩、泥质板岩、蚀变岩；④风化型，代表性岩石有各类风化岩（全、强风化带，部分弱风化带）、泥质碎屑岩、碎裂岩。软岩的主要特性有可塑性、膨胀性、崩解性，分散性、流变性、触变性、离子交换性和易扰动性，单轴抗压强度小于25MPa（国际岩石力学学会 ISRM）的岩石，是天然形成的复杂的地质介质。

根据《水利水电工程地质勘察规范》（GB 50487—2008）及《工程岩体分级标准》（GB/T 50218—2014），软岩是指饱和单轴抗压强度 $R_b \leqslant 30$MPa 的岩石，并细分为较软岩、软岩、极软岩三类，软岩定义标准见表 3.2。

表 3.2　　　　　　　　　　软 岩 定 义 标 准 表

岩质类型	较软岩	软岩	极软岩
饱和单轴抗压强度 R_b/MPa	$30 \geqslant R_b > 15$	$15 \geqslant R_b > 5$	$R_b \leqslant 5$

2. 工程软岩

地质软岩的定义在工程实践中具有一定的局限性。在浅埋或地应力较小的地层中，饱和单轴抗压强度小于 30MPa 的岩石不一定会表现出软岩松、散、软、弱的特征；在深埋高地应力的地层中，饱和单轴抗压强度大于 30MPa 的岩石，也可能产生软岩松散、破碎等情况，导致大变形、支护困难。因此，提出了工程软岩的概念——在工程力作用下能产生显著塑性变形的工程岩体，强调从软岩的强度和工程力荷载的对立统一关系中分析和把握软岩的相对性实质。工程岩体是隧洞、边坡、基坑开挖扰动影响范围之内的岩体，包含岩块、结构面及其空间组合特征；工程力是指作用在工程岩体上的力的总和，它可以是岩体的重力、构造残余应力、膨胀应力、外水压力、渗透压力、支护结构的反力或预应力，以及工程施工产生的扰动力等；显著塑性变形是指以塑性变形为主体的变形量超过了工程设计的允许变形值并影响了结构稳定或工程正常使用，显著塑性变形包含显著的弹塑性变形、黏弹塑性变形，连续性变形和非连续性变形等。此定义揭示了软岩的相对性实质，即取决于工程力与岩体强度的相互关系。

3.2.2.2　大变形机理

目前关于软岩大变形的定义和判别均还没有统一技术标准。铁路系统相关研究提出，根据围岩变形是否超支护的预留变形量来定义大变形，即隧道如果初期支护发生了大于 25cm（单线隧道）和 50cm（双线隧道）的位移，则认为发生了大变形；姜云、李永林等将隧道围岩大变形定义为：隧道及地下工程围岩的一种具有累进性和明显时间效应的塑性变形破坏，它既区别于岩爆运动脆性破坏，又区别于围岩松动圈中受限于一定结构面控制的坍塌、滑动等破坏，同时将隧道围岩大变形分为受围岩岩性控制、受围岩结构构造控制和受人工采掘扰动影响三个大的类型。何满潮认为大变形问题有弹性大变形和塑性大变形之分，而软弱围岩的大变形问题可归结为塑性大变形，塑性大变形区别于弹性大变形和小变形的显著标志是前者与过程紧密相关。

《水力发电工程地质手册》根据锦屏二级水电站引水隧洞绿泥石片岩和丹巴水电站引水隧洞二云片岩的软岩研究提出，在前期勘察中，可按岩体强度与断面最大初始主应力比值 S 的大小，对软岩的挤压变形程度进行初步预测评估，施工期则可按实测收敛应变 ε 的大小进行评估，其判别标准见表 3.3。

表 3.3　　《水力发电工程地质手册》软岩变形程度初步预测评估表

S 值（岩体强度应力比）	$S \geq 0.45$	$0.30 \leq S < 0.45$	$0.20 \leq S < 0.30$	$0.15 \leq S < 0.20$	$S < 0.15$
变形程度判别	基本稳定	轻微挤压变形	中等挤压变形	严重挤压变形	极严重挤压变形
围岩类别	III₁	III₂	IV₁	IV₂	V
围岩稳定性评估	围岩基本稳定，局部有轻微挤压变形	稳定性较差。应力集中部位可能发生轻微中等挤出变形，不支护可能产生塌方或变形破坏	稳定性差。围岩自稳时间很短，规模较大的各种变形和破坏都可能发生	不稳定。围岩稳定时间仅数小时或更短，不及时支护围岩很快变形失稳。破坏形式除整体塌落外，侧墙挤出、底鼓均可发生。明显流变，变形大，持续时间长	极不稳定。围岩不能自稳，变形破坏严重
施工期变形 $\varepsilon / \%$	$\varepsilon \leq 1.0$	$1.0 < \varepsilon \leq 2.5$	$2.5 < \varepsilon \leq 5.0$	$5.0 < \varepsilon \leq 10.0$	$\varepsilon > 10.0$

注　ε 为收敛应变，其值为开挖洞室实测变形量与开挖洞室半径的比值。

软岩隧洞因其强度低，承受荷载能力小，在施工当中不可避免会出现塑性大变形，由此带来围岩位移表现剧烈，隧洞初期支护以及二次衬砌变形明显。在这种情况下，软岩变形引起的应力超过软岩自身固有的允许拉应力或者压应力，岩体即发生破坏；支护结构也因为位移变形过大而有可能失稳，从而导致大面积坍方、突泥等工程事故的发生。

何满潮将软岩的变形力学机制分为 8 种，即分子吸水膨胀机制、胶体膨胀机制、毛细膨胀机制、永胀机制、构造应力扩容机制、重力扩容机制和工程偏应力机制，以及结构面变形机制。由于巷道软岩变形机制常常是多种类型并存，所以归纳起来有三大类 13 种，即物化膨胀类、应力扩容类和结构变形类。每一类再依据引起变形的严重程度分为 A、B、C、D 等小型，如图 3.1 所示。

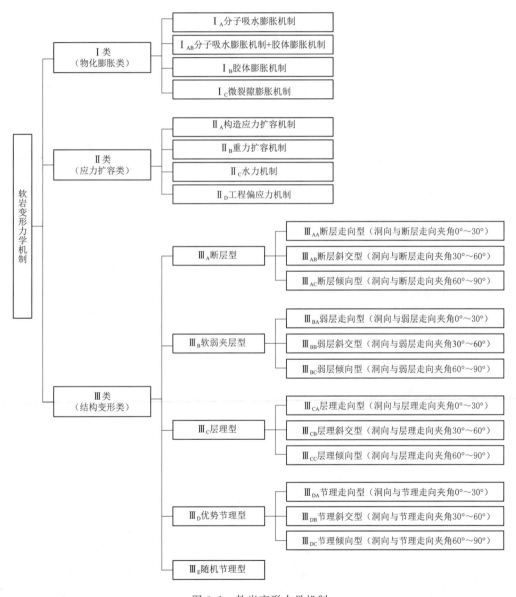

图 3.1 软岩变形力学机制

姜云在《隧道工程围岩大变形类型与机制研究》中比较全面地分析了软岩大变形的类型与机制。将软岩大变形分为：围岩岩性控制型，岩体结构控制型和人工采掘扰动控制型。

（1）围岩岩性控制型。围岩岩性控制型包括岩性软弱的泥质页岩和砂质泥岩、泥灰岩以及具膨胀性的软岩等，往往保持岩体的原生结构，在高应力状态下围岩产生流动或塑性变形，遇地下水岩体软化，当岩体中含有膨胀性矿物时发生膨胀变形。

（2）岩体结构控制型。这种围岩变形类型发生在岩体受构造改造和浅表生改造型的岩体中。

1）构造改造型大变形的特点是：①岩块强度较高，但结构面发育为断层带碎裂化岩体，或者在硬岩中不规则地发育有多组、多种性质的软弱结构面或软弱带，岩体破碎；②围岩一般处于较高的应力状态，围岩因高围压而紧密闭合；而在开挖卸荷后，结构面易于张开滑移，因此，岩体强度远低于岩石强度；③围岩变形破坏演化机制表现为渐进性和累进性发展，其变形破坏模式表现为塑性模体挤出、结构流变等。

2）浅表生改造型大变形的特点是：①遭受浅表生改造作用岩体所处的地应力总体上不高，但在局部也可形成地应力集中现象；②在地表移动的破碎岩体中的大变形是一种近似于散体结构的围岩岩体，围岩未进行充分的支护，将使围岩的松动圈不断累进性地扩展，最终导致大变形的发生，产生变形可以贯穿到地表。

（3）人工采掘扰动控制型。其特点是：①由于人工采掘活动产生的采空区的变形，导致在采空区上部修建的隧道工程产生的大变形是一种特殊的围岩大变形类型；②采空区变形引起上部岩体变形具有沉降盆地变形的特点，隧道工程处于陷落区、下沉区以及接触部位不同的区域具有不同的变形形式和特点。由于沉降盆地变形具有时间效应特点，围岩变形过程也具有明显的时间效应特点；③地下采空区发育的位置、产状、分布特点控制着上部围岩大变形特征和剧烈程度。

将围岩大变形的发生机制归结为软弱围岩塑流、膨胀变形、层状岩体的板梁弯曲变形、塑性模体、结构性流变、累进松脱扩展、差异性松脱、倾斜沉降变形和垂直沉降变形 9 个方面。其中，累进松脱扩展和差异性松脱一般在浅埋、

低应力区发生，而倾斜沉降变形和垂直沉降变形主要发生在下卧采空区。

周泽林提出不同性质的围岩压力将导致不同类别的围岩大变形，按其力学成因可分为：松散性大变形、膨胀性大变形和松弛挤压型大变形。松散性大变形一般是支护滞后使围岩变形过度而失控诱发的，施工中注意及时支护是可预防的。而膨胀性大变形和松弛挤压型大变形则是由软岩自身的物理力学特性和所处的高地应力环境决定的。

方贻立以十房高速公路通省隧道大变形为背景，分析软岩隧道的变形机理，即软岩矿物的膨胀作用、软岩的塑形流动、软岩的挤出作用、地应力的影响、爆破震动的影响。

综合国内外众多软岩大变形工程案例的分析，以及学者提出的软岩大变形机理，高地应力、地下水发育、软弱围岩是软岩隧洞大变形的内在因素，支护不合理和施工方法不能完全适应现场需要是加剧软岩隧洞大变形的外在因素。

3.2.3　涌水突泥

3.2.3.1　成因

围岩空隙中的地下水，如孔隙水水源、裂隙水水源、岩溶水水源等，在压力作用下涌出，称为涌水。当涌水量大、势猛，突然发生的时候就称为突水。当突水的过程中携带大量的泥沙时，就称为突泥。当地下洞室的施工过程中，穿过溶洞发育的地段（尤其遇到地下暗河系统），厚层含水砂砾石层及与地表水连通的较大断裂破碎带时，会发生涌水、突水、突泥灾害，它们对地下工程的施工危害极大。

发生涌水突泥与地下水有很大关系，隧洞穿越富水区域时，易发生突泥涌水地质灾害，主要为基岩裂隙水和岩溶水，它们有不同的赋存特征。

基岩裂隙水的赋存特征依裂隙的成因不同而不同，分为构造裂隙带含水带、断层破碎带含水带和风化裂隙带含水带、岩溶涌水等。

（1）构造裂隙带含水带：地质构造作用强烈，岩体节理发育为地下水的储运提供了空间，形成了大的构造裂隙含水带，其主要赋存特征有受断层控制、条带状分布和极大的不均匀性。

（2）断层破碎含水带：断层破碎带上下两盘间一定范围内的岩体一般较破碎，呈现出碎裂的薄片状或散粒状，局部张拉裂缝发育，其为地下水的储运提供了空间，形成了断层破碎带含水带。

（3）风化裂隙含水带：风化裂隙含水带一般由浅表层的风化裂隙构成，当隧洞竖直和侧向埋深较大时，则极少有风化裂隙含水带分布。

（4）岩溶涌水的赋存必须有岩溶的存在，而岩溶发育有着其基本条件：可溶性岩石、岩体裂隙发育、循环水及其化学成分和性质等。岩溶水赋存的主要特征是时空上的不均匀性和各向异性。

根据含水层的岩石空隙性质和埋藏条件，地下水类型及特征见表 3.4。

表 3.4　　　　　　　　　　　　　地 下 水 类 型 及 特 征

类型	分布	含水层状态	水量	特　征
孔隙水	松散体	层状	受颗粒级配影响	具有统一地下水面，其透水性、给水性及分布埋设条件，主要受岩土成因类型和地貌条件控制
构造裂隙水	基岩裂隙破碎带	带状层状	较小	由于岩石中的裂隙大小相差悬殊，裂隙分布的很不均匀，所以裂隙水的埋藏、分布和水动力性质都非常不均匀
岩溶涌水	碳酸岩溶地区	层状脉状	较大	岩溶水具有水量大、运动快、在垂直和水平方向上分布不均匀的特性，其动态变化受气候影响显著，由于溶隙较孔隙、裂隙大得多，能迅速接受大气降水补给，水位年变幅可达数十米

3.2.3.2　机理

（1）隧洞岩体结构失稳与水的作用关系密切，水是涌水突泥灾害发生的最大根源。地下水对岩体强度的影响不仅与水的赋存状态有关，还与岩石的性质和岩体的完整程度有关。有的岩体浸水后强度降低或丧失强度主要是胶结物被水溶解，充填物中的细小颗粒被水潜蚀，岩石软化、疏松，充填物泥化等所致；有的岩体浸水后强度降低是由于水起润滑剂作用加速岩体变形与破坏；有的岩体浸水后强度降低是水与矿物发生化学反应的结果。

（2）地下水的改造作用有静水压力作用和动水压力作用。这两种作用都使岩体发生水力劈裂，使裂隙的连通性增加，张开度增大，从而增加渗透能力。除此之外，动水压力作用还能使裂隙面上的充填物发生变形和位移，尤其是剪切变形和位移，由此导致裂隙的再度扩展。从地下水作用致灾机理看，有静水推力、有效应力变化、渗透压力增大、水力楔入、冰劈、水的加载、水化、水击、土体冻融、淋溶和沉淀等作用。

（3）岩石在一定的水压力下所产生的物理的、化学的和力学的作用过程是导致工程岩体发生变形破坏的根本原因。其结果是：①在降低结构面及岩体强

度的同时，削弱岩块之间的联系，增加岩块的自由度及活动度，加快岩体向破碎——松散介质转换的进程，从而使岩体的强度和变形特性发生根本性的变化；②由于化学作用主要发生于不同成因、不同规模的结构面及其附近，因此可以显著提高岩体的有效空隙度，增强其储水和导水能力，从而提高岩体应力场及稳定性对渗流场变化的敏感度。化学作用是地下水动态剧变诱发岩体失稳的前提与基础。

（4）水-岩的力学作用对工程体的影响，主要是通过地下水水量动态剧变使工程体应力环境恶化来体现。通常情况下，岩土体中渗流场和应力场通过某种方式维系着一种动态平衡关系，当其中任何一方发生变化时，另一方都会通过它们之间的联结方式自动调整，以达到新的平衡。如果某一方的变化超过一定幅度，这个平衡体系就有可能被破坏，从而诱发工程体地质灾害的发生。在绝大多数情况下，岩体浸水后强度降低与孔隙隧洞突泥涌水是因隧洞的开挖破坏了潜在的隔水或含水岩体结构，打破了水与围岩间的原有平衡，使得地下水所存储的能量得以释放，破坏了围岩稳定，使地层中水突破限制带着泥屑等涌入隧洞，给隧洞施工带来了极大的安全隐患和财产损失。地下水或含水岩体所存储的能量、释放性能是否超过了围岩的稳定性能决定了突泥涌水的发生与否。

已有的研究成果表明，岩土体的失稳破坏机理可以采用突变理论来加以解释。当结构的演化已经处于临界状态时，微小的扰动便可诱发结构失稳，这种结论可以很好地解释隧洞围岩失稳的发生与外界因素的相关性。如隧洞围岩经过水的软化等作用后，处于临界稳定状态，在应力调整、爆破扰动等外界因素的影响下，极易发生坍方或层状围岩地下洞室的弯折内鼓破坏。

地下水引起的隧洞灾害后果严重，危害巨大，开挖停工短则几个月，长则半年甚至几年，降低了经济效益，造成不良的社会影响，严重的会造成生命财产的损失。地下水在隧洞岩体失稳过程中起重要的作用，特别是有结构面存在的软弱围岩。

3.2.4 有毒有害气体

按隧洞中的有害气体产生的原因，主要有两种类型：①天然的有害气体（如煤层瓦斯、石油天然气、氡气、H_2S、SO_2 等）；②施工爆破和施工机械工作时产生的废气（如 CO、CO_2、氮氧化物、SO_2 等）。

3.2.4.1　天然的有害气体

1. 煤层瓦斯

煤层瓦斯是深埋长隧洞遇到的主要有害气体，在成煤过程中产生，以气态烃为主的可燃气体，主要成分是甲烷。我国的含煤地层主要有石炭系、侏罗系、二叠系、下第三系等。

煤层瓦斯成分组成如下：甲烷（CH_4），一般可占 80％以上；二氧化碳（CO_2）和氮气（N_2），一般可占 1％～80％以上；重烃类气体，包括乙烷（C_2H_6）、丙烷（C_3H_8）、丁烷（C_4H_{10}）、戊烷（C_5H_{12}）等，含量很少，一般在 1％以下；氢气（H_2）、一氧化碳（CO）、二氧化硫（SO_2）、硫化氢（H_2S）等气体，一般含量很少，但危害很大；氦（He）、氖（Ne）、氩（Ar）、氪（Kr）、氙（Xe）等稀有气体，含量甚微；及其他混合气体。

瓦斯是无色、无味、无臭的气体，在煤层或岩体中以游离状态和吸附状态存在；其渗透能力是空气的 1.6 倍。发生瓦斯爆炸的条件是：一定浓度的瓦斯（5％～16％）、高温火源和充足的氧气。当瓦斯含量大于 $10m^3/t$、压力大于 0.74MPa，可能会发生瓦斯溢出，使人缺氧而窒息，甚至发生瓦斯爆炸事故。

煤矿的废弃矿井、矿洞、巷道和发生煤层自燃的地区容易聚集大量的瓦斯，形成高瓦斯地区。

2. 硫化氢（H_2S）、二氧化硫（SO_2）

在含硫矿物的地下洞室中施工，眼和鼻会有特殊的感觉，这是因为硫化矿物被水分解产生的硫化氢和含硫矿物的缓慢氧化、自燃和爆破作业等产生的二氧化硫所引起的。在火山活动地区的地层中也常含有上述气体。

（1）硫化氢

硫化氢是一种无色的气体，具有臭鸡蛋味及微甜味，当其在空气中体积分数为 0.0001％～0.0002％时，可以明显地感到它的臭味；易溶解于水，能燃烧；性极毒，能使人体血液中毒，并对眼膜和呼吸系统有强烈的刺激作用。

由于它的相对密度大，易溶解于水，很容易聚集在老洞的水塘中，若被搅动，就有释放出来的危险。

（2）二氧化硫

二氧化硫是无色的气体，具有强烈的硫磺味，易溶解于水，对眼睛和呼吸器官有刺激作用；与呼吸道潮湿的表皮接触后能产生硫酸，对呼吸器官产生腐

蚀，使喉咙支气管发炎，呼吸麻痹，严重时引起肺水肿。所以二氧化硫中毒的伤员也不能进行人工呼吸。

岩体中断层、裂隙、孔隙等，为有毒有害气体提供了储气空间，洞室埋深较大时，断层、裂隙中的水、气循环无法将有毒有害气体带出，有害气体得以在空隙、裂隙中保存下来，局部形成浓度较高的"气囊"。当钻孔、爆破破坏"气囊"后，高浓度的有毒有害气体瞬间逸出，在引水隧洞通风条件差的环境中容易导致施工作业人员中毒。

3.2.4.2　施工爆破和施工机械的废气

爆破使用的各种工业炸药爆破分解都建立在可燃物质（如碳、氢、氧等）气化的基础上。当炸药爆炸时，除产生水蒸气和氮外，还产生二氧化碳、一氧化碳、氮氧化物等有毒有害气体。

隧洞施工使用柴油动力的无轨设备工作时，柴油机排出废气。因为柴油是由碳（85%～86%），氢（13%～14%）和硫（0.05%～0.7%）组成的，柴油的燃烧一般不是理想的完全燃烧，产生很多局部氧化和不燃烧的东西。柴油机排出的废气是各种成分的混合物，其中氮氧化和物（主要是一氧化氮和二氧化氮）、一氧化碳、醛类和油烟等四类成分含量较高，毒性较大，是柴油机废气中的主要有害成分。

1. 一氧化碳（CO）

一氧化碳是一种无色、无味、无臭的气体，与空气重量相近，易于均匀散布在巷道中，若不用仪器测定很难察觉。一氧化碳不易溶解于水，在通常的温度和压力下，化学性质不活泼。由于一氧化碳与人体血液中血色素的结合力比氧大 250～300 倍，当人体吸入含有一氧化碳的空气时，血液就先吸收一氧化碳，吸收氧气能力降低，使人患缺氧症。当血液中一氧化碳达到饱和时就完全失去输送氧的能力，使人死亡。

若经常在一氧化碳浓度超过允许浓度的环境中工作，虽然短时期内不会发生急性病状，但由于血液长期缺氧和中枢神经系统受到伤害，会引起头痛、眩晕、胃口不好、全身无力、记忆力衰退、情绪消沉及失眠等慢性中毒。

2. 氮氧化和物

爆破与施工机械产生的废气成分复杂，主要有一氧化氮（NO）、二氧化氮（NO_2）、一氧化碳（CO）、二氧化碳（CO_2）等。这些有毒气体可以使人呼吸困难和窒息。废气中一氧化氮是极不稳定的气体，遇到空气中的氧即转化为二氧化氮。

二氧化氮是一种褐红色的气体，具有窒息气味，极易溶解于水，遇水后生成硝酸，对人的鼻、呼吸道和肺部都有强烈的腐蚀作用，以致破坏肺组织而引起肺部水肿。二氧化氮中毒的特点是起初无感觉，往往要经过 6～24h 后才出现中毒征兆。即使在危险浓度下，起初也只感觉呼吸道受刺激、咳嗽，但经过 6～24h 后，就会发生严重的支气管炎、呼吸困难、吐黄痰、发生肺水肿、呕吐等症状，导致很快死亡。

常见隧洞内空气中有害物质的允许含量见表 3.5。

表 3.5　　　　　　　　常见隧洞内空气中有害物质的允许含量

名　称	允许浓度		附　注
	按体积/%	按重量/（mg/m³）	
二氧化碳（CO_2）	0.5		一氧化碳的允许含量与作业时间：允许含量为 50mg/m³ 时，作业时间不宜超过 1h；允许含量为 100mg/m³ 时，作业时间不宜超过 0.5h；允许含量为 200mg/m³ 时，作业时间不宜超过 20min；反复作业的间隔时间应在 2h 以上
甲烷（CH_4）	1		
一氧化碳（CO）	0.0024	30	
氮氧化合物换算成二氧化氮（NO_2）	0.00025	0	
二氧化硫（SO_2）	0.0005	15	
硫化氢（H_2S）	0.00066	10	
醛类（丙烯醛）		0.3	
含有 10% 以上游离 SiO_2 的粉尘		2	含有 80% 以上游离 SiO_2 的生产粉尘不宜超过 1mg/m³
含有 10% 以下游离 SiO_2 水泥粉尘		6	
含有 10% 以下游离 SiO_2 的其他粉尘		10	

3.2.5　高地温

随着地下工程逐渐向超长、超深埋方向发展，高地温病害逐渐成为地下工程的一大难题。目前，高地温问题在国内外深埋长隧洞工程施工中已经比较突出。

拉萨-日喀则（拉日）铁路位于青藏高原西南部，线路全长 253 km 左右，全线共设 29 座隧道，占线路总长的 27.8%，隧道主要分布在色麦至大竹卡之间的雅鲁藏布江峡谷区。峡谷区位于藏南高温水热活动区，那曲-羊八井-尼木水热活动带的南部。拉日铁路经过色麦至大竹卡地热地段长约 58km，本段地质以闪长岩为主，岩质坚硬，峡谷区构造发育，发育有多条大断裂。高地温是本段最主要的工程地质问题，沿线的水热显示有温泉、温热泉、热泉、泉华等类型，共有水热显示区 30 处，泉水 10 处。该地热带中泉水的平均温度为 60.7℃，最高温度达到 91.3℃。

齐热哈塔尔水电站是一座低闸坝、长隧洞、高水头引水式电站，该工程有压引水隧洞布置在河道左岸山体中。隧洞总长 15639.86m，最大埋深达到 1720m，地层岩性以片麻状花岗岩与变质闪长岩为主，局部分布大理岩、板岩、片岩等，高地温洞段（桩号 Y7＋295.00～Y10＋355.00 范围内）地层岩性以加里东中晚期侵入岩片麻状花岗岩为主，埋深 448～1201m，记录到的最高岩壁温度达到 119℃，在高温带某些部位有高压气体沿裂隙喷出，蒸汽温度最高达 170℃。

国内外部分隧洞高地温情况见表 3.6。

表 3.6　　　　　　　　　　国内外部分隧洞高地温情况

国家	隧道名称	长度/km	最大埋深/m	最高地温/℃	隧洞主要地质条件
中国	新疆齐热哈塔尔水电站引水发电隧洞	13.2	1720	80	加里东中晚期侵入岩，岩性为片麻状花岗岩、花岗片麻岩，区域构造活动强烈，有深层地下热水及水气活动
中国	新疆布伦口-公格尔引水隧洞	17.46	1600	85	与前者地质条件基本相同
中国	四川娘拥水电站引水隧洞	15.4	800	87	区域构造活动强烈，有火山活动
中国	秦岭铁路隧道	18.45	1600	34	位于秦岭构造带，花岗岩、片麻岩等，构造活动性中等
中国	锦屏二级地质探洞	4.168	1200	12	大理岩，地下水活动强烈，存在地温负异常
日本	安房公路隧道	4.35	700	75	板岩、砂岩、花岗闪绿斑岩，附近有近代火山及温泉
日本	屈人隧道	4	100	90	流纹岩，附近有活火山、温泉及 H_2S 气体，地温高异常
瑞士、意大利	辛普隆 1 号隧道	19.98	2136	55.14	阿尔卑斯断褶带，片麻岩等
意大利、法国	勃朗峰公路隧道	11.6	2480	31	阿尔卑斯断褶带，花岗岩等
瑞士	新列奇堡隧道	33	2200	42	阿尔卑斯断褶带，片麻岩、花岗岩等
瑞士	新圣格达隧道	57	2300	45	片麻岩，白云岩
瑞士	老列奇堡隧道	14.64	1673	34	灰岩、片麻岩、花岗岩
俄罗斯	阿尔帕-谢万输水隧洞	43	1825	46.5	凝灰岩，火山锥，构造活动强烈，有瓦斯突出
美国	特科洛特公路隧道	6.4	2287	47	砂岩、粉砂岩

高地温对施工人员、爆破材料、施工设备、衬砌混凝土材料、止水材料、灌浆材料、支护结构和衬砌的耐久性等均有影响，危害主要体现如下方面：

（1）对施工人员的影响。当地下洞室气温超过 28℃、湿度超过 80％时，会对作业人员的健康和安全产生不良影响；当地下洞室气温超过 35℃、湿度超过 80％时，会对作业人员的健康和安全产生严重危害，并使机械设备工作效率降低、故障增多和劳动生产率下降。所以，当地下洞室气温大于等于 28℃时，需采取工程降温措施。

高地温洞段岩层有裂隙部位，经常出现喷溅热水热气现象，对人及机械会产生很大危害。当隧洞内出现高地温、高温热水等恶劣地质条件时，造成隧洞内热气弥漫，能见度低（一般为 3～5m），施工人员进入工作面后在较短时间内就会感觉胸闷，时间稍长就眩晕呕吐，施工时易发生工作人员被地层中喷出的热水或硫化氢等有害气体烫伤或中毒事故，从而恶化工作环境，严重威胁施工人员健康和安全。

（2）对爆破材料的影响。岩石温度超过 55℃时，使用普通硝铵炸药会产生膨胀，导爆管在高温下软化，产生不可恢复的变形，不能起传爆作用，将出现哑炮和炸药失效等情况，造成极大的安全隐患，严重影响开挖进度。高地温洞段影响炸药工效，故爆破开挖出来的断面成型差。

当通风散热条件不好时，分解热不易散失，很容易使炸药温度自动升高，进而促成炸药热分解加剧而导致炸药热分解反应转变为燃烧或爆炸。炸药在不同的反应形式下，其能量的释放速度和释放形式不同，一旦炸药由热分解意外地转化为燃烧甚至爆炸，极易造成重大事故。

（3）对施工设备的影响。高地温造成隧洞空气温度升高，机械及人员设备工作效率降低，寿命减短。如洞内电线由于高温老化，存在漏电的安全隐患；装载机、出渣车经常出现开锅现象，装载机、挖掘机液压臂的液压油因温度高变稀影响设备工作效率等。

由于洞内高温热水涌出后产生大量的热蒸汽，裹去了一部分氧气，使有高温热水的隧洞内氧气含量下降而导致机械油料燃烧不充分，造成机械出力下降 30％左右，使施工机具故障频率增高；隧洞内进行排水的水泵由于长期抽排高温热水而增高损坏率。

若使用 TBM 施工，需在 TBM 采购时提出高地温的条件，施工时需采取工

程降温措施。

（4）对隧洞的支护和衬砌影响。由于洞段岩石温度太高，正常的隧洞全断面支护、衬砌方法难以应用，必须经科学研究和试验后才能确定支护、衬砌方案。隧洞内高温也影响施工材料的选取，需要选取耐高温的材料；同时高温产生附加温度应力，可能引起衬砌开裂，影响结构的耐久性。

3.2.6　放射性物质

放射性是指元素从不稳定的原子核自发地放出射线，（如 α 射线、β 射线、γ 射线等）直至衰变形成稳定的元素后停止放射（衰变产物）的性质。衰变时放出的能量称为衰变能量。原子序数在 83（铋）或以上的元素都具有放射性，但某些原子序数小于 83 的元素（如锝）也具有放射性。它们主要是通过辐射、附着及吸入对人体造成危害，也能引起基因突变和染色体畸变，使一代甚至几代人受害。

放射性分为天然放射性和人工放射性。人工放射性是指用核反应的办法所获得的放射性。天然放射性是指天然存在的放射性核素所具有的放射性，主要来源如下：

（1）宇宙射线及其衍生的放射性核素。宇宙射线来自宇宙空间，引生的放射性核素是其与大气层、土壤、水中的核素发生反应产生的。

（2）天然系列放射性核素。多数在地球起源时就存在与地壳中，它们大多属于由重元素组成的 3 个放射系，即铀系（母体是 ^{238}U）、锕系（母体是 ^{235}U）、钍系（母体是 ^{232}Th）。

（3）自然界中单独存在的核素，约有 20 种，如 ^{40}K、^{209}Bi 等。

自然界地下天然放射性核素存在与土壤和岩石及其所含地下水中，含量变动很大，主要决定与岩石层的性质和土壤的类型。主要有：①α 放射性核素，即 ^{239}Pu、^{226}Ra、^{224}Ra、^{222}Rn、^{210}Po、^{222}Th、^{234}U 和 ^{235}U；②β 放射性核素，即 ^3H、^{90}Sr、^{89}Sr、^{134}Cs、^{137}Cs、^{131}I 和 ^{60}Co。这些核素出现的可能性较大，其毒性也较大。

深埋长输水隧洞空气中主要的辐射危害来自氡的短寿命衰变产物（氡子体）。氡对人类的危害主要表现为确定性和随机效应。确定性效应表现为在高浓度氡的暴露下，机体出现血细胞的变化，氡对人体脂肪有很高的亲和力，与神经系统结合后危害更大。随机效应主要表现为诱发肿瘤。

氡是镭、钍的衰变产物，是一种无色、无臭的惰性气体。氡放出 α 粒子后连续经过四次衰变，达到较稳定的核素，氡和氡子体具有辐射特性。氡是一种惰性气体，对人体无直接危害，但氡子体是呈固体微粒形式，有一定的荷电性，具有很强的附着能力，因此在空气中很容易与粉尘结合形成"放射性气溶胶"。被吸入人体后，氡及其子体继续衰变放出 α 射线，长期作用能使支气管和肺组织产生慢性损伤，引起病变，故认为它是产生矿工肺癌的原因之一。即使在铀矿山，α 射线对人体的外照射也很弱。所谓矿井的放射性防护，是针对被吸入人体的氡及其子体所放射的 α 射线的内照射而言的。

岩石中普遍存在着铀，铀不断地衰变，不断产生氡气，并从岩石的裸露表面进入空气中。所以在含铀品位不变的情况下，岩石的自由面越多，析出的氡也就越多。岩石裂隙往往也存在高浓度氡，当地下洞室工作面气压低于岩石裂隙的气压时，氡就进入大气中。掘进过程在不断地破碎矿岩。随着岩体裸露面的增加，矿井的氡析出量也增加。氡在空气中的扩散系数为 $0.1cm^2/s$，在岩石和沉积物中的扩散系数变化范围很广，其大小决定于岩石的孔隙度、透水性、湿度、结构和扩散时的温度。氡易溶于水，因此，矿井水、地下水可能含氡。此外氡还易溶于酒精、煤油、血液和脂肪。活性炭、橡胶、石蜡、分子筛等均能吸附氡，吸附的氡量一般与空气中氡浓度成正比（在一定温度范围内）。

放射性元素的成矿类型有侵入、蚀变、沉积等多种成因，可分布在岩浆岩（如流纹岩、英安岩、花岗伟晶岩、正长伟晶岩等）、变质岩（如花岗片麻岩、混合花岗岩等）及沉积岩（如煤系地层中的泥岩、震旦系石英底砾岩等）多种岩石中。因此，在深埋长输水隧洞的可行性研究勘察阶段，需委托具有相应资质的单位进行放射性评估工作，查明放射性岩体的地层岩性、成因类型、分布范围、辐射计量，评估和预测放射性对人体健康和输水水质的影响等。

为了确保施工安全和水质安全，对输水隧洞在勘查过程中做放射性调查评估是非常必要的一项工作。根据《引调水线路工程地质勘察规范》（SL 629—2014），放射性"详细评估应在可能存在放射性元素的洞段或部位进行"，勘察宜查明放射性元素成生岩体的岩性、成因类型、规模、分布特征及其矿物成分和物理化学性质；查明聚积构造和侵入体蚀变带的性质、产状、规模等；查明环境 γ 辐射强度，地表、地下水体中的铀、镭等放射性元素浓度，空气氡及氡子体浓度，总 α 浓度、总 β 浓度等；应利用钻孔或探洞进行放射性编录和 γ 测井，取岩、水样进行放射性分析、化学分析；γ总量测量应以物探为主，必要时可进行γ+β测量和射气测量。

3.3　风险因素不确定描述

3.3.1　岩爆

3.3.1.1　岩爆影响因素

由于岩爆产生机制比较复杂，其影响因素也比较多，在大深埋长隧洞施工过程中，岩爆的主要影响因素包括工程区地质构造、地应力、地层岩性、岩体结构、埋深与地形、地下水、人为因素等。

1. 地质构造

岩爆常发生在断裂构造相对不发育、岩体相对完整的洞段、大型压性断层的下盘或在压扭性断层两侧完整性好的岩体洞段。经过强烈构造运动作用形成的破碎岩体、强烈褶曲的层状岩体等地应力较低，不易发生岩爆。岩体中的微裂隙或闭合节理，为岩体的断裂破坏提供了有利条件，同时岩爆还受裂隙走向与轴向应力之间夹角大小的影响。岩石的封闭应力释放，也是引发岩爆的一个因素。

2. 地应力

地应力是影响岩爆的关键因素。在高地应力环境下岩体中会储存较多的弹性应变能，这是岩爆发生的基本条件。

对于高初始地应力的判断，《工程岩体分级标准》（GB/T 50218—2014）中给出了基于强度应力比的地应力分级方案，见表3.7。

表3.7	高 地 应 力 判 别 标 准
高初始应力条件下的主要现象	$\dfrac{R_c}{\sigma_{max}}$
1. 硬质岩：岩心常有饼化现象；开挖过程中时有岩爆发生，有岩块弹出，洞壁岩体发生剥离，新生裂缝多，围岩易失稳；基坑有剥离现象，成形性差。 2. 软质岩：开挖过程中洞壁岩体有剥离，位移极为显著，甚至发生大位移，持续时间长，不易成洞；基坑发生显著隆起或剥离，不易成形	<4
1. 硬质岩：岩心时有饼化现象，开挖过程中偶有岩爆发生，洞壁岩体有剥离和掉块现象，新生裂缝较多；基坑时有剥离现象，成形性一般尚好。 2. 软质岩：开挖过程中洞壁岩体位移显著，持续时间较长，围岩易失稳；基坑有隆起现象，成形性较差	4~7

注　σ_{max}为垂直洞轴线方向的最大初始应力。

《水电水利工程地下建筑物工程地质勘察技术规程》（DL/T 5415—2009）结合使用地应力值与强度应力比的分级方案，岩体初始地应力分级标准见表 3.8。

表 3.8　　　　　　　　　　　　　岩体初始地应力分级标准

应力分级	最大主应力量级 σ_m/MPa	岩石强度应力比 R_b/σ_m	主　要　现　象
极高地应力	≥40	≤2	硬质岩：开挖过程中时有岩爆发生，有岩块弹出，洞壁岩体发生剥离，新生裂缝多；基坑有剥离现象，成形性差；钻孔岩芯多有饼化现象。
			软质岩：钻孔岩芯有饼化现象，开挖过程中洞壁岩体有剥离，位移极为显著，甚至发生大位移，持续时间长，不易成洞；基坑岩体发生卸荷回弹，出现显著隆起或剥离，不易成形
高地应力	20~40	2~4	硬质岩：开挖过程中可能出现岩爆，洞壁岩体有剥离和掉块现象，新生裂缝较多；基坑时有剥离现象，成形性一般尚好；钻孔岩芯时有饼化现象。
			软质岩：钻孔岩芯有饼化现象，开挖过程中洞壁岩体位移显著，持续时间较长，成洞性差；基坑有隆起现象，成形性较差
中等地应力	10~20	4~7	硬质岩：开挖过程洞壁岩体局部有剥离和掉块现象，成洞性尚好；基坑局部有剥离现象，成形性尚好。
			软质岩：开挖过程中洞壁岩体局部有位移，成洞性尚好；基坑局部有隆起现象，成形性一般尚好
低地应力	≤10	≥7	无上述现象

注　R_b 为岩石饱和单轴抗压强度，MPa；σ_m 为最大主应力，MPa。

宋嶽提出高应力区的主要特征是：①最大水平应力 σ_H 大大超过垂直应力 γ_H，$\sigma_H \gg \gamma_H$；②最大水平应力 $\sigma_H > 25$MPa；③$\sigma_H \geq 0.2\sigma_c$（$\sigma_c$ 为岩石单轴抗压强度）。

岩爆的发生与地应力集聚特性有着密切的关系。通常具有较高的地应力的岩石，其弹性模量也较高，相反，具有较低地应力的岩石，其弹性模量也较低。因此，在高地应力区，岩石具有较大的弹性应变能，也最易发生岩爆。在高地应力地区进行大深埋长隧洞工程开挖时，岩体的初始应力状态受到扰动，破坏了洞室周围岩石应力的初始应力的平衡状态，使得洞室周围的应力重新分布。其应力峰值可达到初始应力的 2~3 倍。由于应力集中的影响，往往使围岩应力超过岩爆的临界应力，进而产生岩爆。

3. 地层岩性

（1）岩性。一般情况下，岩石强度高、完整程度较好的脆硬岩体，易于发生岩爆。在巨大的火成岩侵入体和混合岩体中的隧洞发生岩爆的工程实例最多，其次为厚层—巨厚层结构沉积岩。

（2）岩石抗压强度。从大量工程案例经验可知，在发生岩爆的工程中，岩性多为花岗岩、闪长岩，岩石的抗压强度大多超过了 110MPa，为高强度岩体；对于沉积岩，在抗压强度 $R_c > 60$MPa 的坚硬岩体中也可能发生岩爆。

（3）岩石的弹性应变能。岩石储聚弹性应变能的能力影响岩爆动能的大小，根据储聚弹性应变能的能力分析，弹性岩体在受力变形时，常能储聚较多的弹性应变能，大部分高强度块状脆性岩体属于这一类。弹-塑性岩体在受力变形时，也能储聚一定的弹性应变能，但储能的能力次于弹性岩体，一些层状沉积物属于这一类。储聚弹性应变能的能力最差的是塑性岩体，在受力变形时，由于变形全为塑性变形，没有储聚弹性应变能的能力。在前两类岩体中进行大深埋长隧洞施工时有发生岩爆的可能。

（4）岩石的脆性程度。岩石的脆性程度也是影响岩爆的因素之一。根据工程经验，岩爆大多发生在坚硬脆性岩体中，即多数发生在石英岩、花岗岩、正长岩、闪长岩、花岗闪长岩、大理岩、花斑状大理岩、片麻岩等岩体中。这些岩体的共同力学特性是脆性的，即达到峰值强度后，岩石急剧断裂。关于岩石的脆性程度，可用抗压强度 R_c 与抗拉强度 R_t 之比进行说明，称为脆性度 nb。$nb \geqslant 40$ 时无岩爆，$26.7 \leqslant nb < 40$ 时为弱岩爆，$14.5 \leqslant nb < 26.7$ 时中等岩爆，$nb < 14.5$ 时为强岩爆。岩爆多发生在脆性岩石中，脆性度大多数集中在 20.0～30.0，且有脆性度越小岩爆越强烈的趋势。

4. 岩体结构

岩体的完整程度是决定岩爆是否发生的一个重要条件。由于完整岩体有利于弹性应变能的储存，因此岩爆通常发生在完整岩体中。完整岩体是指裂隙间距相对较大，宏观上没有贯穿的岩体；岩块的破裂不沿裂隙发生，而是岩石内部裂纹扩展的结果。从定量的角度来考虑，岩石的完整系数表达式为

$$\lambda = \left(\frac{V_{Pm}}{V_{Pr}} \right)^2$$

式中　　λ——岩石的完整系数；

　　　　V_{Pm}——岩体弹性纵波速度；

　　　　V_{Pr}——岩石弹性纵波速度。

根据我国《工程岩体分级标准》（GB/T 50218—2014），岩体完整指数 $\lambda > 0.55$ 时岩体为较完整岩体，是岩爆发生的有利条件。

一些有裂隙发育的岩体也可能发生较大规模的岩爆，在结构岩体中发生岩

爆的必要条件是岩体结构能够有利于能量的储存和释放。能量释放越彻底，岩爆越强烈。在地应力条件和岩性条件大致相同的情况下，如岩体结构（包括节理、裂隙和层面等软弱结构面的发育程度、产状及组合关系）具有一定的方向和特点，岩体将不发生缓慢的位移或破坏，从而使能量得以储存。岩体中存在各种不连续面，力学试验表明，优势裂隙面和最大主应力的夹角 β 会显著影响岩体的储能能力。当 $\beta=30°\sim45°$ 时，岩体的弹性变形最小，即弹性应变能积累最少，积累和释放能量的能力最差，因此，不容易发生岩爆，而是沿节理面发生剪切破坏。当 $0°\leqslant\beta\leqslant30°$ 时，β 值越小，岩体储存的能量较多，岩爆最容易发生，且岩爆程度强烈，当 $30°<\beta\leqslant45°$ 时常发生较弱的岩爆。当 $45°<\beta\leqslant90°$ 时，由于应力与优势裂隙面近乎垂直，这使岩体微裂隙趋于闭合，稳定性增强，一部分能量被结构面本身的永久变形所消耗，存储的弹性能量相对较少，即使产生岩爆，强度也不会高。

5. 埋深与地形

（1）埋深对岩爆的影响。由于埋深与地应力关系密切，埋深也是影响岩爆的因素之一。通常，埋深越大，地应力就越高，越有利于岩爆的产生。不但地应力的大小随深度的改变而改变，而且其最大主应力方向也是如此。岩体天然应力的垂直分量，一般认为等于该点的上覆岩层的重量。水平应力和垂直应力都随深度线性增大，但二者变化的梯度是不同的，在岩体中存在有一个临界深度，在临界深度以上，水平应力大于垂直应力，是最大主应力，超过临界深度后，垂直应力就会大于水平应力成为最大主应力。最大主应力的方向会影响到岩爆发生的部位。当水平应力为最大主应力时，地下洞室的顶拱和底板会出现较大的应力集中，发生岩爆，而当垂直应力为最大主应力时，地下洞室的边拱则会容易发生岩爆。

（2）地形对岩爆的影响。靠近山坡或河谷的坡面的地下工程，虽然埋深不大，但也会有岩爆发生。这是因为地形对岩体的初始应力状态有着显著的影响。对于斜坡地形，最大主应力平行于坡面方向，而近于斜坡表面的垂直方向上应力则几乎为零，在斜坡的局部上凸部位，应力值急剧减小，而在斜坡下凹地方则应力增大。在山谷的尖槽底下部，会出现很大的应力集中现象。因此在坡脚和河谷地区，即使埋深不大，由于会出现较大的应力集中现象，也有出现岩爆的可能。

6. 地下水

发生岩爆的岩体通常是非常干燥的，含水量极少，比较湿润的岩石较难发生岩爆。因为岩石中的水对岩石会引起两种变化：

（1）水具有软化岩石的能力。水及某些含阳离子的溶液可以降低岩石颗粒间表面能，从而降低岩石的破裂强度。

（2）含水的岩石明显比干燥的岩石中的层理、节理、裂隙发育好，数量多，岩石的孔隙率高。

由于裂隙的增加与扩展，降低了岩石的强度和弹性模量，泊松比增加，内部黏结力减少，从而造成岩石的弹性性质的差别。

7. 人为因素

产生岩爆灾害的重要条件之一就是围岩体内存在有局部应力集中。应力集中不仅与岩体的初始地应力有关，而且与洞室的形状、施工方法等人为设计与施工因素有关。人为开挖提供了岩体高应力释放的自由空间。开挖洞室的形状不同，洞室周边部位的应力集中程度也不一样。圆形洞室的周边部位应力集中程度相对不大，而非圆形洞室周边部位的应力集中程度不一。洞室越扁平或狭长，应力集中系数越高，岩爆也就越容易发生。此外，爆破也是触发岩爆的一个重要外因。爆破产生的巨大弹性波迅速传播，使得处于临界状态的岩体受到扰动而发生突然失稳破坏，从而会导致岩爆的发生。

施工方法对岩爆的发生也有一定影响，采用 TBM 施工的隧洞，断面为圆形，洞壁平整、光滑，应力不能很快高度集中和释放，有利于减小岩爆规模，滞后岩爆发生。护盾式 TBM 施工能够及时进行管片衬砌、回填豆砾石、灌浆及锚固等，使围岩很快处于新的三维应力平衡状态，减小岩爆发生的几率和危害。采用钻爆法施工，由于爆破对围岩的松动作用，能够释放一定的围岩应力，可以降低岩爆的级别，但因钻爆法多采用城门洞形或马蹄形断面，围岩应力集中强烈，岩爆发生快。一般来讲，分部钻爆开挖比全断面一次爆破开挖易产生岩爆，且岩爆强度高。

3.3.1.2 岩爆预测分级机制

岩爆的预测是地下建筑工程地质勘测的重要任务之一。为了解决这一问题，除了研究岩爆的产生条件和发生机制以外，还需要建立定量的判别准则。在总结已有经验和研究成果的基础上，近几年来国内外学者已建立了多种判别准则。

如卢森岩爆判别准则（表 3.9）、陶振宇岩爆判别准则（表 3.10）、侯发亮岩爆判别准则（表 3.11）及挪威 Russenes 判据（表 3.12）。

表 3.9 卢森岩爆判别准则

岩爆分级	R_L/σ	岩 爆 特 征
I	>14.5	无岩爆发生
II	14.5～5.5	低岩爆活动，有轻微声发射现象
III	5.5～2.5	中等岩爆活动，有较强的爆裂声
IV	<2.5	高等岩爆活动，有很强的爆裂声

表 3.10 陶振宇岩爆判别准则

I_s/σ_{max}	岩爆活动特征	备 注
<0.083	严重岩爆活动	
0.083～0.15	中等岩爆活动	I_s 为岩石的点荷载强度；σ_{max} 为隧道中最大切向应力
0.15～0.20	低岩爆活动	
>0.20	无岩爆活动	

表 3.11 侯发亮岩爆判别准则

A 状态	$\sigma_2/\sigma_1=0.00$	$\sigma_{1cr}=0.188\sigma_c$
B 状态	$\sigma_2/\sigma_1=0.25$	$\sigma_{1cr}=0.294\sigma_c$
C 状态	$\sigma_2/\sigma_1=0.50$	$\sigma_{1cr}=0.360\sigma_c$
D 状态	$\sigma_2/\sigma_1=0.75$	$\sigma_{1cr}=0.383\sigma_c$
E 状态	$\sigma_2/\sigma_1=1.00$	$\sigma_{1cr}=0.402\sigma_c$

表 3.12 挪威 Russenes 判据

σ_θ/R_c	岩爆特征	σ_θ/R_c	岩爆特征
<0.20	无岩爆	0.30～0.55	中岩爆
0.20～0.30	弱岩爆	0.55≤σ_θ/R_c	强岩爆

《水利水电工程地质勘察规范》（GB 50487—2008）根据岩爆现象和岩石强度应力比进行岩爆分级与判别，具体见表 3.13。

表 3.13 岩爆分级及判别（一）

岩 爆	主要现象和岩性条件	岩石强度应力比分级 R_b/σ_m	建议防治措施
轻微岩爆（I 级）	围岩表层有爆裂射落现象，内部有噼啪、撕裂声响，人耳偶然可以听到。岩爆零星间断发生。一般影响深度 0.1～0.3m。对施工影响较小	4～7	根据需要进行简单支护

岩　爆	主要现象和岩性条件	岩石强度应力比分级 R_b/σ_m	建议防治措施
中等岩爆（Ⅱ级）	围岩爆裂弹射现象明显，有似子弹击的清脆爆裂声响，有一定的持续时间。破坏范围较大，一般影响深度 0.3～1m。对施工有一定影响，对设备及人员安全有一定威胁	2～4	需进行专门支护设计。多进行喷锚支护
强烈岩爆（Ⅲ级）	围岩大片爆裂，出现强烈弹射，发生岩块抛射及岩粉喷射现象，巨响，似爆破声，持续时间长，并向围岩深部发展，破坏范围和块度大，一般影响深度 1～3m。对施工影响大，威胁机械设备及人员人身安全措施	1～2	主要考虑采取应力释放钻孔、超前导洞等措施，进行超前应力解除，降低围岩应力。也可采取超前锚固及格栅钢支撑等措施加固围岩。需进行专门支护设计
极强岩爆（Ⅳ级）	洞室断面大部分围岩严重爆裂，大块岩片出现剧烈弹射，震动强烈，响声剧烈，似闷雷。迅速向围岩深处发展，破坏范围和块度大，一般影响深度大于 3m，乃至整个洞室遭受破坏。严重影响施工，人财损失巨大。最严重者可造成地面建筑物破坏	<1	

《水力发电工程地质勘察规范》（GB 50287—2016）也根据岩爆现象和岩石强度应力比进行岩爆分级与判别，增加了临界埋深判别指标，具体见表 3.14。

表 3.14　　　　　　　　岩爆分级及判别（二）

岩爆分级	主要现象	岩爆判别	
		临界埋深/m	R_b/σ_m
轻微岩爆	围岩表层有爆裂脱落、剥离现象，内部有噼啪、撕裂声，人耳偶然可听到，无弹射现象；主要表现为洞顶的劈裂松脱破坏和侧壁的劈裂——松胀、隆起等。岩爆零星间断发生，影响深度小于 0.5m；对施工影响较小		4～7
中等岩爆	围岩爆裂脱落、剥离现象较严重，有少量弹射，破坏范围明显。有似雷管中等岩爆爆破的清脆爆裂声，人耳常可听到围岩内的岩石的撕裂声；有一定持续时间，影响深度 0.5～1.0m；对施工有一定影响	$H \geqslant H_{cr}$	2～4
强烈岩爆	围岩大片爆裂脱落，出现强烈弹射，发生岩块的抛射及岩粉喷射现象；有似爆破的爆裂声，声响强烈；持续时间长，并向围岩深度发展，破坏范围和块度大，影响深度 1～3m；对施工影响大		1～2
极强岩爆	围岩大片严重爆裂，大块岩片出现剧烈弹射，震动强烈，有似炮弹、闷雷声，声响剧烈；迅速向围岩深部发展，破坏范围和块度大，影响深度大于 3m；严重影响工程施工		<1

注　H 为地下洞室埋深。

临界埋深计算式为

$$H_{cr} = 318R_b \frac{1-\mu}{3-4\mu}\gamma$$

式中 H_{cr}——临界埋深，即发生岩爆的最小埋深，m；

R_b——岩石饱和单轴抗压强度，MPa；

μ——岩石泊松比；

γ——岩石重度，kN/m³。

以上准则多数分别从岩土力学参数和岩爆活动特征两方面对岩爆进行分级，在评估风险因子的安全状态时可根据现场环境与已掌握资料选择适当的判别准则，请工程经验丰富的专家对隧洞施工过程中岩爆程度进行预测，分别预测岩爆部位、破坏方式、运动特性与可能发生的岩爆级别，表 3.15 为后期对岩爆专项风险的风险损失评估提供基础资料。

3.3.2 软岩大变形

3.3.2.1 软岩大变形风险因素

影响软岩大变形的基本因素有内在因素和外在因素：①内在因素主要包括岩性、岩体构造、围岩强度应力比、地下水等；②外在因素也称人为因素，其对隧洞变形的影响也不容忽视，主要包括隧洞形状、跨度、埋深及施工方法等。岩爆致险因子识别见表 3.15。

表 3.15　　　　　　　　　　岩爆致险因子识别表

隧洞分段编号：						专家信息：				
	岩性	地层代号	岩层产状	岩体结构类型	强度应力比	岩石坚硬程度	地下水特征	裂隙发育状况	围岩类别	施工方法	备注
隧洞环境特性				整体块状 □ 块状结构 □ 碎裂结构 □ 层状结构 □ 散体结构 □	>7 □ 4~7 □ 2~4 □ <2 □	坚硬岩 □ 较坚硬岩 □ 较软岩 □ 软岩 □ 极软岩 □	干燥 □ 渗水滴水 □ 线状流水 □ 涌水 □	不发育 □ 较发育 □ 发育 □	Ⅰ类 □ Ⅱ类 □ Ⅲ类 □ Ⅳ类 □ Ⅴ类 □	钻爆法 □ TBM □	未给选项的项目请定性描述
岩爆预测特性描述	部位	破坏方式	运动特性	岩爆级别							备注
		层状剥落 □ 弯曲折断 □ 穹状爆裂 □ 楔状爆裂 □ 弧状爆裂 □	松脱 □ 剥离 □ 弹射 □ 抛掷 □	Ⅰ级 □ Ⅱ级 □ Ⅲ级 □ Ⅳ级 □							本行描述均为专家预测判断

1. 岩性

可能发生隧洞软岩大变形的岩石主要如下：

（1）泥岩、黏土岩、泥灰岩及膨胀岩类：该类岩石遇水后软化明显，软化系数较低，当岩石含有膨胀性矿物（蒙脱石、伊利石、石膏等）时，遇水后具有软化、膨胀、崩解等特性，是围岩大变形的常见岩石。

（2）页岩、片岩、板岩、千枚岩等变质岩类：由于片、页状节理构造，造成岩石性质具异向性、整体强度不高。当隧洞轴线与页理、片理等结构面近于平行或小角度相交，容易产生大变形。

（3）断层构造岩：断层带的断层泥、糜棱岩、角砾岩、碎裂岩等，强度低，性质复杂，围岩稳定性差，易发生围岩变形与塌方。

（4）蚀变岩类：主要有构造蚀变岩、侵入体热液交代蚀变岩、侵蚀性地下水或侵蚀性矿物产生的蚀变岩等。该类岩石结构松散、强度低、具有微膨胀性及水理性质差等，围岩易产生变形、塌方等。

（5）上第三系半成岩地层：主要有泥岩、砂质泥岩、泥质砂岩、含水粉细砂岩等，该类岩石胶结差，强度低、水理性质差。

上述软岩具有可塑性、膨胀性、崩解性、分散性、流变性、触变性、离子交换性和易扰动性，这些特殊的性质是导致隧洞在上述岩石地层发生软岩大变形的重要因素。

2. 岩体构造

围岩按其结构分为块状结构、层状结构、碎裂结构及散体结构 4 大类，而块状结构又可分为整体块状和块状结构 2 类。由于构造特点不同，其变形和破坏模式也有所不同。①整体块状围岩中，结构面发育少，围岩可视为连续介质，围岩的变形以弹性变形为主；②块状围岩变形主要受结构面的影响，围岩变形来自块体的沿结构面的滑移，岩块本身的弹性变形和塑性变形在整个围岩变形中的比重减小；③层状围岩结构面与隧洞轴线近于平行或小角度相交时，易发生向临空面的弯曲变形，岩层产状将决定弯曲变形所发生的部位，如在竖直层状围岩中常引起隧洞边墙的鼓出，在水平层状围岩中常引起顶部下沉或者底部鼓出，而倾斜层状围岩将引起拱脚鼓出变形；④碎裂结构围岩变形受围岩应力环境的明显控制，当处在高围压状态时尚具有较高的强度和稳定性，开挖后应力调整，结构面张开或滑移，围岩整体强度和模量降低，表现出显著的结构蠕变特点。

3. 强度应力比

围岩强度应力比是围岩饱和单轴抗压强度 Rb 与围岩内部的最大地应力值 σ_m 的比值，《工程岩体分级标准》（GB/T 50218—2014）、《水电水利工程地下建筑物工程地质勘察技术规程》（DL/T 5415—2009）将围岩强度应力比作为地应力判别的一个重要指标。围岩强度应力比与围岩开挖后的破坏现象、稳定性有关，特别是与隧洞开挖后的变形动态有关。围岩强度低说明围岩物理力学指标较低，在同等地应力条件下更易发生塑性变形。而最大初始地应力值是软岩变形发生的必要条件，地应力越大，变形越严重。当 $R_b / \sigma_m \geqslant 7$，隧洞开挖后，其周边围岩不会出现塑性区，隧洞是自稳的；当 $7 > R_b / \sigma_m \geqslant 4$，隧洞开挖后，其周边围岩局部出现塑性区，成洞性尚好；当 $R_b / \sigma_m < 4$，隧洞开挖后，其周边围岩位移显著，持续时间长，成洞性差。

4. 地下水

大多数大变形隧洞基本没有明显的滴水现象，但是开挖会形成地下水排泄通道，或地应力调整引起原来闭合的岩体裂隙或结构面张开，造成地下水渗流场改变，使地下水向隧洞排泄。地下水渗流还会对裂隙岩体产生静水压力和动水压力作用加剧岩体变形；地下水的软化、浸泡、冲蚀、溶解等作用导致岩体强度降低，孔隙率增大。当围岩为高岭石、伊利石等为主的黏土岩时，浸水后往往会泥化、破裂、崩解，直至强度完全丧失，形成塑性变形或流塑变形；当围岩为含伊利石、蒙脱石等膨胀矿物的岩层时会产生膨胀变形；变形使底板围岩的强度丧失和体积膨胀加速，导致裂隙的扩大，地下水进一步渗流，形成恶性循环。

5. 隧洞埋深

隧洞埋深对开挖后隧洞变形的影响是很显著的。浅埋隧洞上覆岩体厚度不足，主要是难以形成承载拱，易出现拱顶下沉急剧增大、地表下沉和开裂以及掌子面不稳定等现象。在相同围岩条件下，随着埋深的增加，初始地应力场量值增大，围岩塑性半径和周边位移增加，深埋隧洞变形形态可能从弹性变形逐渐转变为弹塑性变形，甚至发生与时间有关的蠕变变形等。

6. 隧洞断面型式

隧洞通常采用的断面型式有圆形、城门洞形、平底马蹄形等，由于断面形

状没有平顺过渡，造成应力集中不能形成稳定的拱效应，使得变形量加大。

7. 隧洞洞径

随着隧洞断面尺寸的加大，隧洞与围岩结构面尺寸相对关系发生改变，如从整体状变为块状或碎裂状等，根据数值计算结果，在相同围岩条件和初始地应力情况下，随洞径的增大，围岩的变形量也在增加，变形范围也在增加，塑性区亦有所增大，塑性区范围约为一倍的洞径。

8. 施工方法

（1）钻爆法。为方便施工，隧洞断面一般采用城门洞型或马蹄形，断面形状上有突变部位，易产生应力集中，造成围岩变形破坏。爆破施工对工程岩体的扰动较大，一方面使岩石的力学性能劣化，使岩石的强度和弹性模量降低；另一方面在岩体内产生裂纹或使岩体原有裂纹扩展等，从而影响岩石的完整性。但钻爆法技术成熟，施工灵活方便，对各种复杂地质条件的适应能力较强。

（2）TBM。TBM 施工隧洞断面一般为圆形，有利于应力调整分布，且 TBM 对岩体扰动较小。但 TBM 施工在软岩中施工遭遇大变形易造成 TBM 卡机，相关处理将造成工期进度滞后。

此外，大量工程实践经验表明，支护实施的时间越早，对控制变形越有利；支护的初期刚性越大，对控制初期变形速度越有利。

3.3.2.2　软岩大变形预测分级机制

软岩大变形预测是地下建筑工程地质勘测的重要任务之一。为了解决这一问题，除了研究软岩大变形的产生条件和发生机制以外，一般还需要提出相对定量的判别准则。

中铁二局集团有限公司分别以围岩变形量、相对变形量、原始地应力及应力比为指标进行变形等级划分，确定了挤压性隧道的大变形分级标准，见表 3.16。

表 3.16　　　　　　　　　　挤压性隧道的大变形分级标准

指　标	大 变 形 分 级		
	Ⅰ	Ⅱ	Ⅲ
应力比 R_b / σ_m	3.0～5.0	5.0～8.0	>8.0
原始地应力/MPa	5.0～10.0	10.0～15.0	>15.0
相对变形/%	4.0～7.0	7.0～10.0	>10.0

重庆交通学院徐林生提出公路隧道围岩大变形三级划分方案，见表 3.17。

表 3.17　　　　　　　　　公路隧道围岩大变形分级方案

指　标	大 变 形 分 级		
	一级	二级	三级
主要特征	开挖后即有较大的围岩位移，且持续时间较长，喷层出现裂缝，初期支护力度不够	围岩延续位移较为显著，变形速度较大，喷层开裂现象较为明显，洞底有隆起现象，支护变形的程度及范围逐渐扩大	围岩位移显著，洞底明显隆起，喷层大多裂开剥落，并与钢架脱离，钢架等严重变形挠曲，支护变形的程度和范围进一步扩大
一般估判变形量/mm	15～30	30～50	>50
相对变形/%	1.5～3.0	3.0～5.0	>5.0

张祉道以洞壁相对位移为参数，列出不同严重程度大变形等级分类，见表 3.18。

表 3.18　　　　　　　　　　变形等级之现场判定

指　标	大 变 形 分 级		
	轻　度	中　等	严　重
U_a/a	3～6	6～10	>10
双车道公路隧道 U_a/cm	20～35	35～60	>60
单线铁路隧道 U_a/cm	15～25	25～45	>45
初期支护破坏现象	喷混凝土层龟裂，钢架局部与喷层脱离	喷混凝土层严重开裂，掉块，局部钢架变形，锚杆垫板凹陷	现象同上，但大面积发生，且产生锚杆拉断及钢架变形扭曲现象

注　表中 U_a 为洞壁位移，a 为隧道当量半径；表中变形及位移均在初期支护已施工的条件下产生，该支护系常规标准支护。

陈子全依据统计的 93 个典型软岩隧道的变形量与强度应力比数据的变化规律，提出了一种新的适用于高地应力层状软岩隧道的大变形分级指标，见表 3.19。

表 3.19　　　　　　　高地应力层状软岩隧道的大变形分级指标

大变形等级	应力强度比	最大变形量/mm	大变形等级	应力强度比	最大变形量/mm
无	>0.80	<100	严重	0.18～0.32	500～800
轻微	0.60～0.80	100～300	极严重	≤0.18	>800
中等	0.32～0.60	300～500			

以上准则多数从变形、相对变形、强度应力比，以及变形的主要特征和现象对软岩大变形进行分级。在评估风险因子的安全状态时可根据现场环境与已掌握资料选择适当的判别准则，请工程经验丰富的专家对隧洞施工过程中软岩大变形程度进行预测，分别预测变形部位、破坏方式与可能发生的大变形级别，如表 3.20，为后期对软岩大变形专项风险的风险损失评估提供基础资料。

表 3.20　　　　　　　　　　软岩大变形致险因子识别表

隧洞分段编号：						专家信息：			
隧洞环境特性	岩性	地层代号	岩层产状	岩体结构类型	强度应力比	地下水特征	围岩类别	施工方法	备　注
				整体块状 ☐ 块状结构 ☐ 碎裂结构 ☐ 层状结构 ☐ 散体结构 ☐	>7 ☐ 4～7 ☐ 2～4 ☐ <2 ☐	干燥 ☐ 渗水滴水 ☐ 线状流水 ☐ 涌水 ☐	I 类 ☐ II 类 ☐ III 类 ☐ IV 类 ☐ V 类 ☐	钻爆法 ☐ TBM ☐	未给选项的项目请定性描述
软岩大变形预测特性描述	部位	软岩类型	破坏方式	变形级别					备　注
		膨胀型 ☐ 节理化型 ☐ 高地应力型 ☐ 复合型 ☐	坍塌 ☐ 掉块 ☐ 变形 ☐	I 级 ☐ II 级 ☐ III 级 ☐					本行描述均为专家预测判断

3.3.3　涌水突泥

3.3.3.1　涌水突泥风险因素

涌水突泥主要发生在断层破碎带和岩溶地层中，钻爆开挖等人为工程因素也是导致发生涌水突泥的原因之一。

断层破碎带是诱发涌水突泥的主要地质灾害源之一，特别是发育规模较大、内部充填介质软弱、地下水运动活跃的断层带，在工程扰动、地应力与水压作用下极易失稳破坏发生突水突泥灾害。断层形成过程中的多期次构造运动导致其内部结构与空间分布具有强烈各向异性，其构造发育特征、充填状况、水文地质条件十分复杂。

岩溶涌突水是浅埋隧洞建设过程中最为常见的地质灾害。隧洞开挖后改变了隧洞所在地区地下水原有的运移、排泄条件，开挖的隧洞成为新的排水廊道。岩溶构造型突涌水具有两个特点：①岩溶构造自身赋存高压岩溶水，有些充填有大量泥沙、碎石等物质；或者为季节性岩溶含水构造，隧洞突涌水特征季性波动较大，丰水期为灾害多发期；②岩溶构造内静储量大，突水突泥时瞬时涌出量大，持续时间较短，一般为几分钟至数小时。当岩溶构造接受地表水、大气降雨等水源补给时，突水突泥发生后，出现长期的稳定涌水。

1. 断层破碎带

断层破碎带涌水突泥的主要影响因素包括地形地貌、断裂工程地质性质、地层岩性及气象环境等方面。

（1）地形地貌。山岭隧洞区，断层延伸至地表，断层岩受风化剥蚀作用和地表水的侵蚀作用形成沟谷或低地，或者人工地表水库，成为地表水及地下水汇集场所和渠道，形成规模较大的汇水区。

（2）断裂工程地质性质。基于岩土工程需要，依据断层岩屈服形式及其与围岩强度差，断层被划分为韧性断层和脆性断层。韧性断层主要出现在高温高压的地质环境中（如变质岩中的韧性剪切带），或存在于地壳深部，断层岩内部具有较大的内聚力。脆性断层主要存在于温压条件较低的地壳浅层，并在最后构造运动期间丧失了内聚力，隧洞建设中遇到的断层一般为脆性断层。

按照断层带内充填介质工程地质性质，脆性断层又可划分为不同类型：①未聚合脆性断层，具有充填介质少，两盘岩体保持相互错断状态的特征，一般发育在硬质岩中，揭露时时常发生突涌水；②充填脆性断层，断层被后期矿化作用改造，断层带部分或全部空隙被充填和胶结，但其剪切和抗拉强度低于围岩，隧洞开挖揭露时常引发突涌水（泥）灾害；③愈合脆性断层，断层完全被后期矿化作用和重结晶作用改造，断层岩的剪切强度和抗拉强度基本上与围岩一致或大于围岩的强度，隧洞开挖揭露时断层岩较稳定，除少量塌方外，基本可安全通过。

（3）地层岩性。根据地层岩性，引发突水突泥灾害的断层破碎带一般划分为硬质岩脆性破碎带和软质岩破碎导水带。发育在砂岩等硬质岩中的断层，充填介质多以断层角砾为主，导水性强，富水围岩对断层进行持续补给，揭露后发生突涌水。发育在泥页岩及其变质岩区，或软岩与硬岩互层区的断层，围岩抗风化能力差，风化产物中含有较多的黏土，具有显著的亲水性、膨胀性和崩解性；风化产物强度较低（$c=0\sim10\text{kPa}$，$\varphi=2\times10°\sim9\times10°$），遇水即产生泥化和软化，水文地质条件各向异性特征显著。此类地层中的断层岩体破碎，总体以断层泥为主，含有较少的断层角砾，承压水及开挖扰动联合作用导致断层内部导水通道发育，遂引发突水突泥。

（4）气象环境。根据统计，27.4%的灾害事故是由于降雨引发的。尤其是在雨季，持续强降雨对断层破碎带区域形成丰沛的补给，使其地下水位抬升，静水压力增大；大量雨水的不断入渗，强化了断裂带灾变物质和能量的积蓄，容易引发突水突泥。

2. 岩溶

岩溶涌水突泥的主要影响因素包括地形地貌、地层岩性、地质构造、岩溶动力分布带等。

（1）地形地貌。从多个隧洞建设中的突水实例调查发现，整个工程的地形地貌条件与突水的发生密切相关：地表岩溶洼地、沟槽地区为雨水等的汇集提供有利条件，而岩溶洼地、槽谷中的落水洞或漏斗使降雨转入地下，成为地下水的补给区。在隧洞横断面上，地形地貌可分平坦型、凸形、山谷正下方平行型、山谷侧下平行型和单斜面型；在纵断面上，地形地貌可分平坦型、凸型、横贯河流型、盆地型和平凸型。在横断面地形类别中，山谷正下方平行型和侧下平行型隧洞的比突水量最大，凸型隧洞的比突水量则最小。从纵剖面来看，横贯河流型、盆地型和平凸型隧洞的比突水量最大，平坦型和凸型隧洞的比突水量则相对要小很多。从中可以看出，突水量的大小与地形地貌有较大的关系，在隧洞前期勘察过程中应多注意，尽量避开可能发生突水的地段。

（2）地层岩性。大型突水灾害多发生在灰岩、白云岩等可溶岩地层中，地层岩性越纯、单层厚度越大则岩溶越发育，越易形成大型岩溶管道。在碳酸盐岩中，除化学沉积，还有碎屑沉积，为发育大型含水岩溶管道创造了条件。长兴组灰岩中常沉积隧石结核，隧石结核和隧石条带与灰岩接触界面附近易溶蚀，水流沿着此界面逐渐淘蚀，使结核孤立直至最终剥离。因此界面上易发育大量溶孔、小型溶洞，为岩溶的进一步发育提供良好的物质基础。同时岩层中的易溶特殊矿物成分在很大程度上可加速岩溶的发育，特殊物质与水发生物理化学作用形成对碳酸岩有很强侵蚀性的岩溶水，导致溶蚀作用加剧，从而造成该地层深部含水岩溶管道的大量发育。

（3）地质构造。岩层构造和褶皱形态对岩溶的发育影响很大。大量野外地质调查发现，在构造强烈地区薄层灰岩与厚层灰岩交界处往往易发育溶洞，因构造强烈岩层层面张开程度远大于节理裂隙面，为地下水渗流形成了良好的通道，较易形成大型含水构造。在同一地层中，褶皱构造的核部岩溶发育程度强于翼部，背斜倾伏端或向斜翘起端及各类褶皱构造的转折部分，岩层走向和倾向均发生改变。同时岩层弯曲产生的二次构造应力场导致岩体易破碎，更有利于岩溶的发育。从大型突水灾害事后揭露地质情况来看，较为发育的破碎带居多，如断层破碎带和节理密集带、岩性接触带、可溶岩与不可溶岩接触带、岩浆接触挤压带以及变质接触带等等，其中大断裂带和区域性断层附近发生的突水灾害尤其严重。

（4）岩溶动力分带。岩溶水动力分带与突水关系密切，尤其是垂向分带。岩溶水动力垂向分带分为表层岩溶带、包气带、季节交替带、浅饱水带、压力饱水带和深部缓流带。其中表层岩溶带和包气带发生突水的概率最小，但岩溶洞穴充填物易塌陷；季节交替带又称过渡带，在雨季期间可能产生自上而下的有压突水、涌泥灾害；浅饱水带处于岩溶含水层上部，岩溶发育强烈，一些水平洞穴、地下河主通道及一些大的充水溶洞、宽大的溶缝、溶潭和地下湖常发育于此带，威胁到隧洞施工突水，一般为有压突水、突泥；压力饱水带主要位于暗河排水面以下、当地主要河流排水基准面影响带以上的含水层中，很多特大型突水、突泥都出现在此带；深部缓流带是指饱水带之下受当地基准面影响比较弱的含水带，该带岩溶发育较弱，但在大的构造断裂带出亦可形成溶洞或溶蚀断裂带，有时膏溶作用、混合溶蚀作用和古岩溶作用都能在深部形成溶洞，一般埋深较浅隧洞不涉及此带。

3．人为因素

影响涌水突泥的人为因素主要是开挖扰动和爆破振动。在隧洞的施工过程中，施工工法、工艺均可能诱发涌水突泥，甚至在注浆失效后也可能引起滞后型突水灾害。但从突水实例的统计来看，大多数突水均发生在施工爆破开挖后。因此，可认为开挖和爆破扰动是人为因素中最主要的影响因素。

3.3.3.2　涌水突泥预测分级

涌水突泥预测是地下建筑工程地质勘测的重要任务之一。为了解决这一问题，除了研究涌水突泥的产生条件和发生机制以外，一般还需要提出相对定量的判别准则。本书在总结国内多个发生涌水突泥的深埋长隧洞资料的基础上，提出涌水突泥分级标准，见表3.21，主要根据涌水突泥规模和产生的负面效应程度进行分级。在评估风险因子的安全状态时可根据现场环境与已掌握资料选择适当的判别准则，请工程经验丰富的专家对隧洞施工过程中涌水突泥程度进行预测，分别预测涌水突泥部位、类型与可能发生的涌水突泥级别，见表 3.22，为后期对涌水突泥专项风险的风险损失评估提供基础资料。

表 3.21　　　　　　　　　隧洞施工涌水突泥分级标准

级　别	Ⅰ	Ⅱ	Ⅲ	Ⅳ	Ⅴ
综合描述	局部产生小规模突水涌泥产生，环境负效应较轻或者微弱	有较小规模突水涌泥产生，有一定程度的环境负效应	有中等规模突发性突水涌泥产生，环境负效应比较显著	大规模涌水突泥，在短时间内地下水量达到稳定，迫使施工停止	大规模突水涌泥，迫使施工停止
单点用水量 / (m³/h)	$>10^4$	$10^3\sim10^4$	$10^2\sim10^3$	$10\sim10^2$	<10

3.3.4　有毒有害气体

深埋长隧洞施工过程中有毒有害气体的产生主要是人为因素和自然因素等两个方面。人为因素产生有毒有害气体主要是施工爆破和施工机械产生的废气，废气的产生量容易事先估算。通过控制深埋长隧洞独头掘进长度，加强施工通风，可以有效控制人为因素产生有毒有害气体浓度，不作为深埋长隧洞施工风险因素重点分析的内容。

自然因素产生的有毒有害气体，蕴藏在岩石裂隙、裂缝中，或溶解于地下水当中，一般在前期勘察过程中难以发现和准确定位，施工过程中一旦揭穿相关储气地层，造成有毒有害气体短时间内大量逸出，或突然喷出（简称突出）。大量逸出的有毒有害气体用常规隧洞通风手段难以将其浓度控制在允许范围内。突出会产生很大的冲击力量，可摧毁巷道支护、推翻巷道中的设备、破坏通风设施、使风流反向、掩埋人和物体，或发生气体爆炸燃烧，危害生命安全，造成财产损失。自然因素产生的有毒有害气体的致险因子识别、描述是本节重点内容。涌水突泥致险因子识别表见表 3.22。有毒有害气体致险因子识别表见表 3.23。

3.3.4.1　致险因子

1. 地层岩性

地下洞室有毒有害气体的成分、浓度及涌出方式等与所处的地层岩性、岩石的矿物成分及地质构造等密切相关。这些气体生成后要有储存的空间，碳酸

表 3.22 涌水突泥致险因子识别表

隧洞分段编号：

	地层代号	岩层产状	断层破碎带	岩溶动力分带	地下水特征	裂隙发育状况	备 注
隧洞环境特性			硬质岩脆性破碎带 □ 软质岩破碎导水带 □ 其他 □	表层岩溶带包气带 □ 季节交替带 □ 浅部饱水带 □ 压力饱水带 □ 深部缓流带 □	干燥 □ 渗水滴水 □ 线状流水 □ 涌水 □	不发育 □ 较发育 □ 发育 □ 裂隙产状 □	未给选项的项目请定性描述

专家信息：

	涌水突泥类型	对工程的危害	发生可能性	综合风险级别	备 注
部位					
涌水突泥预测描述	揭穿型 □ 突破型 □ 间歇性 □	影响甚微 □ 有一定影响 □ 有较大影响 □ 严重影响 □	很不可能 □ 不可能 □ 可能 □ 很可能 □	Ⅰ级（低度）□ Ⅱ级（中度）□ Ⅲ级（高度）□ Ⅳ级（极高）□	本行描述均为专家预测判断

表 3.23 有毒有害气体致险因子识别表

隧洞分段编号：

	地层代号	岩层产状	Ⅳ、Ⅴ类围岩占洞长比例	裂隙发育状况	隧洞沿线煤层或硫化物矿床分布	有利于储存有毒有害气体的特殊地质构造	有毒有害气体类型	备 注
隧洞环境特性			≤20% □ 20～30% □ 30～50% □ >50% □	不发育 □ 较发育 □ 发育 □		有 □ 无 □	瓦斯 □ H₂S □ SO₂ □ CO □ CO₂ □	未给选项的项目请定性描述

专家信息：

	发生可能性	综合风险级别	备 注
部位			
有毒有害气体特性预测描述	很不可能 □ 不可能 □ 可能 □ 很可能 □	Ⅰ级（低度）□ Ⅱ级（中度）□ Ⅲ级（高度）□ Ⅳ级（极高）□	本行描述均为专家预测判断

盐岩的溶蚀裂隙、空洞，碎屑岩的砾岩、砂岩、粉砂岩、火山碎屑岩及火成岩、变质岩、煤层等岩石中的空隙、裂隙等是其储气层。碳酸盐岩在溶蚀过程中有时会产生 CO_2 气体，一些大理岩会产生 H_2S 气体；在一些含黄铁矿、黄铜矿、闪锌矿、硫磺等矿物的地层岩性中，因水解、高温、氧化还原等物理化学作用可产生 H_2S、SO_2、CO 气体。因此地下工程在通过这些地层岩性、断裂带或其附近时，也可能发生有毒有害气体事故。

地壳中有些地层含有丰富的石油天然气、煤层瓦斯等气体，这些气体大部分是以甲烷（CH_4）为主的烃类气体，同时伴有 CO_2、H_2、N_2、H_2S，SO_2 等。据研究，泥质岩、碳酸盐岩、煤质岩是产生这些气体的 3 大岩类。泥质岩为海陆相沉积的有机碳含量高的暗色泥页岩、粉砂质泥岩及油页岩；碳酸盐岩为海相的碳酸盐岩，其中的泥晶碳酸盐岩和泥质碳酸盐岩有机质丰富，保存条件也较好；煤质岩即煤系或煤层。这些气体生产后要有储存的空间，碳酸盐岩的溶蚀裂隙、孔洞，碎屑岩的砾岩、砂岩、粉砂岩、火山碎屑岩及火成岩、变质岩、煤层等岩石中的空隙、裂隙等是其储气层。

2. 特殊的地质构造

（1）瓦斯。地质构造是控制煤与瓦斯突出的主要因素。

构造上易突出部位包括：新构造运动区域；构造体系的复合部位、弧形构造的弧顶部位、褶皱构造的扭曲部位、多种构造体系的交汇部位、压扭性断裂所夹的断块、旋转构造的收敛端等；褶皱强烈地带或紧密褶曲部位，不协调褶皱、层间滑动或层间揉皱发育地带，煤层产状变化大的块段、中小型向斜轴部、背斜倾状端、背斜构造中和面以下部位、牵引褶曲部位等；小断层发育、分布密集地带，两条压性或压扭性结构面所夹断块，地堑式构造的中间断块，低级别（一般断距小于 $5m$）压扭性断裂发育地带等。

瓦斯突出危险带的地质构造类型包括：压扭性逆断层带；紧密褶皱发育地带；不协调褶皱发育地带；封闭断层间的地堑式构造；扭曲的直立煤层；波状起伏的单斜构造。

含油层中常含瓦斯并积聚在含气构造中。闭圈是一个顶部和四周相对密封的构造形态，当瓦斯运移通过它时，会被阻挡下来，储存其中。主要的闭圈有：构造闭圈，如背斜、封闭断层；岩性闭圈，如透镜状、尖灭状；地层闭圈，如不整合、古地形等。

（2）断层、裂隙是有毒有害气体或含有毒有害气体的地下水扩散运移到其他地层中的通道。在火山活动区和剧烈的地壳断裂活动处，在年轻的活动地槽带的断裂构造部位，常有 H_2S、SO_2 气体及高浓度的 CO_2 气体。

3. 地应力

地应力包括地层重力和构造应力等。地应力的主要作用有：①使有毒有害气体压力增高，形成高压气源；②使岩层产生位移和突然破碎，造成突出事故；③控制有毒有害气体的储存和运移。

3.3.4.2　有毒有害气体分级机制

有毒有害气体预测可根据地形、地质构造、火山与岩浆活动、断层裂隙发育情况、岩石岩性等因素进行分析，对有毒有害气体风险进行分级，在评估风险因子的安全状态时可根据现场环境与已掌握资料选择适当的判别准则，请工程经验丰富的专家对隧洞施工过程中有毒有害气体风险进行预测，分别判别气体浓度等级级别。

3.3.5　高地温

3.3.5.1　风险因素

影响地壳地温的地质因素众多，主要与地质构造、火山活动、地层岩性、温泉、地下水循环条件、地形切割条件、地温梯度、隧洞埋深、放射性元素等有关。

1. 地温与区域地质构造

高地温与区域构造活动强烈程度密切相关。在区域构造活动强烈地区，区域性的大断裂发育、地壳稳定性差、地震活动频繁、岩浆侵入和火山活动强烈、常有温泉出露等。地球深部的热量可以通过深大断裂、岩浆侵入和火山活动带到地壳上来，形成高地温异常带。前面提到的拉日铁路色麦至仁布段位于雅鲁藏布江缝合带与当雄-羊八井-尼木活动构造带的交汇部位，新构造运动强烈，地震活动十分频繁。新疆齐热哈塔尔水电站引水发电隧洞位于西昆仑山剥蚀高山区，是帕米尔高原、昆仑山和塔里木盆地三个构造区的交汇地带，也是我国地壳上升速度最快、构造活动与地震活动最为强烈的地区之一。

2. 地形与隧洞埋深条件

地壳中地温的分布十分复杂，一般随埋深的增加，地温逐步升高。地温梯

度（Geothermal Gradient）又称"地热梯度""地热增温率"，指地球不受大气温度影响的地层温度随深度增加的增长率，表示地球内部温度不均匀分布程度的参数。一般埋深越深处的温度值越高，以每百米垂直深度上增加的温度数表示。地温梯度各地区差异很大，同一地区不同部位也有差异。绝大部分地区的地温梯度为 2～5℃/100m，在近代火山和岩浆活动地区，为 6～8℃/100m 或者更高。在正常增温区，当地下洞室埋深在 1000～2000m 时，仍会碰到 40℃ 左右的高地温。

3. 水文地质条件

水文地质条件对于地温场影响较大。在地下水浅埋带，地下水补给、径流、排泄的循环条件好，地下水与地表水可进行热交换，地温较低，可以形成地温负异常带。例如：锦屏二级地质探洞在埋深 1200m 时地温仅 12℃。

相反，地下水循环深度较深，地球深部热循环导致地下水受热，使得地下水处于沸腾状态，沿切割深度较大的构造在地表出露，于是在地表形成温泉；或者在裂隙等结构面连通性较差，地下水循环不畅，不利于地下温度的消散，而又无地表水补给，使得深部热循环加热后的地下水无法排放，在开挖过程中揭露了导热构造（包括断层或裂隙），使得蒸汽沿断层或裂隙以水蒸气的形式喷出。

地表热显示是地下热水在地表出露后的表现形式，主要现象有温泉、沸泉、沸泥塘、喷泉与间歇喷泉、水热爆炸、水热蚀变、水热矿化、泉华等。地表热显示一般与储水盆地构造相联系，分布于储水盆地边缘地区。

4. 地层岩性

在地壳中热传递的介质就是岩层，热量的传递方向是由高温区向低温区。岩石导热能力的大小用岩石的导热率表示，即沿热流传递的方向单位长度上温度降低 1℃ 时单位时间内通过单位面积的热量。导热率大，则说明岩石的导热能力强。岩性不同则热量的传递过程中递减速度不一样。导热率小的岩层热量传递速度慢，形成隔热层，一般地温梯度小；导热率大的岩层，热量传递的速度快，地温梯度大，为储热层。热量从上地幔高温区向上传递过程中遇到盖层时，就会在盖层的下部储热地层聚集，形成相对高温区，所以一般情况下地层岩性变化区易形成地温异常区。一般认为，近代火山附近岩浆岩的地温梯度最大、侵入岩体和古老的深变质岩体的地温梯度次之、沉积岩最小，特别是岩溶发育的灰岩地温梯度最低。

3.3.5.2　高地温预测分级机制

中铁二局在大瑞线高黎贡山隧道高地温勘察中，根据我国目前隧道施工技术状况和劳动防护要求，依据断裂导热水能力、热害分析评估标准、隧道施工处理措施确定的高地温分级标准见表 3.24。

表 3.24　　　　　　　　　　大瑞线高黎贡山隧道地温带划分

地温带分级	温度界限/℃		断裂导热水能力	热害分析评估标准	降温处理措施
常温带	≤28		差	无热害	无需处理
低高温带（Ⅰ）	28<t≤37		弱	热害轻微	非制冷（加强通风）
中高温（Ⅱ₁）带	37<t≤60	37<t≤50	中等	热害中等	人工制冷
中高温（Ⅱ₂）带		50<t≤60	较强	热害较严重	人工强制冷
超高温带（Ⅲ）	>60		强	热害严重	专题研究

高地温预测可根据地形、地质构造、火山与岩浆活动、地温梯度、水文地质条件、岩石导热性能等因素，以及隧洞埋深等工程布置条件进行分析，对高地温风险进行分级，在评估风险因子的安全状态时可根据现场环境与已掌握资料选择适当的判别准则，请工程经验丰富的专家对隧洞施工过程中高地温风险进行预测，分别判别地热类型，预测地温梯度与高地温热害级别。如表 3.25。

3.3.6　放射性

3.3.6.1　影响因素

1. 地质构造

地下洞室中放射性危害主要由地壳中天然存在的放射性核素衰变引起。放射性核素聚集的岩体、矿床或地质构造，发生放射性危害的风险相对较高。

2. 实测放射性水平

对于深埋长隧洞的放射性风险的评估，主要采取充分调研工作地区的放射性地质、物探及水化资料的方法，沿洞线开展放射性地质现场调查和样品采集工作，包括岩石 γ 照射量率和氡气析出率测量，钻孔岩心样品、地表岩石样品和水体样品的采集；根据岩石 γ 辐射剂量水平和氡气析出水平，估算 γ 射线和氡气对工程施工人员产生的影响；对于输水隧洞，还应预测隧洞投入使用后，洞室岩石和周围水体中放射性元素对被输送水体产生的影响。

通过前期的地质调绘，探测与测试分析，测试环境地表 γ 辐射剂量率、隧洞中空气氡浓度及氡子体 α 潜能浓度，以及地表和地下水放射性核素浓度，根据《电离辐射防护与辐射源安全基本标准》（GB 18871—2002）等规范要求，分析放射性对深埋长隧洞施工、运营的影响，采取必要防护措施，减小放射性风险。

3. 施工方法

钻爆法相对 TBM 掘进对岩石圈的扰动较大，爆破施工产生大量破碎的岩石及弥散的粉尘，使岩石裸露面增加，造成氡的析出量增加，同时更易使岩体裂隙中和地下水溶解的氡释放出来，增加放射性危害。

3.3.6.2 放射性预测分级机制

放射性限制标准主要有：

1. 辐射剂量限值

根据《电离辐射防护与辐射源安全基本标准》（GB 18871—2002）中规定使公众中有关关键人群组的成员所受到的平均剂量估计值不应超过下述限值：年有效剂量，1mSv；特殊情况下，如果 5 个连续年的年平均剂量不超过 1mSv，则某一单一年的有效剂量可提高到 5mSv；眼晶体的年当量剂量，15mSv；皮肤的年当量剂量，50mSv。

2. γ 辐射异常

《铁路工程不良地质勘察规程》（TB 10027—2012）规定"线路通过放射性地区应进行放射性分级和放射工作场所分区，评估放射性对施工、运营的影响和必须采取的防护措施。"

"测量地面 γ 总量，确定 γ 总量异常点、异常带和对 γ 场进行分级。测量地面 γ 总量，确定 γ 总量异常点、异常带和对 γ 场进行分级。γ 场可根据 γ 背景值 μ 和标准偏差 σ 划分为正常场（$\mu-\sigma\leq\gamma<\mu+\sigma$）、偏高场（$\mu-2\sigma\leq\gamma<\mu+2\sigma$）、高场（$\mu-3\sigma\leq\gamma<\mu+3\sigma$）、异常场（$\gamma\geq\mu+3\sigma$）。"

γ 总量异常点指 γ 值为背景值 3 倍以上的测点，γ 总量异常带指异常分布受同一层位（岩性）或构造控制，其长度连续 20m 以上者，或受一定层位（岩性）、构造控制的断续异常，其总长度大于 40m 且累计异常长度大于 20m 者。

表 3.25　高地温致险因子识别表

隧洞分段编号：

专家信息：

	岩性	地层代号	岩层产状	地震烈度	距离断层带距离/km	岩性分类	距储水构造距离/km	隧洞埋深/m	地表热显示温度/℃	备注
隧洞环境特性		□		≤6 度区 □ 6 度区 □ 7 度区 □ 8 度区 □ 9 度区 □ ≥10 度区 □	≤0.5 □ 0.5~1.0 □ 1.0~2.0 □ ≥2.0 □	岩浆岩 □ 变质岩 □ 砂岩、板岩、页岩 □ 灰岩 □	≤0.5 □ 0.5~1.0 □ 1.0~2.0 □ ≥2.0 □	≤600 □ 600~1500 □ 1500~3000 □ ≥3000 □	≤28 □ 28~37 □ 37~50 □ 50~60 □ ≥60 □	未给选项的项目请定性描述

	部位	热类类型	地温梯度/℃	高地温热害级别	备注
高地温预测特性描述		蒸汽型 □ 热水型 □ 地压型 □ 干热岩型 □ 熔岩型 □	≤3 □ 3~5 □ ≥5 □	Ⅰ 无热害 □ Ⅱ 热害轻微 □ Ⅲ 热害中等 □ Ⅳ 热害较严重 □ Ⅴ 热害严重 □	本行为专家预测判断

表 3.26　放射性致险因子识别表

隧洞分段编号：

专家信息：

	岩性	岩层产状	地表及岩石 γ 剂量率	放射性核素含量	岩石氡析出率	环境大气氡浓度	地下水总 α、总 β 浓度	施工方法	备注
隧洞环境特性			根据现场探测与测试结果	根据现场探测与测试结果	根据现场探测与测试结果	根据现场探测与测试结果	根据现场探测与测试结果	钻爆法 □ TBM □	未给选项的项目请定性描述

	部位	放射性危害级别	备注
高地温预测特性描述		Ⅰ 级（低度） □ Ⅱ 级（中度） □ Ⅲ 级（高度） □ Ⅳ 级（极高） □	本行为专家预测判断

3. 防尘降氡

《铀矿地质勘查辐射防护和环境保护规定》（GB 15848—2009）规定井下作业场所，应采取"加强机械通风和湿式作业、密闭氡尘源、做好个人防护、加强防护设施管理和经常检查"等综合措施，使井下工作场所空气中 Rn‑222 浓度不大于 2.7kBq/m³，Rn‑222 子体 α 潜能浓度不宜大于 5.4μJ/m³，粉尘浓度不大于 2mg/m³。

4. 地下水中放射性含量

《生活饮用水卫生标准》（GB 5749—2006）规定的放射性指标限值中，总 α 浓度为 0.5Bq/L，总 β 浓度为 1.0Bq/L。

放射性预测可根据放射性核素聚集的岩体、矿床或地质构造，地表及隧洞岩石 γ 剂量率监测数据、岩石放射性核素含量、岩石氡析出率和环境中大气氡浓度、地下水天然放射性分析结果，以及隧洞施工方法等，对高放射性风险进行分级评估，见表 3.26。

第4章　深埋长输水隧洞施工风险评估

4.1　风险评估基本理论

4.1.1　风险基本概念

目前主流学术界从数学角度将风险定义归为 4 类，见表 4.1。

表 4.1　　　　　　　　　　风 险 定 义 表

风险数学表达	数值风险	$R = f(C_1, C_2, \cdots, C_n)$
	概率风险	$R = f(P_1, P_2, \cdots, P_n)$
	总体风险	$R = f(p, c)$
	方差风险	$R = \sigma^2[c, p, f(p, c)]$

注　R 为风险；$C_1 \sim C_n$ 为各种不同的后果；$P_1 \sim P_n$ 为各种不同后果发生的概率；c、p 分别为可能出现的结果和概率；$f(p, c)$ 为总体风险。

4 类风险定义分别表达了对于风险的理解：数值风险用风险后果的严重程度度量风险大小；概率风险用较严重后果发生的可能性表征风险大小；总体风险用不利事件出现的可能性和可能后果的综合衡量风险；方差风险则用各种不同风险后果间的差异体现风险大小。深埋长隧洞施工中存在概率大但危害一般的风险事件，也存在概率小但危害巨大的风险事件，所以对深埋长隧洞施工风险的描述应进行综合考虑，总体风险发生状态即风险事故，应由两种风险后果度量指标共同表达，即风险发生概率与风险事故损失，如图 4.1 所示。本书引用总体风险的表述定义隧洞施工风险：在深埋长隧洞工程施工期间，综合度量一切与施工安全与利益相冲突的不利事件发生概率和损失的总和。

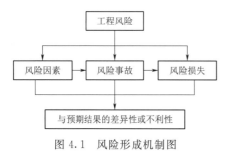

图 4.1　风险形成机制图

4.1.2　风险理论研究的基本内容

1. 风险概率模型

风险概率实质上是指风险事件发生并引发危害的概率。隧洞施工风险概率研究应借助理论分析、隧洞施工事故统计及一些数学方法，建立尽可能精确的概率估算模型。

2. 风险损失模型

风险损失后果具有多样性和偶然性，对其估算有一定的难度，目前的风险损失大多基于专家估计。实际工程评估应基于大量隧洞施工事故后果统计，在总结不同事故类型、不同事故原因等情况下，分析事故后果损失的分布规律。

3. 决策模型

风险评估的最终目的是帮助决策。隧洞工程施工安全风险可利用最低合理可行（ALARP）准则，根据需要还可结合具体问题引入贝叶斯决策、随机优势决策等。决策模型研究框架如图4.2所示。

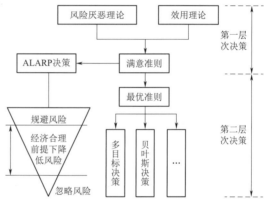

图 4.2　决策模型研究框架

4.1.3　风险评估主要方法

风险分析方法包括定性分析方法、半定量半定性分析方法和定量分析方法。常用的风险分析方法有很多种，经过初步筛选，列出适合于隧洞风险分析的方法，见表4.2，以便清晰明了的对比各自的优缺点和使用范围。

表 4.2　　　　　　　　　　常用风险分析方法一览表

分类	名称	优　点	缺　点	适　用　范　围
定性分析方法	专家评议法	简单易行，比较客观。所得结论比较全面	多数人说了算，趋于保守。预测者主观因素较强	适用于难以借助精确分析而采用直观判断进行预测的危险源

续表

分类	名称	优　　点	缺　　点	适　用　范　围
定性分析方法	德尔菲方法	多次征询修改意见，考虑更周密。效率较高、避免专家权威性产生的偏颇	专家可能不耐烦和坚持错误意见。受时间、经费限制	适用于可以集体直观判断进行预测的问题
	如果……怎么办法	醒目、直观、经济、有效。充分发挥技术人员特长，在开发阶段降低危险，采取相应控制措施	对技术人员经验要求较高，对于庞大系统进行分析时容易产生错漏	除庞大系统外使用范围较广
半定量半定性分析方法	事故树法（FTA）	能简洁、形象、全面的反应风险因素之间的逻辑关系，便于逻辑计算和分析评估系统	用于大系统时，故障树不易理解，且步骤较多，计算复杂，目前国内外数据较少，工作量大	适用于重复性大的系统以及直接经验较少的风险辨识
	事件树法（ETA）	图解层次清楚、阶段明显。对事件发展为事故的过程和后果分析清晰透彻，可动态分析多阶段、多因素复杂事件	变量个数多的话事件树的大小会呈指数增长。该方法不容许讨论条件独立关系	ETA 可以分析工艺异常、系统故障、设备失效、人的失误等
	影响图方法	影响图能够清晰地表示变量之间的时序关系、信息关系和概率关系。影响图的网络表示便于用计算机存储信息与操作处理	节点的边缘概率和节点间的条件概率难得到。进行主观概率估计时，可能会违反概率理论	影响图方法比事件树法有更多的优点，因此，也可以应用于较大的系统分析
	原因—结果分析法	原因—结果分析法实质是事件树法和事故树法的结合，因此，它同时具有这两种方法的优缺点		其适用性也与事故树法和事件树法类似
	风险评估指数矩阵法	可以揭示系统、分系统和设备中的危险层次关系，并按风险的可能性和严重性分类，然后按轻重缓急采取对应措施	主观性比较强，如果经验不足，会对分析带来麻烦	即可适用于整个系统，又可以适用于系统中某一环节
定量分析方法	模糊数学综合评判法	模糊综合评判法给出了一个数学模型，它简单、容易掌握，是对多因素、多层次的复杂问题评判效果比较好的方法	确定隶属度时带有主观性，计算复杂	模糊综合评判方法适用于任何系统的任何环节，其适用性比较广
	层次分析法	具有适用、简洁、实用和系统的特点	AHP 得出的结果是粗略的方案排序。建立层次结构和构造判断矩阵，带有主观性	层次分析法应用领域比较广阔，适用于任何领域的任何环节
	蒙特卡洛数值模拟法	考虑的变量数目不受限制，计算复杂问题。用于计算的随机变量可以根据具体数据采用任何分布形式，可以更有效地发挥专家的作用	使得风险估计结果偏小	该模型适用于变量服从一定的概率分布，或存在大量实测数据可拟合变量分布规律的项目

续表

分类	名称	优 点	缺 点	适 用 范 围
定量分析方法	控制区间记忆模型法	该方法用直方图代替变量的概率分布,用"和"代替函数积分,变量的概率分布采取经验分布形式,使风险因素量化过程变得简单、直观,并且易于实现概率的加法和乘法计算	该方法指适合于各变量间相互独立的情况,且最终结果的精确与否与所取区间大小有很大关系,若所取区间较大,得到结果精确度不高	该模型适用于结果精度要求不高的项目,且指适用于变量间相互独立或相关性可以忽略的项目
	神经网络方法	具有很强的学习能力、抗故障性和并行性	神经网络综合评判模型在已知数据不足情况下,需要结合其他综合评估方法得到训练样本集,才能实现对网络的训练	预测问题,原因和结果的关系模糊的场合。模式识别,涉及模糊信息的场合。对非线性很高的系统进行控制的场合
综合分析方法	信心指数法	具有德尔菲法的优缺点,一定程度克服了德尔菲法主观因素影响大的缺点	同德尔菲方法	同德尔菲方法
	模糊层次综合评估方法	同时拥有了层次分析法和模糊综合评估方法的优点。该方法克服了模糊综合评判法中各评判因素对评估对象的权重的确定的主观性太强的缺点	除了模糊综合评判法的权重的确定的主观性的缺点之外,同时具有层次分析法和模糊综合评判法的缺点	其适用范围与模糊综合评判法一致
	模糊事故树法	兼有模糊综合评判法和事故树法的优点。为事故概率的估计提供了新思路	同时具有模糊综合评判和事故树方法的缺点	更适用于那些缺乏统计数据的项目

以上风险分析方法均有其优缺点,各有适用性,选择哪种方法来进行风险评估,需根据评估对象的数据资料、风险类型、目标期望值等因素来选择。以下介绍本书中风险分析建模中将用到的几种常用的风险评估方法。

4.1.3.1 修正专家打分法

现实中通过统计数据分析风险发生的分布规律,进而估计其发生概率和后果往往存在困难,此时需要借助于专家打分法,获取基础评估数据,或对某项指标进行粗略评估。该方法常用步骤如下:

(1) 识别并罗列项目风险因素,由专家估计各因素相对重要性并给出权重。

(2) 专家主观判断确定每个风险因素的等级,并赋值 (1/0.8/0.6/0.4/0.2)。

(3) 求工程项目风险总分,用总分的高低评判项目风险的大小。

风险计算公式为

$$\begin{cases} R = \sum_{i=1}^{n} r_i \\ r_i = \sum_{j=1}^{m} \omega_{ij} S_{ij} \end{cases} \tag{4-1}$$

式中 R——工程风险总分；

r_i——风险因素 i 的得分；

ω_{ij}——j 专家对 i 因素赋的权重；

S_{ij}——专家对 i 因素赋的等级值；

m——专家个数；

n——风险因素个数。

（4）为了提高专家打分法评估结果的准确性，将各专家的打分结果赋予权重，得到修正后的工程项目风险总分

$$R_{修正} = \sum_{i=1}^{n} r_i = \sum_{i=1}^{n} \sum_{j=1}^{m} \omega_{ij} S_{ij} \alpha_j \qquad (4-2)$$

其中的 α_j 为 j 专家权重值，可由他信指数和自信指数两种方法获得。他信指数是根据专家的学历、工龄、类似工程经验等综合判定，自信指数是专家自己对所做评估结果赋予的权重，通常赋值为 $0.5 \sim 1$。

4.1.3.2 风险指数矩阵法（$R = P \times C$ 定级法）

风险指数矩阵方法分析步骤如下：

（1）将风险事件发生的后果损失根据其严重性定性的划分成 5 级，从轻微后果到灾难性后果依次赋值 $1 \sim 5$。

（2）将风险事件发生的概率按其出现频率定性的划分成 5 级，从很不可能出现到很可能出现依次赋值 $1 \sim 5$。

（3）综合风险事件的后果和概率指数得到风险指数，不同指数区间可对应于不同的风险等级和接受准则，见表 4.3。

表 4.3 风险指数矩阵

概率等级		灾难性的		很严重的		严重的		较大的		轻微的	
		5		4		3		2		1	
很可能	5	不可接受	25	不可接受	20	不可接受	15	不受欢迎	10	可以接受	5
可能	4	不可接受	20	不可接受	16	不受欢迎	12	可以接受	5	可以忽略	4
偶然	3	不可接受	15	不受欢迎	12	可以接受	9	可以接受	6	可以忽略	3
不可能	2	不受欢迎	10	可以接受	8	可以接受	6	可以忽略	4	可以忽略	2
很不可能	1	可以接受	5	可以忽略	4	可以忽略	3	可以忽略	2	可以忽略	1

注 ■为极高风险；■为高度风险；■为中度风险；■为低度风险。

4.1.3.3 层次分析法

AHP（Analytic Hierarchy Process）法是基于专家主观判断，采用 $1 \sim 9$ 标

度法构造判断矩阵，见表4.4和图4.3，计算同层因素的权重，最后计算最下层因素对评估目标的合成权重。层次分析法常用来计算因素权重，其步骤如图4.4所示。

表 4.4　　　　　　　　　　**1～9　标　度　法**

标　度	表　示　的　意　义
1	i 因素与 j 因素相比较，i 因素与 j 因素同样重要
3	i 因素与 j 因素相比较，i 因素与 j 因素略微重要
5	i 因素与 j 因素相比较，i 因素与 j 因素明显重要
7	i 因素与 j 因素相比较，i 因素与 j 因素重要很多
9	i 因素与 j 因素相比较，i 因素与 j 因素极端重要
2、4、6、8	i 因素与 j 因素的比较结果处于以上描述的中间

A_k	B_1	B_2	$\cdots$	B_n
B_1	b_{11}	b_{12}	$\cdots$	
B_2	b_{21}	b_{22}	$\cdots$	
$\vdots$	$\vdots$	$\vdots$	$\vdots$	$\vdots$
B_n	b_{n1}	b_{n2}	$\cdots$	b_{nn}

$$B = (b_{if})_{nn} = \begin{bmatrix} b_{11} & b_{12} & \cdots & b_{1n} \\ b_{12} & b_{22} & \cdots & b_{2n} \\ \vdots & \vdots & \vdots & \vdots \\ b_{1n} & b_{2n} & \cdots & b_{nn} \end{bmatrix}$$

图 4.3　构造判断矩阵 B 示意图

通过求解判断矩阵特征值以确定指标权重，通常利用式（4-3）～式（4-6）计算 $\lambda_{\max}$ 和 b。

$$\overline{b_{ij}} = \frac{b_{ij}}{\sum\limits_{i=1}^{n} b_{ij}} (i=1, 2, \cdots, n) \tag{4-3}$$

$$W_i = \sum_{j=1}^{n} \overline{b_{ij}} (i=1, 2, \cdots, n) \tag{4-4}$$

$$\overline{W_i} = \frac{W_i}{\sum\limits_{i=1}^{n} W_i} (i=1, 2, \cdots, n) \tag{4-5}$$

$$\lambda_{\max} = \sum_{i=1}^{n} \frac{|B\overline{W_i}|_j}{n(\overline{W_i})_j} \tag{4-6}$$

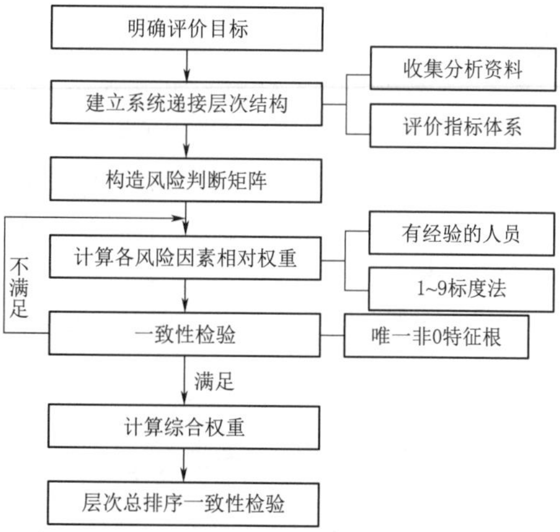

计算一致性指标 $CI = \dfrac{\lambda_{\max} - n}{n-1}$，

图 4.4　指标权重确定流程

当 $CR = \dfrac{CI}{RI} < 0.1$ 时，即可判定权重的计算结果有效。RI 取值见表 4.5。一致性判别有效后，各因素权重为 $W = (w_1, w_2, \cdots, w_n)$。

表 4.5   判断矩阵阶数对应 RI 值

阶数	1	2	3	4	5	6	7	8	9
RI	0	0	0.58	0.90	1.12	1.24	1.32	1.41	1.45

4.1.3.4 模糊综合评估法

模糊综合评估的核心是"模糊"和"综合"。"模糊"表现在：①被评估对象的评估结果有差异的隶属于评估集中的各个等级；②指标因素对评估对象的影响有差异的隶属于不同的影响等级。"综合"表现在影响因素的多种类和多层次性。该方法适用于解决多因素、难量化及不确定性的问题，评估流程如图 4.5 所示。

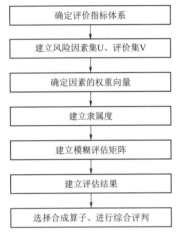

图 4.5 模糊综合方法步骤

具体步骤如下（n 为因素个数，m 为评估等级个数）：

（1）建立评估对象指标因素集 $U = \{u_1, u_2, \cdots, u_n\}$，其中 u_n（$i = 1, 2, \cdots, n$）表示被评估对象的影响因素。

（2）利用专家打分、层次分析等方法确定指标因素权重。对应于指标因素组成权重集 $W = \{w_1, w_2, \cdots, w_n\}$，$W$ 应满足两个条件：① $\sum\limits_{i=1}^{n} w_i = 1$；② $w_i \geqslant 0$（$i = 1, 2, \cdots, n$）。

（3）建立评估对象的评估集 $V = \{v_1, v_2, \cdots, v_m\}$。

（4）评估由下及上，先从一个因素开始。若对因素集 U 中第 i 个因素 u_i 进行评估，U 中因素 u_i 对应 V 中等级 v_j 的隶属关系记为 r_{ij}，则 u_i 的评估结果可用模糊集合表示为 $R_i = \{r_{i1}, r_{i2}, \cdots, r_{im}\}$。整合得到因素集 U 对评估对象的模糊关系矩阵 R。

$$R = \begin{bmatrix} r_{11} & r_{12} & \cdots & r_{1m} \\ r_{21} & r_{22} & \cdots & r_{2m} \\ \vdots & \vdots & \vdots & \vdots \\ r_{n1} & r_{n2} & \cdots & r_{nm} \end{bmatrix} \tag{4-7}$$

（5）将模糊关系矩阵 R 和权重集 W 进行合成，计算得到最终的模糊综合评估。b_j（$j=1,2,\cdots,m$）为综合考虑因素集 U 中因素，被评估对象对评估集中第 j 个元素的隶属度。

$$B=WR=(w_1,w_2,\cdots,w_n)\begin{bmatrix} r_{11} & r_{12} & \cdots & r_{1m} \\ r_{21} & r_{22} & \cdots & r_{2m} \\ \vdots & \vdots & \vdots & \vdots \\ r_{n1} & r_{n2} & \cdots & r_{nm} \end{bmatrix}=(b_1,b_2,\cdots,b_n) \quad (4-8)$$

4.1.4 深埋长隧洞施工风险评估技术框架

风险评估与决策对于工程建设的意义在于前瞻性与预判性，深埋长隧洞施工风险评估基于获取的资料对即将开工的工程进行评估，因此需针对不同阶段所掌握的资料和工程建设不同阶段的需求，构建深埋长隧洞施工风险评估技术体系。

在项目前期阶段，风险评估人员能掌握的资料相对较少，可基于此阶段已掌握资料对深埋长隧洞施工风险进行风险粗评，提供此阶段风险决策依据。在工程施工阶段，工程地勘、设计以及现场组织等工程建设的重要方面均已完备，风险评估人员可基于此阶段掌握的资料，在风险粗评的基础上，对重点工程进行风险专评。具体技术框架如图 4.6 所示。

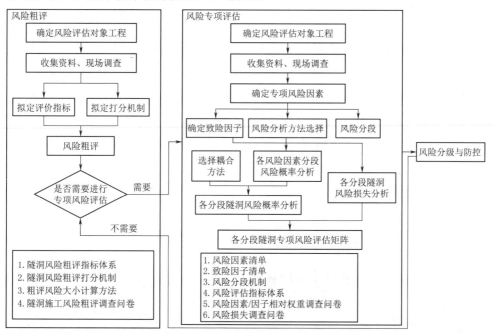

图 4.6 深埋长隧洞施工风险评估技术框架图

4.2　风险粗评

深埋长隧洞施工风险粗评主要目的是在掌握资料相对较少的情况下，对深埋长隧洞进行风险初判，以初步评判评估对象的风险等级且判定待评估对象是否需要进行专项风险评估。深埋长隧洞风险粗评拟采用赋值打分法与专家打分相结合的方式进行评估，主要考虑隧洞地质条件、建设规模、地形条件、隧洞结构等方面的因素，具体总结为地质条件、开挖断面、隧洞全长、隧洞埋深、洞口形式等打分项，形成深埋长隧洞工程施工风险初步评估表，见表 4.7。其中围岩情况按照围岩分类及长度占比进行评分，有毒气体含量按有毒气体出现可能性进行评分，富水情况按沿程涌水突泥出现可能性进行评分，开挖断面按照断面大小进行分级评分，隧洞全长按照隧洞长度进行分级评分，隧洞埋深按照隧洞埋深进行分级评分，洞口形式按照隧洞洞口形式进行分级评分，洞口特性按照隧洞洞口施工难易程度进行分级评分。

其中围岩情况、有毒气体含量、开挖断面、隧洞全长、隧洞埋深、洞口形式等 6 项指标可由风险评估人员根据工程资料自行打分，而富水情况与洞口特性两项需根据基础资料进行分析判断，因此采取专家调查法进行打分，调查表见附录 1。

考虑到地质条件、建设规模、地形条件、隧洞结构等因素对深埋长隧洞施工风险影响的不对称性与交互性，参照《公路桥梁和隧道工程施工安全风险评估指南》，深埋长隧洞施工风险粗评的风险计算式为

$$R = G \ (A + L + D + S + C) \tag{4-9}$$

式中　G ——隧洞线路周围的地质所赋分值；

A ——标准的开挖断面大小所赋分值；

L ——隧洞开挖单作业面长度所赋分值(计算隧洞开挖单作业面长度时应将隧洞竖井、斜井长度计算在内)；

D ——隧洞最大埋深所赋分值；

S ——成为隧洞断面形式所赋分值；

C ——隧洞进出口施工难易程度所赋分值。

计算出待评估深埋长隧洞施工风险初步评估风险值后（表 4.3），初步风险评

估在 21 分以上的深埋长隧洞工程，应纳入深埋长隧洞施工风险专项评估的范围。

表 4.6 和表 4.7 所列出的标准在不同的工程背景下可考虑适当调整。初步风险评估指标体系中各指标所赋分值应结合工程实际，综合考虑各种因素的影响程度锁定，数值取整数。评估指标也可以根据工程实际进行相应的增加或删减，同时风险分级标准也需进行相应调整。

表 4.6 　　　　　　　　　　**深埋长隧洞工程施工初步风险评估打分表**

评 估 指 标	分 类		分值
地质 $G=a+b+c$	围岩情况 a	按照围岩分类及长度占比进行评分	
	有毒气体含量 b	按有毒气体出现可能性进行评分	
	富水情况 c	按沿程涌水突泥出现可能性进行评分	
开挖断面 A	按照断面大小进行分级评分		
单作业面长度 L（区分 TBM 和钻爆法）	按照隧洞开挖单作业面长度进行分级评分		
隧洞埋深 D	按照隧洞埋深进行分级评分		
断面形式 S	按照隧洞断面形式进行分级评分		
施工条件 C	按照隧洞洞口施工难易进行分级评分		
总体风险 R			

表 4.7 　　　　　　　　　　**深埋长隧洞工程施工初步风险评估指标体系指标**

评估指标	分 类		分值	说 明
地质 $G=a+b$ $+c$	围岩情况 a	Ⅴ类、Ⅳ类围岩长度占全隧长度70％以上	3～4	根据设计文件和施工实际情况确定
		Ⅴ类、Ⅳ类围岩长度占全隧长度40％以上、70％以下	2	
		Ⅴ类、Ⅳ类围岩长度占全隧长度20％以上、40％以下	1	
		Ⅴ类、Ⅳ类围岩长度占全隧长度20％以下	0	
	有毒气体含量 b	隧洞洞身穿越有毒气体地层	2～3	
		隧洞洞身附近可能存在毒气体地层	1	
		隧洞洞身附近不会出现毒气体	0	
	富水情况 c	隧洞全程存在可能发生涌水突泥的地质	2～3	
		有部分可能发生涌水突泥的地质	1	
		无涌水突泥可能的地质	0	
开 挖 断 面 A（按规范定义）	特大断面		4	
	大断面		3	
	中断面		2	
	小断面		1	

续表

评估指标	分　类	分值	说　明
单作业面长度 L（区分 TBM 和钻爆法）	特长	2	
	长	1	
隧洞埋深 D（根据勘察规范讨论）	超深	2	
	深	1	
断面形式 S	城门洞形	3	
	马蹄形	2	
	圆形	1	
施工条件 C	隧洞施工困难	2	从施工支洞形式/施工便道难易、地形特点、洞口开挖边坡高度等方面考虑
	隧洞施工较容易	1	

注　指标取值针对单洞；表中"以上"含本数，"以下"不含本数；总体风险大小计算式为：$R = G(A + L + D + S + C)$

4.3　风险专项评估

专项风险评估阶段，风险评估技术路线为：隧洞风险分段→构建专项风险评估指标体系→分段隧洞风险率分析→分段隧洞风险损失分析。专项风险评估是指在初步风险评估基础上，对初步风险评估值偏大的深埋长隧洞进行进一步的风险细评。在深入分析深埋长隧洞的施工风险因素且将各风险因素分解为致险因子的基础上，构建专项风险评估的指标体系。然后基于深埋长隧洞专项风险分析的隧洞分段机制，将待评估的深埋长隧洞进行风险分段，选择适当的风险分析方法，对待评估的深埋长隧洞展开分段的风险率评估与风险损失评估，得到深埋长隧洞的专项风险分析结果。

4.3.1　风险分段机制研究

4.3.1.1　风险分段的提出

深埋长隧洞长度一般大于 20km，沿线可能遭遇的施工风险因素较多，风险因素发生的概率和严重程度也不尽相同。过去的研究中，一般将深埋长隧洞作为一个整体去进行风险评估，只能对深埋长隧洞的主要风险、次要风险进行大致排序，对指导深埋长隧洞具体施工作用不大。因此，需对深埋长隧洞沿程进行分段，将整条隧洞离散化为小的分段，突出各分段主要风险因素，形成沿程分布的风险分级成果，便于指导深埋长隧洞的具体施工。

4.3.1.2 风险分段的原则

（1）考虑风险分级服务于深埋长隧洞实际工程实施过程中风险管理控制，风险分段应结合深埋长隧洞的标段划分。

（2）风险分段应结合深埋长隧洞的工程地质和水文地质情况，突出各分段的主要风险因素。

（3）风险分段之间风险因素的发生相互独立，不存在耦合关系。

（4）不同风险因素的风险分段不必相同。

（5）风险分段的划分的最小单元不应小于水利水电工程中隧洞的单元工程划分标准。

（6）考虑钻爆法和 TBM 施工方法对风险分段的影响。

4.3.1.3 风险分段的机制

1. 工程标段划分

目前国内在建或拟建的深埋长隧洞有引大济湟工程、辽宁大伙房输水工程、陕西省引汉济渭工程、云南滇中引水工程等深埋长隧洞。滇中引水工程香炉山隧洞和引汉济渭工程秦岭隧洞工程分标规划见表 4.8。

表 4.8　　　　部分深埋长隧洞工程分标规划

工程名称	控制性深埋长隧洞	控制性隧洞全长/km	控制性隧洞标段划分	标段长度/km	施工方法	实施状态	备注
滇中引水工程	香炉山隧洞	63.34	1 标:0+500.00～13+900.00	13.400	钻爆法	在建	
			2 标:13+900.00～36+800.00	22.900	钻爆段长 8.225km，TBM 段长 14.675km		
			3 标:35+800.00～63+342.00	27.542	钻爆段长 4.954km，TBM 段长 20.842km		
引汉济渭工程	秦岭输水隧洞	81.78	1 标:0+000.00～6+598.00	6.598	钻爆法	在建	
			2 标:6+598.00～13+900.00	7.302	钻爆法		
			3 标:13+900.00～16+934.23	3.034	钻爆法		
			4 标:16+934.23～19+427.23	2.493	钻爆法		
			5 标:19+427.23～24+527.23	5.100	钻爆法		
			6 标:24+527.23～43+720.00	19.193	钻爆段长 1.616km，TBM 段长 17.577km		

续表

工程名称	控制性深埋长隧洞	控制性隧洞全长/km	控制性隧洞标段划分	标段长度/km	施工方法	实施状态	备注
引汉济渭工程	秦岭输水隧洞	81.78	7 标:43+720.00~67+163.52	23.444	钻爆段长 2.0km，TBM 段长 21.444km	在建	
			8 标:67+163.52~75+51	8.343	钻爆法		
			9 标:75+507.00~81+779.00	6.272	钻爆法		

深埋长隧洞的土建施工分标规划除了考虑标的大小合理、界面清晰、便于施工、进度合理，方便管理等因素外，由表 4.8 可以看出采用钻爆法的主洞段长度 2.5~13.4km，采用 TBM 施工时主洞段长度 19.2~27.5km。由于地质的复杂性，深埋长隧洞通常表现为部分穿越良好地质洞段、而部分穿越不良地质洞段。在施工中可以考虑对于较大规模的断层破碎带、可能产生突发性涌水等不良地质洞段，采用常规的、经验成熟的钻爆法施工，以充分发挥钻爆法的机动性和灵活性；对地质条件较好的洞段采用先进的 TBM 施工，以发挥其掘进速度快、施工质量稳定、安全作业条件好、对生态环境影响小的优点；对隧洞中无条件布置施工支洞，且不良地质洞段范围较少部位也可采用超前注浆、管棚等预加固措施后再掘进通过，或采用旁通洞绕前钻爆法处理后再步进通过。目前，深埋长隧洞大都采用 TBM 法与钻爆法组合的施工方案。如甘肃引大入秦引水隧洞、辽宁大伙房引水隧洞、山西万家寨引黄入晋引水隧洞、新疆大阪输水隧洞、陕西引汉济渭工程、云南滇中引水工程等。

实际上，采用钻爆法施工时，由于深埋长隧洞埋深大，施工支洞布置难度较大，通风、出渣难度较大，一般控制独头掘进距离不超过 4km，最大不超过 6km；TBM 施工独头掘进距离受工期要求和 TBM 自身经济使用寿命限制，一般独头掘进距离控制在 15~25km。

2. 围岩工程地质分类

根据《水利水电工程地质勘察规范》（GB 50487—2008），围岩工程地质分类分为初步分类和详细分类。围岩初步分类以岩石强度、岩体完整程度、岩体结构类型为基本依据，以岩层走向与洞轴线的关系、水文地质条件为辅助依据。围岩工程地质详细分类应以控制围岩稳定的岩石强度、岩体完整程度、结构面状态、地下水和主要结构面产状 5 项因素之和的总评分为基本判据，围岩强度应力比为限定判据。一般初步分类适用于规划阶段、可研阶段，详细分类主要

用于初步设计、招标和施工图设计阶段。

深埋长隧洞由于埋深大、洞线长，又常常位于山高坡陡地区，交通不便，实施钻探困难，且钻孔深度大，而有效进尺少，利用率很低。当前还没有成熟、可靠的勘察手段和方法。勘察方法以卫片解译、地质测绘和物探手段为主，选择合适位置适当布置深孔，进行地应力、地温、地下水位、岩体渗透性、岩体波速等综合测试。因此对于深埋长隧洞，初步分类可用于施工之间的围岩工程地质分类。

隧洞围岩工程地质分类的结果，考虑多方面因素，综合反映了围岩的稳定性，并作为确定支护类型的依据。深埋长隧洞风险分段应根据隧洞沿线分段地质评估结论，考虑：①地形地貌特征；②地层岩性；③褶皱、断层、破碎带等各类结构面的产状、性状、规模、延伸情况及岩体结构等；④岩体风化、卸荷特征；⑤地下水位、主要含水层、汇水构造和地下水溢出点的位置、高程，补排条件等；⑥滑坡、泥石流等不良物理地质现象的分布、规模等因素。同时，在隧洞围岩地质分类结果基础上，可根据不同风险因素发生机制，针对主要致险因子的分级指标，对隧洞风险分段再进行细分。

3. 隧洞单元工程的划分

隧洞风险分段的划分不宜小于隧洞单元工程划分长度，过小没有实际意义。单元工程是依据建筑物设计结构、施工部署和质量考核要求，将分部工程划分为若干个层、块、区、段，每一层、块、区、段为一个单元工程，通常是由若干工序组成的综合体，是施工质量考核的基本单位。

根据《水利水电工程单元工程施工质量验收评定标准　土石方工程》（SL 631—2012），隧洞洞室开挖单元工程宜按下列规定划分：

（1）平洞开挖工程宜以施工检查验收的区、段或混凝土衬砌的设计分缝确定的块划分，每一个施工检查验收的区、段或一个浇筑块为一个单元工程。

（2）竖井（斜井）开挖工程宜以施工检查验收段每5～15m划分为一个单元工程。

（3）洞室开挖工程可参照平洞或竖井划分单元工程。

隧洞混凝土衬砌单元工程划分可依据《水利水电工程单元工程施工质量验收评定标准　混凝土工程》（SL 632—2012）中第4.1.1条有关"普通混凝土工程"规定，以混凝土浇筑仓号或一次检查验收范围划分单元工程。隧洞衬砌混凝土分段浇筑长度，分段长度视断面大小和混凝土浇筑能力而定，一般可取6～18m。

某引水隧洞工程建议单元工程的划分情况见表4.9。

表 4.9   某引水隧洞工程建议单元工程的划分表

单位工程名称	分部工程名称	单元工程名称及编码		单元划分说明
进水口及引水隧洞工程	01 进水口开挖及支护工程	01	开挖单元工程	按一个马道划分一单元
		02	锚喷支护工程	按一个马道划分一单元
		03	混凝土浇筑工程	按一个仓面划分一单元
		04	排水孔工程	按相邻的 20 个排水孔划分一个单元
		05	混凝土灌注桩	每一灌注桩为一个单元
		06	高压旋喷灌浆	按相邻的 30 个高喷孔划分一个单元
		07	固结灌浆	每 30m 为一个单元
		08	闸门井开挖及支护	
		09	其他	
	02 施工支洞工程	01	施工支洞边坡开挖工程	每 9～15m 为一个单元
		02	施工支洞开挖	每 30m 为一个单元
		03	施工支洞锚喷支护	每 30m 为一个单元
		04	施工支洞封堵	按一仓号划分一个单元
		05	施工支洞封堵段回填及接触灌浆	每一灌浆区为一个单元
		06	施工支洞边坡开挖工程	每 9～15m 为一个单元
		07	其他	
	03 引水隧洞工程	01	引水隧洞开挖	每 30m 为一个单元
		02	引水隧洞锚喷支护	每 30m 为一个单元
		03	引水隧洞衬砌	每 30m 为一个单元
		04	引水隧洞回填灌浆	每 20m 为一个单元
		05	引水隧洞固结灌浆	每 20m 为一个单元
		06	引水隧洞排水孔工程	按相邻的 20 个排水孔划分一个单元
		07	其他	
	04 金属结构及电启闭机工程	01	拦污栅埋件制作	一套为一个单元
		02	拦污栅埋件安装	一套为一个单元
		03	进水口拦污栅制作	一套为一个单元
		04	进水口拦污栅安装	一套为一个单元
		05	进水口事故门制作	一套为一个单元
		06	进水口事故门安装	一套为一个单元
		07	进水口事故门埋件制作安装	一套为一个单元
		08	启闭机安装	一套为一个单元
		09	手动葫芦安装	一套为一个单元
		10	2 号支洞进人孔门制作、安装	一套为一个单元
		11		

单位工程名称	分部工程名称	单元工程名称及编码		单元划分说明
进水口及引水隧洞工程	05 进水口启闭机房土建工程	01	混凝土梁板柱	按每一仓面划分一个单元
		02	砌体围护	一层为一个单元
		03	装饰装修	一层为一个单元
		04	屋面防水	一层为一个单元
		05	地面工程	一层为一个单元
		06	门窗安装	一层为一个单元
		07	电气照明	一层为一个单元
		08		
	06 安全监测	01	压力液位计安装	每只仪器为一个单元
		02	液压送变器安装	每只仪器为一个单元
		03	深水温度计安装	每只仪器为一个单元
		04		
	07 交通工程	01	路基土石方工程	每 100m 为一个单元
		02	排水工程	每 100m 为一个单元
		03	挡土墙	每 100m 为一个单元
		04	涵洞（涵管）	按一个涵管划分一单元
		05	砌筑工程	每 100m 为一个单元
		06	路面工程	每 100m 为一个单元
		07	标志标线	每 100m 为一个单元
		08	防护栏	每 100m 为一个单元
		09	照明设施安装	每 100m 为一个单元
		10		
	08 其他	01		
		02		

综上所述，隧洞单元工程划分长度主要依据隧洞衬砌混凝土分段浇筑长度。隧洞风险分段的最小长度不宜小于隧洞单元工程划分长度，且不宜小于 10～20m。

4. 隧洞风险分段机制

深埋长隧洞风险分段机制按由粗到细原则逐步划定。先根据工程招标和管理的需要，将深埋长隧洞划分为若干标段，各标段范围内在隧洞围岩地质分类基础上结合分段地质评估，对各风险因素进行初步风险分段，并针对各风险因素的主要致险因子，对隧洞风险分段再进行详细分段。要求风险分段内单风险因素的发生概率相互独立，风险分段的长度不小于隧洞开挖、衬砌单元工程划分长度（10~20m）。

4.3.2 专项风险评估指标体系

建立全面、有效、实用的深埋长隧洞施工风险评估指标体系，是进行专项风险评估的基础之一，也是得到具有一定可信度的风险评估结果的重要保证。首先，指标应包括深埋长隧洞施工中主要风险因素，才能准确评估出深埋长隧洞施工时的安全状态；其次，指标因素应一定程度上符合深埋长隧洞施工特点，以加大评估模型对深埋长隧洞这一类工程的针对性；最后，要考虑各指标因素所需数据取得的难易程度，应尽可能地容易采集、计算，以保证指标体系的正常使用。总之，指标的全面性、针对性和易采集性是建立评估指标体系应遵循的原则。

深埋长隧洞专项施工风险评估指标体系可分多层建立，基于第 3 章分析，可针对 6 个主要风险因素，即岩爆、软岩大变形、涌水突泥、高地温、有毒有害气体、放射性物质，构建深埋长隧洞施工专项风险的评估指标体系，如图

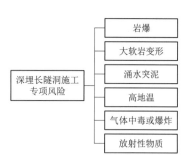

图 4.7 深埋长隧洞施工专项
风险评估指标分解

4.7 所示。针对每个风险因素，可列出影响每个风险因素的风险因子，因此每个风险因素指标又可分解为各自的风险因子体系，如图 4.8~图 4.13 所示。因此深埋长隧洞施工专项风险评估指标体系可建立为三层体系，其中深埋长隧洞施工专项风险为层次分析法的目标层；6 个风险因素为一级指标，可作为层次分析法的准则层；10 个风险因子为二级指标，可作为层次分析法的指标层；完整的评估指标体系如图 4.14 所示。

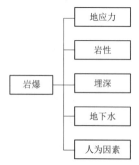

图 4.8 岩爆风险因子指标分解

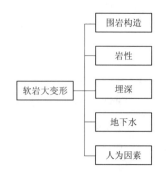

图 4.9 软岩大变形风险因子指标分解

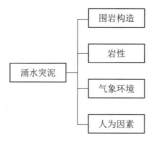

图 4.10　涌水突泥风险因子指标分解

图 4 11　高地温风险因子指标分解

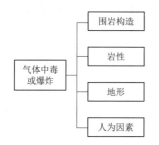

图 4.12　气体中毒或爆炸风险因子指标分解

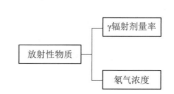

图 4.13　放射性风险因子指标分解

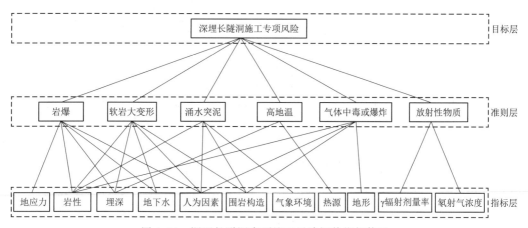

图 4.14　深埋长隧洞专项施工风险评估指标体系

4.3.3　分段专项风险分析

　　隧洞穿越地质的地质条件各异，工程施工过程中又涉及施工技术、管理水平等诸多因素，因此不同工程施工风险差异大。由于施工事故资料往往不易收集，很难获取统计规律直接用于实际工程项目的风险概率和风险损失的精算，因此目前许多工程施工均采用定性或定性与定量相结合的方法进行风险评估。

风险评估方法均有其适用条件和范围，选择不当会导致评估结果有偏差，因此遵循充分性、适用性、系统性、针对性的原则，合理选择安全风险评估方法，是建立风险评估模型的关键。隧洞工程的风险状态和评级标准目前学术界并未有权威统一的定义，对隧洞工程施工风险进行评估是一个多因素、多层次的综合评估问题，同时由风险因子分析可知，深埋长隧洞施工专项风险评估指标之间存在相互关联，如岩性、埋深、地形等，均为多个风险因素的风险因子。

模糊层次综合评估法可将模糊的定性指标量化后进行风险评估，能很好地进行多因素、多层次综合评估。因此本书采用模糊层次综合评估法进行深埋长隧洞施工安全专项风险概率评估。同时，由于风险种类繁多，涉及的因素众多，对某些损失的量化尚有一定难度，使用模糊层次综合评估法评估损失复杂而耗时，因此本书采用专家调查法与层次分析法相结合，进行深埋长隧洞施工安全专项风险损失评估。综上所述，深埋长隧洞施工专项风险评估模型如图 4.15所示。

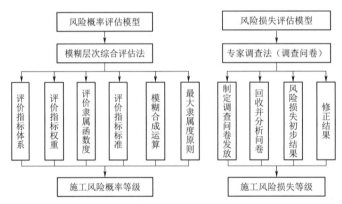

图 4.15　深埋长隧洞施工专项风险评估模型

4.3.3.1　专项风险概率评估模型

1. 建立专项风险概率评估的风险因素集与评估集

（1）专项风险概率评估的风险因素集。基于深埋长隧洞施工专项风险指标体系，可定义专项风险概率评估的风险因素集和各风险因素的风险因子集。

专项风险因素集为

$$u = \{u_1, u_2, u_3, u_4, u_5, u_6\} = \{$$岩爆，软岩大变形，涌水突泥，高地温，气体中毒式爆炸，放射性物质$\}$$

风险因素岩爆的风险因子集为

$$u_1 = \{u_{11}, u_{12}, u_{13}, u_{14}, u_{15}, u_{16}\} = \{地应力，岩性，$$
$$埋深，地形，地下水，人为因素\}$$

风险因素软岩大变形的风险因子集为

$$u_2 = \{u_{21}, u_{22}, u_{23}, u_{24}, u_{25}\} = \{围岩构造，岩性，埋深，地下水，人为因素\}$$

风险因素突水涌泥的风险因子集为

$$u_3 = \{u_{31}, u_{32}, u_{33}, u_{34}\} = \{围岩构造，岩性，气象环境，人为因素\}$$

风险因素气体中毒或爆炸的风险因子集为

$$u_4 = \{u_{41}, u_{42}, u_{43}, u_{44}\} = \{围岩构造，岩性，地形，人为因素\}$$

风险因素高地温的风险因子集为

$$u_5 = \{u_{51}, u_{52}\} = \{埋深，热源\}$$

风险因素放射性的风险因子集为

$$u_6 = \{u_{61}, u_{62}\} = \{\gamma 辐射剂量率，氡射气浓度\}$$

（2）专项风险概率评估的风险概率评估集。将深埋长隧洞施工风险发生的概率用5个等级表示，构成的风险概率评估集为

$$V = \{v_1, v_2, v_3, v_4, v_5\} = \{很可能，可能，偶然，不可能，很不可能\}$$

2. 确定施工风险因子隶属度函数

在模糊集合理论中，论域中的元素对模糊子集的隶属程度大小即为隶属度，取值为0～1。表4.10给出了隧洞施工风险概率评估等级与量化区间的对应关系。假设隧洞施工安全风险评估的所有指标转化过程均是线性的，运用梯形函数分布确定施工安全风险指标因素的隶属函数，见表4.11。

表4.10　　　　　概率评估等级与量化区间关系

评估等级	5（很可能）	4（可能）	3（偶然）	2（不可能）	1（很不可能）
量化区间	0.8～1.0	0.6～0.8	0.4～0.6	0.2～0.4	0.0～0.2

表4.11　　　深埋长隧洞施工风险概率评估风险因子隶属函数

类型及函数分布图	梯形函数通式	隶属函数
偏大型	$u_5(x) = \begin{cases} 1 & x>b \\ \dfrac{x-a}{b-a} & a \le x \le b \\ 0 & x<a \end{cases}$	$u_5(x) = \begin{cases} 1 & x \ge 0.85 \\ 10x-7.5 & 0.75<x<0.85 \\ 0 & x \le 0.75 \end{cases}$

续表

类型及函数分布图	梯形函数通式	隶 属 函 数
偏中间型	$$u_{4,3,2}(x)=\begin{cases}0 & x<a\\ \dfrac{x-a}{b-a} & a\leqslant x<b\\ 1 & b\leqslant x\leqslant c\\ \dfrac{d-x}{d-c} & c<x\leqslant d\\ 0 & x>d\end{cases}$$	$$u_4(x)=\begin{cases}0 & x<0.55\\ 10x-5.5 & 0.55\leqslant x<0.65\\ 1 & 0.65\leqslant x<0.75\\ 8.5-10x & 0.75\leqslant x\leqslant0.85\\ 0 & x>0.85\end{cases}$$ $$u_3(x)=\begin{cases}0 & x<0.35\\ 10x-3.5 & 0.35\leqslant x<0.45\\ 1 & 0.45\leqslant x<0.55\\ 6.5-10x & 0.55\leqslant x\leqslant0.65\\ 0 & x>0.65\end{cases}$$ $$u_2(x)=\begin{cases}0 & x<0.15\\ 10x-1.5 & 0.15\leqslant x<0.25\\ 1 & 0.25\leqslant x<0.35\\ 4.5-10x & 0.35\leqslant x\leqslant0.45\\ 0 & x>0.45\end{cases}$$
偏小型	$$u_1(x)=\begin{cases}0 & x<b\\ \dfrac{b-x}{b-a} & a\leqslant x\leqslant b\\ 1 & x<a\end{cases}$$	$$u_1(x)=\begin{cases}0 & x\geqslant0.25\\ 2.5-10x & 0.15<x<0.25\\ 1 & x\leqslant0.15\end{cases}$$

根据模糊集合理论与表 4.11，针对各风险因子，需制定一定的评判标准，将其量化后成为风险因子隶属度函数的变量，进而代入函数得到该风险因子对相应风险因素的风险概率评估结果，即模糊评估集。

由于指标层中的一个风险因子可能对应准则层中的多个风险因素，但同一风险因子对不同风险因素的影响标准与影响程度可能存在区别，如"岩性"因子对"岩爆"因素的影响更多偏向于地质构造的破碎带宽度、破碎带个数、节理裂隙、岩石岩性等，而其对于"软岩大变形"因素的影响更多偏重岩溶、褶皱形态、岩石岩性等。因此，需针对每一个准则层的风险因素制定指标层风险因子评判标准。

（1）岩爆因素评估标准。地应力是岩爆的主要影响因子，主要用弹性模量描述；岩性对于岩爆的影响主要表现在岩石的抗压强度与抗拉强度，即可用脆性程度进行描述；埋深可直接用隧洞埋深进行描述；地下水对岩爆的影响主要表现在越是干燥的岩体越容易发生岩爆，可用围岩地下水富水程度进行描述；

人为因素即与洞线选择、洞室形状、施工方法、管理水平等有关，因每个工程的设计情况、施工布置和管理模式各不相同，因此采用较为宏观的标准描述，即设计勘察资质、是否有类似工程经验、是否符合设计规范、施工单位资质、现场组织管理评估等，见表 4.12。

表 4.12　　　　　　　　　　岩爆因素风险因子评估量化标准表

风险因子	描述指标	评 估 等 级				
		5（很可能）	4（可能）	3（偶然）	2（不可能）	1（很不可能）
地应力	弹性模量/GPa	>50	30~50	20~30	10~20	<10
岩性	脆性度（nb）	<14.5	14.5~20	20~30	30~40	>40
埋深	埋深/m	>100	70~100	40~70	20~40	<20
地下水	富水情况	极贫水或无水	贫水	弱富水	富水	极丰富
人为因素	见表 4.13~表 4.15					

表 4.13　　　　　　　　　　工程设计评估标准表

评估等级	量化区间	评 估 标 准
5（很可能）	0.8~1.0	设计不符合规范规定，没有根据监测情况调整设计参数等
4（可能）	0.6~0.8	设计类型及参数部分不符合规范规定，对围岩地质条件、施工条件、结构形式等因素考虑不足，且没有根据监测情况及时调整设计参数，同时对某些特殊情况考虑不足
3（偶然）	0.4~0.6	设计类型及参数基本符合规范规定，根据地质条件、施工条件、结构形式等采用工程类比和理论分析确定，未根据现场监测调整参数，同时对某些特殊情况考虑不足
2（不可能）	0.2~0.4	设计类型及参数基本符合规范规定，根据地质条件、施工条件、结构形式等采用工程类比和理论分析确定，根据现场监测调整参数，但对某些特殊情况考虑不足
1（很不可能）	0~0.2	设计类型及参数基本符合规范规定，根据地质条件、施工条件、结构形式等采用工程类比和理论分析确定，根据现场监测调整参数，考虑了某些特殊情况

表 4.14　　　　　　　　　　地质勘查评估标准表

评估等级	量化区间	评 估 标 准
5（很可能）	0.8~1.0	专业勘察乙级资质，无类似工程勘察经验，基本未勘察，只是利用类似工程的地质条件作为依据，勘察费用占施工费用比例小于1%
4（可能）	0.6~0.8	专业勘察乙级资质，有类似工程勘察经验，进行了较为粗略的勘察，勘察费占施工费用比例1%~2.5%
3（偶然）	0.4~0.6	专业勘察甲级资质，无类似工程勘察经验，进行了较为详细的勘察，勘察费用占施工费用比例2.5%~5%
2（不可能）	0.2~0.4	专业勘察甲级资质，有类似工程勘察经验，进行了详细的勘察，勘察费用占施工费用比例5%~10%

续表

评估等级	量化区间	评 估 标 准
1（很不可能）	0～0.2	专业勘察甲级资质，有丰富的类似工程勘察经验，进行了详细的勘察，勘察费用占施工费用比例大于 10%

表 4.15 施工现场管理标准表

评估等级	量化区间	评 估 标 准
5（很可能）	0.8～1.0	现场管理混乱，无安全管理人员，施工机具、材料等摆放杂乱，临时建筑物位置存在安全隐患，完全没有标识施工的 5 牌 1 图等
4（可能）	0.6～0.8	现场管理作业较为混乱，有安全管理人员但存在不在岗等情况，施工机具、材料等摆放欠合理，有极少量标识施工的 5 牌 1 图等
3（偶然）	0.4～0.6	现场管理作业较规范，配置有符合规定的安全管理人员，临时建筑物布置较为安全，施工机具、材料等摆放不够合理整齐等
2（不可能）	0.2～0.4	现场管理作业较规范，施工现场配置有符合规定的安全管理人员，基本具有 5 牌 1 图；现场临时建筑物位置合理安全；施工机巧、材料等摆放整齐合理
1（很不可能）	0～0.2	现场管理作业规范，施工现场配置有符合规定的安全管理人员，具有完整的 5 牌 1 图；现场临时建筑物位置合理安全；施工机巧、材料等摆放整齐合理

（2）软岩大变形评估标准。隧洞段岩性为软岩是软岩大变形发生的基本条件，软岩可分为膨胀型软岩、高应力型软岩、节理化型软岩与复合型软岩，因此可用软岩段占比进行描述；围岩构造的围岩级别与是否发生软岩变形密切相关，因此可用围岩分级占比进行描述；埋深常决定了开挖处的岩体风化程度和卸荷能力，埋深可直接用隧洞埋深进行描述；地下水是发生软岩大变形的主要条件之一，地下水越丰富的岩段，越容易发生软岩大变形，可用围岩地下水富水程度进行描述；人为因素可参照岩爆因素评估标准进行，见表 4.16。

表 4.16 软岩大变形因素风险因子评估量化标准表

风险因子	描述指标	评 估 等 级				
		5（很可能）	4（可能）	3（偶然）	2（不可能）	1（很不可能）
岩性	含软岩段占隧洞长度比例/%	>70	50～70	30～50	20～30	<20
围岩构造	Ⅲ类、Ⅳ类、Ⅴ类围岩占隧洞长度比例/%	>70	50～70	30～50	20～30	<20
埋深	埋深/m	>100	70～100	40～70	20～40	<20
地下水	富水情况	极丰富	富水	弱富水	贫水	极贫水或无水
人为因素	见表 4.13～表 4.15					

（3）涌水突泥。围岩构造对涌水突泥的影响主要在于断层破碎带，因此可用断层破碎带宽度与个数、节理裂隙进行描述；气象环境对突水涌泥的影响主要在于雨季持续性降水对断层破碎带区域形成丰沛的补给，因此可用年均降雨量进行描述；地下水对涌水突泥的影响主要在于隧洞围岩段地下水含量越高越易发生突水涌泥，因此可用富水情况进行描述；人为因素可参照岩爆因素评估标准进行，见表4.17。

表4.17   突水涌泥因素风险因子评估标准表

风险因子	描述指标	评 估 等 级				
		5（很可能）	4（可能）	3（偶然）	2（不可能）	1（很不可能）
围岩构造	节理裂隙	很发育	发育	较发育	弱发育	不发育
	断层破碎带个数	>6	4~6	2~4	1~2	0
	断层破碎带宽度/m	>10	5~10	2~5	1~2	<1
气象环境	年均降水量/mm	>1600	1000~1600	600~1000	200~600	<200
地下水	富水情况	极丰富	富水	弱富水	贫水	极贫水或无水
人为因素		见表4.13~表4.15				

（4）气体中毒或爆炸。围岩构造对于气体中毒或爆炸的影响在于节理裂隙发育地段岩层内的有毒与易爆气体更易渗漏进入隧洞，因此可用节理裂隙发育程度与断层破碎带个数描述；岩性对气体中毒或爆炸的影响在于部分岩性在溶蚀过程中易产生有毒易爆气体，如碳酸盐岩在溶蚀过程中有时会产生 CO_2 气体，一些大理岩会产生 H_2S 气体，在一些含黄铁矿、黄铜矿、闪锌矿、硫磺等矿物的地层岩性中，因水解、高温、氧化还原等物理化学作用可产生 H_2S、SO_2、CO 气体等，因此可用此类岩性的长度占比来描述；人为因素可参照岩爆因素评估标准进行，见表4.18。

表4.18   气体中毒或爆炸风险因子评估标准表

风险因子	描述指标	评 估 等 级				
		5（很可能）	4（可能）	3（偶然）	2（不可能）	1（很不可能）
围岩构造	节理裂隙	很发育	发育	较发育	弱发育	不发育
	断层破碎带个数	>6	4~6	2~4	1~2	0
岩性	碳酸盐岩、大理岩、含硫矿占隧洞长度比例/%	>10	5~7	3~5	1~3	0
人为因素		见表4.13~表4.15				

（5）高地温。埋深对高地温的影响在于地壳中地温一般随埋深的增加，地温逐步升高，因此可直接根据埋深进行描述；热源是高地温的根本因素，可根据低温带分级来描述见表 4.19、表 4.20。

表 4.19　　　　　　　　　　　　高地温风险因子评估标准表

风险因子	描述指标	评 估 等 级				
		5（很可能）	4（可能）	3（偶然）	2（不可能）	1（很不可能）
埋深	埋深/m	＞200	150～200	100～150	50～100	≤50
热源	低温带情况	含超高温带（Ⅲ）	含中高温（Ⅱ₂）带	含中高温（Ⅱ₁）带	含低高温带（Ⅰ）	含常温带及以下

表 4.20　　　　　　　　　　　　隧洞地温带划分标准

地温带分级	温度界限/℃		断裂导热水能力	热害分析评估标准	降温处理措施
常温带	≤28		差	无热害	无需处理
低高温带（Ⅰ）	28＜t≤37		弱	热害轻微	非制冷（加强通风）
中高温带（Ⅱ₁）	37＜t≤60	37＜t≤50	中等	热害中等	人工制冷
中高温带（Ⅱ₂）		50＜t≤60	较强	热害较严重	人工强制冷
超高温带（Ⅲ）	＞60		强	热害严重	专题研究

（6）放射性气体。放射性气体风险在深埋隧洞施工中主要取决于隧洞穿越地层的是否包含高放射性气体含量岩体与氡射气地层，因此可用高放射性气体含量岩体与氡射气地层的占比进行描述见表 4.21。

表 4.21　　　　　　　　　　　　放射性气体因素风险因子评估标准表

风险因子	描述指标	评 估 等 级				
		5（很可能）	4（可能）	3（偶然）	2（不可能）	1（很不可能）
γ 辐射剂量率/%	含 γ 射线特征参数高的岩性岩层占隧洞长度比	＞10	5～7	3～5	1～3	0
氡射气浓度/%	含氡射气地层占隧洞长度比	＞10	5～7	3～5	1～3	0

3. 确定专项施工风险因素指标权重

采用层次分析法（AHP）确定长大隧洞施工专项风险单风险因素的评估指标的权重，方法参考本书第 5.1 节的相关叙述。本书第 4.3 节中深埋长隧洞施工风险因素不确定描述，将各风险因素和风险因子均对其上层指标的影响程度

进行两两比较并建立判断矩阵，计算指标权重并进行一致性检验，其中风险因素判断矩阵见表 4.22，以风险因素岩爆为例，表 4.23 给出了深埋长隧洞施工的岩爆专项风险概率评估时各风险因子指标的权重表型式，进行矩阵计算后的得到各风险因子的权重向量 $W_1 = \{w_{11}, w_{12}, w_{13}, w_{14}, w_{15}, w_{16}\}$，一致性检验通过后，即可认为 W 为各风险因素的风险损失对总风险损失的权重；若一致性检验未通过，则认为风险判断矩阵构建不合理，需重新构造风险判断矩阵后再次进行风险因素相对权重计算与一致性检验。

表 4.22 　专项风险因素判断矩阵、权重计算及一致性检验

某分段专项风险		U_1	U_2	U_3	U_4	U_5	U_6	W	一致性检验
岩爆	U_1	a_{11}	a_{12}	a_{13}	a_{14}	a_{15}	a_{16}	w_1	
软岩大变形	U_2	a_{21}	a_{22}	a_{23}	a_{24}	a_{25}	a_{26}	w_2	
涌水突泥	U_3	a_{31}	a_{32}	a_{33}	a_{34}	a_{35}	a_{36}	w_3	$\lambda_{max} =$
高地温	U_4	a_{41}	a_{42}	a_{43}	a_{44}	a_{45}	a_{46}	w_4	$CR =$
气体中毒或爆炸	U_5	a_{51}	a_{52}	a_{53}	a_{54}	a_{55}	a_{56}	w_5	
放射性物质	U_6	a_{61}	a_{62}	a_{63}	a_{64}	a_{65}	a_{66}	w_6	

表 4.23 　岩爆专项风险因子判断矩阵、权重计算及一致性检验

岩爆		U_{11}	U_{12}	U_{13}	U_{14}	U_{15}	U_{16}	W_1	一致性检验
地应力	U_{11}	a_{111}	a_{112}	a_{113}	a_{114}	a_{115}	a_{116}	w_{11}	
岩性	U_{12}	a_{121}	a_{122}	a_{123}	a_{124}	a_{125}	a_{126}	w_{12}	
埋深	U_{13}	a_{131}	a_{132}	a_{133}	a_{134}	a_{135}	a_{136}	w_{13}	$\lambda_{max} =$
地形	U_{14}	a_{141}	a_{142}	a_{143}	a_{144}	a_{145}	a_{146}	w_{14}	$CR =$
地下水	U_{15}	a_{151}	a_{152}	a_{153}	a_{154}	a_{155}	a_{156}	w_{15}	
人为因素	U_{16}	a_{161}	a_{162}	a_{163}	a_{164}	a_{165}	a_{166}	w_{16}	

4. 专项施工风险因素风险概率分析

首先对专项施工风险因素集中的一个因素，如"岩爆"进行评估。如评估岩爆中"地应力"因子对评估集 V 的每个等级区间的隶属程度（根据该隧洞分段的具体地应力情况，用隶属函数计算），得到"地应力"对隧洞施工专项风险概率的模糊集合 $\{r_{11}, r_{12}, r_{13}, r_{14}, r_{15}\}$。然后依次计算岩性、埋深、地形、地下水、人为因素的模糊集合，得到"岩爆"对深埋长隧洞施工专项风险概率的模糊矩阵 R_1。

$$R_1 = \begin{bmatrix} r_{11} & r_{12} & \cdots & r_{15} \\ r_{21} & r_{22} & \cdots & r_{25} \\ r_{31} & r_{32} & \vdots & r_{35} \\ r_{41} & r_{42} & \cdots & r_{45} \end{bmatrix} \tag{4-10}$$

根据表 4.23 得到的"岩爆"因素各因子指标权重 $W_1 = \{w_{11}, w_{12}, w_{13}, w_{14}, w_{15}, w_{16}\}$，同模糊矩阵 R_1 进行模糊合成运算，得到"岩爆"的综合评估向量 B_1。

$$B_1 = W_1 R_1 = (w_{11}, w_{12}, w_{13}, w_{14}) \begin{bmatrix} r_{11} & r_{12} & \cdots & r_{15} \\ r_{21} & r_{22} & \cdots & r_{25} \\ r_{31} & r_{32} & \vdots & r_{35} \\ r_{41} & r_{42} & \cdots & r_{45} \end{bmatrix}$$

$$= (b_{11}, b_{12}, b_{13}, b_{14}, b_{15}) \tag{4-11}$$

依次进行软岩大变形、涌水突泥、高地温、有毒有害气体、放射性物质、断层破碎带和岩溶的评估，得到二级模糊矩阵 R，与各准则层因素权重 $W_1 = \{w_1, w_2, w_3, w_4, w_5, w_6\}$，进行模糊合成运算得到最后的综合评估向量 B。

$$R = \begin{bmatrix} b_{11} & b_{12} & \cdots & b_{15} \\ b_{21} & b_{22} & \cdots & b_{25} \\ \vdots & \vdots & \vdots & \vdots \\ b_{61} & b_{62} & \cdots & b_{65} \end{bmatrix} \tag{4-12}$$

$$B = WR = (w_1, w_2, \cdots, w_6) \begin{bmatrix} b_{11} & b_{12} & \cdots & b_{15} \\ b_{21} & b_{22} & \cdots & b_{25} \\ \vdots & \vdots & \vdots & \vdots \\ b_{61} & b_{62} & \cdots & b_{65} \end{bmatrix} = (b_1, b_2, b_3, b_4, b_5)$$

$$\tag{4-13}$$

根据计算结果，可得到各风险因素的风险概率等级与深埋长隧洞施工风险等级。对于风险因子层（指标层），如向量 $B_1 = (b_{11}, b_{12}, \cdots, b_{15})$ 中 b_{1i} 指该风险分段的岩爆风险因素的概率对 i 等级的隶属度，如若 $b_{13} = 0.5$，即岩爆风险概率对"偶然"等级的隶属度为 0.5；本模型按最大隶属度原则确定最后的概率等级，即取 B_1 中数值最大者对应的等级作为该风险分段岩爆风险的概率等级；同理可推断其他风险因素的风险概率等级。同理，向量 $B = (b_1, b_2, \cdots,$

b_5）中 b_i 指长大隧洞施工安全风险概率对于 i 等级的隶属度，如若 $b_3 = 0.5$，即长大隧洞施工安全总体风险概率对"偶然"等级的隶属度为 0.5；本模型按最大隶属度原则确定最后的概率等级，即取 B 中数值最大者对应的等级作为深埋长隧洞专项风险的概率等级。

但最大隶属度原则在某些情况下存在失效问题，因此需要改进。当最大隶属度原则失效时，采用加权平均值法将模糊向量单值化以确定评估等级：给 5 个等级依次赋予间距相等的数值 c_1，c_2，$\cdots$，c_m，其中 5/4/3/2/1 表示等级由大到小。则模糊向量可单值化，将单值化的结果 c 与各等级的值对应得到评估等级，即

$$\alpha = \frac{m\beta - 1}{2\gamma(m-1)} \tag{4-14}$$

$$a = \frac{\sum_{j=1}^{m} c_j b_j^k}{\sum_{j=1}^{m} b_j^k} \tag{4-15}$$

式中　α——有效性系数；

　　　β——最大隶属度；

　　　γ——第二大隶属度；

　　　m——向量的个数；

　　　k——待定系数，目的是控制较大的 b_j 所起的作用，常取 k=1 或 2。

当 $\alpha = 0$ 时，采用最大隶属度方法失效；$\alpha \in (0, 0.5)$ 低效；$\alpha \in [0.5, 1)$ 比较有效；$\alpha \in [1, +\infty)$ 非常有效。

4.3.3.2　风险损失评估模型

深埋长隧洞施工所包含的风险因素众多，施工期间可能发生各种安全事故，且事故造成损失类型众多。基于隧洞施工风险的承险体，对长大隧洞施工风险损失后果进行了详细分类，如图 4.16 所示。根据分类分析可知，与深埋长隧洞施

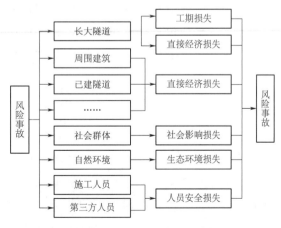

图 4.16　深埋长隧洞施工专项风险损失分类

工直接相关的风险损失主要为风险事故发生后的直接经济损失、工期损失和人员安全损失，因此本模型将以上三类损失作为深埋长隧洞施工专项风险损失研究的对象。

施工安全风险损失评估一般有两条途径：①通过隧洞施工事故数据统计分析得到风险损失分布规律；②通过专家调查获得风险损失分布规律。本模型采用专家调查法，评估深埋隧洞专项施工风险损失等级。首先确定风险损失程度分为五个级别，即一般的、较大的、严重的、很严重的、灾难性的，分别赋标准值为 1/2/3/4/5，专家需根据表 4.24，综合考虑经济损失、进度损失与安全损失，对风险损失程度进行打分，打分遵循就高原则，以三项损失中的最高分为准。

表 4.24　　　　　　　　　　风险损失等级与量化区间关系

评估等级	5（灾难性的）	4（很严重的）	3（严重的）	2（较大的）	1（一般的）
经济损失	1 亿元以上	5000 万元以上 1 亿元以下	1000 万元以上 5000 万元以下	1000 万元以下	500 万元以下
进度损失	进度延误时间占工程设计总工期 50% 以上	进度延误时间占工程设计总工期 30%～50%	进度延误时间占工程设计总工期 20%～30%	进度延误时间占工程设计总工期 10%～20%	进度延误时间占工程设计总工期 10% 以内
安全损失	30 人以上死亡，或者 100 人以上重伤	10 人以上 30 人以下死亡，或者 50 人以上 100 人以下重伤	3 人以上 10 人以下死亡，或者 10 人以上 50 人以下重伤	3 人以下死亡，或者 10 人以下重伤	无人死亡，10 人以下重伤

基于专项风险评估指标体系（图 4.14），本研究风险评估模型可分为准则层与目标层，其中准则层包含各类风险因素，目标层为深埋长隧洞施工综合风险，为满足工程建设过程中不同主体在不同阶段的风险偏好，以及对不同风险因素的具体分析，本研究风险损失评估模型同样对专项风险评估指标体系进行层次分析。

将各风险因素的风险损失对总风险损失的影响程度进行两两比较建立判断矩阵，计算指标权重并进行一致性检验，其中风险因素判断矩阵见表 4.25，进行矩阵计算后的得到各风险因素的权重向量 $W = \{w_1, w_2, w_3, w_4, w_5, w_6\}$，一致性检验通过后，即可认为 W 为各风险因素的风险损失对总风险损失的权重；若一致性检验未通过，则认为风险判断矩阵构建不合理，需重新构造风险判断矩阵后再次进行风险因素相对权重计算与一致性检验。

表 4.25 专项风险因素风险损失判断矩阵、权重计算及一致性检验

某分段专项风险	U_1	U_1	U_2	U_3	U_4	U_5	U_6	W	一致性检验
岩爆	U_1	a_{11}	a_{12}	a_{13}	a_{14}	a_{15}	a_{16}	w_1	
软岩大变形	U_2	a_{21}	...	...	...	...	...	w_2	
涌水突泥	U_3	a_{31}	...	...	...	...	...	w_3	$\lambda_{max} = ...$
高地温	U_4	a_{41}	...	...	...	...	...	w_4	$CR = ...$
有毒有害气体	U_5	a_{51}	...	...	...	...	...	w_5	
放射性物质	U_6	a_{61}	...	...	...	...	a_{66}	w_6	

通过专家打分可确定各风险因素的风险损失程度，调查以某分段隧洞施工风险因素事故造成的总经济损失、总人员安全损失和总工期损失及三类损失程度为对象进行统计。建议向施工单位、科研单位、设计单位等多种单位内有丰富隧洞施工、风险评估、设计经验的专家发出 50 份以上的调查问卷，回收、整理调查问卷结果后得到调查统计表，见表 4.26。调查问卷内容设计参见附件一。基于调查统计表，经过加权运算后，得到该分段隧洞施工风险损失程度。

表 4.26 分段隧洞施工风险损失程度调查统计表

风 险 损 失 程 度		轻微的	较大的	严重的	很严重的	灾难性的
调查统计占比	岩爆风险损失	i_{11}	i_{12}	i_{13}	i_{14}	i_{15}
	软岩大变形风险损失	i_{21}	i_{22}	i_{23}	i_{24}	i_{25}
	涌水突泥风险损失	i_{31}	i_{32}	i_{33}	i_{34}	i_{35}
	高地温风险损失	i_{41}	i_{42}	i_{43}	i_{44}	i_{45}
	有毒有害气体风险损失	i_{51}	i_{52}	i_{53}	i_{54}	i_{55}
	放射性物质风险损失	i_{61}	i_{62}	i_{63}	i_{64}	i_{65}

各类风险因素的风险损失（z_j）评估为

$$z_j = i_{j1} + 2i_{j2} + 3i_{j3} + 4i_{j4} + 5i_{j5} \qquad (4-16)$$

深埋长隧洞的风险损失向量为：$Z = (z_1, z_2, \cdots, z_j)$，其中 j 为风险因素编号，z_j 数值可判断各个风险因素带来的风险损失等级。各个风险因素风险损失对于工程总风险损失的权重可参照各风险因素概率对于工程风险总概率权重，亦可对于工程总风险损失，重新将各风险因素两两比较建立判断矩阵，计算指标权重并进行一致性检验；最终可得各风险因素风险损失对于工程总风险损失的权重向量 $W_1 = \{w_1, w_2, w_3, w_4, w_5, w_6\}$，深埋长隧洞风险损失评估值为：$z = ZW^T$，根据 z 数值判断深埋长隧洞综合风险损失等级。

第5章　工程项目风险分级

5.1　现有风险分级标准

西方许多国家诸如美国、德国等早已对工程项目的风险管理工作开展了深入研究。国内工程项目风险等级的划分主要有：2007 年铁道部颁布的《地铁及地下工程建设风险管理指南》中对地铁及地下工程建设风险进行了风险分级；2008 年交通运输部发布的《公路桥梁和隧道工程设计安全风险评估指南》（试用本）中对公路桥梁及隧洞的安全风险分级进行了研究。以上两部指南均将风险分级分为风险概率分级与风险损失分级，且均采用风险矩阵法。

5.1.1　地铁及地下工程风险分级标准

《地铁及地下工程建设风险管理指南》中风险分级标准包括风险事故发生概率的等级标准和风险事故发生后的损失等级标准，其中风险发生的概率分为 5 级，见表 5.1；风险损失分为 5 级，见表 5.2，其中风险损失又可分为直接经济损失、人员伤亡和工期损失，其分级见表 5.3～表 5.5；根据不同的风险概率等级与风险损失等级，建立风险分级评估矩阵，见表 5.6。

表 5.1　《地铁及地下工程建设风险管理指南》风险概率等级标准

等级	A	B	C	D	E
事故描述	不可能	很少发生	偶尔发生	可能发生	频繁
区间概率	$P<0.01\%$	$0.01\%\leqslant P<0.1\%$	$0.1\%\leqslant P<1\%$	$1\%\leqslant P<10\%$	$P\geqslant10\%$

表 5.2　《地铁及地下工程建设风险管理指南》风险损失等级标准

损失等级	1	2	3	4	5
描述	可忽略的	需考虑的	严重的	非常严重的	灾难性的

表 5.3　《地铁及地下工程建设风险管理指南》直接经济风险损失等级标准

损失等级	1	2	3	4	5
经济损失/万元	$EL<500$	$500\leqslant EL<1000$	$1000\leqslant EL<5000$	$5000\leqslant EL<10000$	$EL\geqslant10000$

表 5.4　　　《地铁及地下工程建设风险管理指南》人员伤亡等级标准

损失等级	1	2	3	4	5
人员伤亡/人	$EI<5$	$5{\leq}EI<10$ 或 $F<3$	$10{\leq}EI<50$ 或 $3{\leq}F<10$	$50{\leq}EI<100$ 或 $10{\leq}F<30$	$EI{\geq}100$ 或 $F{\geq}30$

表 5.5　　　《地铁及地下工程建设风险管理指南》工期损失等级标准

损失等级	1	2	3	4	5
延误时间Ⅰ/d	$T<10$	$10{\leq}T<30$	$30{\leq}T<60$	$60{\leq}T<90$	$T{\geq}90$
延误时间Ⅱ/月	$T<1$	$1{\leq}T<3$	$3{\leq}T<6$	$6{\leq}T<12$	$T{\geq}12$

表 5.6　　　《地铁及地下工程建设风险管理指南》风险分级评估标准

风险		风险损失				
		可忽略	需考虑	严重	非常严重	灾难性
发生概率	A：$P<0.01\%$	一级	一级	二级	三级	四级
	B：$0.01\%{\leq}P<0.1\%$	一级	二级	三级	三级	五级
	B：$0.1\%{\leq}P<1\%$	一级	二级	三级	四级	五级
	B：$1\%{\leq}P{\leq}10\%$	二级	三级	四级	四级	五级
	D：$P>10\%$	二级	三级	四级	五级	五级

5.1.2　交通运输部公路桥梁和隧道工程风险分级标准

　　《公路桥梁和隧道工程施工安全风险评估指南》中风险分级标准包括风险事故可能性等级标准和风险事故严重程度标准，其中风险事故可能性分为 4 级，见表 5.7；风险事故严重程度主要考虑人员伤亡与直接经济损失，风险事故严重程度分为 4 级，其分级见表 5.8、表 5.9；根据不同的风险概率等级与风险损失等级，建立风险分级评估矩阵，见表 5.10。

表 5.7　　《公路桥梁和隧道工程施工安全风险评估指南》风险事故可能性等级标准

概率范围	中心值	概率等级描述	概率等级
>0.3	1	很可能	4
$0.03{\sim}0.3$	0.1	可能	3
$0.003{\sim}0.03$	0.01	偶然	2
<0.003	0.001	不太可能	1

表 5.8　　《公路桥梁和隧道工程施工安全风险评估指南》人员伤亡等级标准

等级	1	2	3	4
定性描述	一般	较大	重大	特大

续表

等级	1	2	3	4
人员伤亡	人员死亡（含失踪）人数＜3 或重伤人数＜10	3≤人员死亡（含失踪）人数＜10 或10≤重伤人数＜50	10≤人员死亡（含失踪）人数＜30 或50≤重伤人数＜100	人员死亡（含失踪）人数≥30 或重伤人数≥100

表 5.9　　《公路桥梁和隧道工程施工安全风险评估指南》直接经济损失等级标准

等级	1	2	3	4
定性描述	一般	较大	重大	特大
经济损失/万元	$Z<10$	$10≤Z<50$	$50≤Z<500$	$Z≥500$

表 5.10　　《公路桥梁和隧道工程施工安全风险评估指南》风险分级评估矩阵

可能性等级	严重程度等级			
	1（一般）	2（较大）	3（重大）	4（特大）
4（很可能）	高度Ⅲ	高度Ⅲ	极高Ⅳ	极高Ⅳ
3（可能）		高度Ⅲ	高度Ⅲ	极高Ⅳ
2（偶然）			高度Ⅲ	高度Ⅲ
1（不太可能）	低度Ⅰ			高度Ⅲ

5.2　风险粗评分级

根据本书第 4.2 节深埋长隧洞施工风险粗评方法，可计算得到深埋长隧洞施工风险粗评的风险值。风险粗评主要目的是在掌握资料相对较少的情况下，对待评估深埋长隧洞进行风险初判，以判定待评估对象是否需要进入专项风险评估。在此基础上，研究深埋长隧洞工程施工风险粗评分级标准最主要的目的是确定进入专项风险评估的风险阈值，因此风险粗评分级仅需分为两级，分级标准见表 5.11。

表 5.11　　　　　　　　深埋长隧洞工程施工初步风险分级标准

风险等级	计算分值 R	说　　明
Ⅱ	＞21	总体风险在Ⅱ级风险及以上的深埋长隧洞应纳入专项风险评估范围
Ⅰ	≤21	

5.3　风险专项分级

5.3.1　风险专项评估分级标准

风险专项评估是以风险粗评中选出的风险值较大的深埋长隧洞为对象，进

一步分解风险因素,分析其施工风险因子,进行定性与定量相结合的风险分析。因风险专项评估较风险粗评掌握资料更全面,分析更深入,且对风险进行了风险概率与风险损失的评估,因此拟对风险专项评估采用矩阵法进行风险分级。

基于深埋长隧洞施工专项风险分析过程,对深埋长隧洞以风险分段为基础单位进行施工风险分级。

5.3.1.1 风险矩阵法

风险矩阵分析法,常用于风险估算,此分析法是将决定危险事件风险的严重性和可能性两种因素,按其特点相对地划分等级,形成一种风险评估矩阵,并赋以一定的加权值定性衡量风险的大小。其数学表达式为:$R = L \times S$,R 代表风险等级,L 代表发生伤害的可能,S 代表发生伤害后果的严重程度;其中,风险矩阵图是一种有效的风险管理工具,如图 5.1 所示,风险矩阵图包括了 4 种类型分类:

(1)如潜在问题属于风险矩阵图中的区域 Ⅰ,其风险等级为非常高,需要不遗余力的阻止其发生和出现。

(2)如潜在问题属于风险矩阵图中的区域 Ⅱ,其风险等级为高,需要合理安排一定的费用来阻止其发生和出现。

(3)如潜在问题属于风险矩阵图中的区域 Ⅲ,其风险等级为适中,需要采取一些合理的步骤,阻止其发生或尽可能减小其发生后造成的损失和影响。

(4)如潜在问题属于风险矩阵图中的区域 Ⅳ,其风险等级为低,需要准备应急计划。

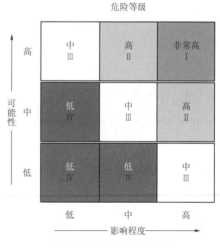

图 5.1 风险矩阵示意图

5.3.1.2 风险概率等级划分

根据本书第 4.3.3 节内容,深埋长隧洞施工专项风险的风险概率计算采用模糊数学层次分析法,按最大隶属度原则确定最后的概率等级,即取隶属度向量中数值最大者作为某风险分段施工专项风险的概率,隶属度取值范围为 0~1。参照《大中型水电工程建设风险管理规范(附条文说明)》《地铁及地下工程建设风险管理指南》等一系列现有的风险管理规范与条例，拟将深埋长隧洞施工专项风险的风险概率划分为 5 个级别，风险概率与风险级别的对应关系见表 5.12。

表 5.12　　　　　　　　深埋长隧洞施工专项风险概率分级表

风险概率等级	1	2	3	4	5
风险概率区间	0.0~0.2	0.2~0.4	0.4~0.6	0.6~0.8	0.8~1.0
可能性	很不可能	不可能	偶然	可能	很可能

5.3.1.3　风险损失等级划分

工程风险损失常包括安全损失、工期损失及经济损失等，很难用单一指标进行统一。因此，风险损失评估模型，采用专家打分法对各类损失进行评分且归一化处理。基于风险损失的评估模型，风险损失的分级也拟划分为 5 个等级，见表 5.13，最后计算所得的各类损失指标的归属来确定损失等级。

表 5.13　　　　　　　　深埋长隧洞施工专项风险损失分级表

风险损失等级	I	II	III	VI	V
风险损失指标值	0~1	1~2	2~3	3~4	4~5
损失严重程度	轻微的	较大的	严重的	很严重的	灾难性的

5.3.1.4　风险等级划分

结合风险概率等级划分与风险损失等级划分，可综合得到深埋长隧洞施工专项风险的风险等级矩阵，得到风险综合等级。深埋长隧洞施工专项风险的综合分级分为 4 个级别，分别为低度风险、中度风险、高度风险、极高风险，见表 5.14。

表 5.14　　　　　　　　专项评估风险级别判定标准

概率等级	损 失 等 级				
	I（轻微的）	II（较大的）	III（严重的）	VI（很严重的）	V（灾难性的）
5（很可能）	高度	高度	极高	极高	极高
4（可能）	中度	高度	高度	极高	极高
3（偶然）	中度	中度	高度	高度	极高
2（不可能）	低度	中度	中度	高度	高度
1（很不可能）	低度	低度	中度	中度	高度

5.3.2　风险专项评估分级表征机制

　　风险分级的主要目是为了指导工程设计与现场施工，由于深埋长隧洞施工及管理是一个多主体协调的系统工程，管理者对施工风险分级分析结果的需求应是多方面多层次的，因此风险专项评估分级应建立多层次的分级表征机制，具体表现为结合风险发生概率与风险损失，分别对深埋长隧洞施工风险从准则层与目标层两个层级、从各个风险因素与总体风险等多个角度进行分级，最后形成一套多维度的深埋长隧洞施工风险分级彩图，以便更好地指导深埋长隧洞现场施工的风险控制工作，如图 5.2 所示。

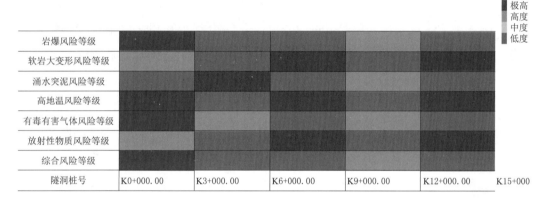

图 5.2　某深埋长隧洞综合风险分级示意

第6章　工程案例风险分析

6.1　工程概况

6.1.1　滇中引水工程

滇中引水工程是国务院批复的《长江流域综合利用规划简要报告（1990 年修订）》《全国水资源综合规划（2010—2030 年）》和《长江流域综合规划（2012—2030 年）》提出解决滇中地区严重缺水的特大型跨流域调水工程，以解决滇中地区的城镇生活及工业用水为主，兼顾农业和生态。受水区包括丽江、大理、楚雄、昆明、玉溪、红河六个州（市）的 35 个县（市、区），面积为3.69 万 km^2，多年平均引水量 34.03 亿 m^3。

工程主要建设内容包括水源工程和输水工程两个部分。水源工程由引水渠（兼沉沙池）、进水塔、进水隧洞及涵管、地下泵站、出水隧洞、出水池和地面开关站等建筑物组成。输水工程总长 664.236km，主要建筑物包括隧洞、倒虹吸、渡槽、暗涵等，其中以隧洞为主，约占总干渠全长的 92%。

6.1.2　香炉山隧洞 2 号施工支洞

香炉山隧洞 2 号施工支洞作为滇中引水工程勘察实验性工程之一，是香炉山隧洞重难点关键性工程。

6.1.2.1　水文气象

香炉山隧洞地处低纬度、高海拔，夏秋季受太平洋北部湾和印度洋孟加拉湾两股暖湿气流的影响，湿度大，降水多而集中；冬春季受来自印度、巴基斯坦北部的干暖气流控制，天气晴朗，干燥少雨；气温表现为年温差小、日温差大，水平分布复杂，垂直变化显著等特点。

1. 降水

降水具有年内分配及地区分布不均，年际变化小的特点。全渠段沿线多年平均年降水量为 750～1100mm。降水主要集中在汛期 5—10 月，占全年的 80% 左右。降水量年际变化较小。

2. 气温

气温年温差小、日温差大。多年平均气温在 13℃ 左右。一般年温差在 10～15℃，日温差在 10℃ 以上。气温垂直变化显著，一般是河谷热、坝区暖、山区凉、高山寒。

3. 蒸发

蒸发时空分布不均。多年平均蒸发量为 1200～2200mm。蒸发量年内分配不均匀，主要集中在 2—8 月，占全年的 70% 左右，其中 3—5 月最突出。年内水面蒸发量变化为单峰型，干季月蒸发量大于湿季。

香炉山隧洞沿线气象站气象要素见表 6.1。

表 6.1　　　　　香炉山隧洞沿线气象站气象要素统计表

县（市、区）	降水量/mm		气温/℃			多年平均蒸发量/mm	多年平均风速/（m/s）	最多风向	年日照时数/h	相对湿度/%
	多年平均	最大一日	多年平均	极端最高	极端最低					
石鼓	753.7	136.6	12.0	32.0	−11.0	1166.4	2.5		2250	
丽江	972.0	106.0	12.6	32.3	−11.2	2130.8	3.3	W	2518	63
鹤庆	951.3	174.2	13.5	33.4	−11.4	2054.5	3.3	SW	2429	65

6.1.2.2　香炉山隧洞 2 号施工支洞地质条件

支洞位于中甸褶皱带（$Ⅲ_1$）所属的三级构造单元东旺—巨甸褶皱束内，紧邻龙蟠—乔后断裂。支洞在桩号 XJ2K1＋050.00～XJ2K1＋255.00 揭露龙蟠—乔后断裂带西支断裂（F10-1），支洞轴线与断裂带方向小角度相交。支洞区 50 年超越概率 10% 水平向地震动峰值加速度值为 0.3g，相应地震基本烈度为 Ⅷ度。

支洞布置于白汉场槽谷西侧山体内，洞轴向为 NE17°，与槽谷呈小角度斜交，沿线地面高程 2350.00～2508.00m，隧洞一般埋深 150.00～400.00m，最大埋深 420m，洞口至主洞高差约 340m。线路地表分布有吾都克沟和本木湾沟，均由西向东侧的白汉场槽谷排泄，仅雨季有水。

　　施工期揭露的绿帘石（石英）片岩与薄层状绿泥片岩呈软硬相间互层状或夹层状分布，裂隙以小锐角斜切层面的中～陡倾角裂隙为主，局部为裂隙性断层，带内岩质松软、破碎，洞室开挖多沿该类破碎带（夹层）发生掉块及小规模坍塌。另外施工揭露支洞从右壁桩号 XJ2K1＋030.00 处进入 F10-1 断裂影响带，从右壁桩号 XJ2K1＋160.00 进入 F10-1 主断带，主断带为角砾岩，局部见碎粉岩和绿帘（泥）石片岩碎裂岩、碎块岩，围岩总体较破碎，断层面产状呈倾向 260°～265°产出，倾角 64°～70°，面上见略倾向西的近水平擦痕，说明断层新近活动以左旋走滑为主兼正性。

　　根据现场地质编录，洞室围岩桩号 XJ2K0＋000.00～XJ2K0＋030.00 为强风化，桩号 XJ2K0＋030.00～XJ2K0＋134.00 为弱风化，桩号 XJ2K0＋134.00～XJ2K1＋217.50 为微新岩体，但微新岩体中局部有弱风化岩体发育。

　　香炉山隧洞 2 号支洞围岩分布统计见表 6.2。

表 6.2　　　　　　　　　　香炉山隧洞 2 号支洞围岩分布统计表

序号	分布桩号/m	长度/m	围岩等级	备注
1	XJ2K0＋0.00～XJ2K0＋50.00	50	V	
2	XJ2K0＋50.00～XJ2K0＋52.00	2	V	
3	XJ2K0＋52.00～XJ2K0＋91.00	39	IV	
4	XJ2K0＋91.00～XJ2K0＋112.00	21	V	
5	XJ2K0＋112.00～XJ2K0＋166.00	54	IV	
6	XJ2K0＋166.00～XJ2K0＋193.00	27	V	
7	XJ2K0＋193.00～XJ2K0＋216.00	23	IV	
8	XJ2K0＋216.00～XJ2K0＋231.00	15	V	
9	XJ2K0＋231.00～XJ2K0＋240.00	9	IV	
10	XJ2K0＋240.00～XJ2K0＋265.00	25	V	
11	XJ2K0＋265.00～XJ2K0＋275.00	10	IV	
12	XJ2K0＋275.00～XJ2K0＋285.00	10	V	
13	XJ2K0＋285.00～XJ2K0＋350.00	65	IV	
14	XJ2K0＋350.00～XJ2K0＋374.00	24	V	
15	XJ2K0＋374.00～XJ2K0＋387.00	13	IV	
16	XJ2K0＋387.00～XJ2K0＋395.00	8	V	
17	XJ2K0＋395.00～XJ2K0＋435.00	40	IV	
18	XJ2K0＋435.00～XJ2K0＋534.00	99	IV	
19	XJ2K0＋534.00～XJ2K0＋565.00	31	III	

续表

序号	分 布 桩 号/m	长度/m	围岩等级	备注
20	XJ2K0+565.00~XJ2K0+570.00	5	Ⅳ	
21	XJ2K0+570.00~XJ2K0+595.00	25	Ⅲ	
22	XJ2K0+595.00~XJ2K0+624.00	29	Ⅳ	
23	XJ2K0+624.00~XJ2K0+652.00	28	Ⅲ	
24	XJ2K0+652.00~XJ2K0+684.00	32	Ⅳ	
25	XJ2K0+684.00~XJ2K0+698.00	14	Ⅴ	
26	XJ2K0+698.00~XJ2K0+705.00	7	Ⅳ	
27	XJ2K0+705.00~XJ2K0+714.00	9	Ⅲ	
28	XJ2K0+714.00~XJ2K0+749.00	35	Ⅳ	
29	XJ2K0+749.00~XJ2K0+761.00	12	Ⅴ	
29	XJ2K0+761.00~XJ2K0+815.00	54	Ⅳ	
30	XJ2K0+815.00~XJ2K1+050.00	235	Ⅳ	
31	XJ2K1+050.00~XJ2K1+056.00	6	Ⅳ	
32	XJ2K1+056.00~XJ2K1+217.50	161.5	Ⅴ	
合计		1217.5		

6.1.2.3　香炉山隧洞 2 号施工支洞布置及结构设计

支洞进口布置在白汉场坝子西侧对民房影响较小的吾都克沟边，出口与主洞交接处位于 F10 龙蟠-乔后断裂上游围岩条件较好处，且与断层走向成较大夹角。

支洞进口高程 2372.00m，位于吾都克沟 20 年一遇水位以上；洞底与主洞桩号 DLI 011+837.53 相交，高程 2023.00m。支洞由水平段、井身段、井底车场段及岔洞组成，总长 1255.50m，倾角 17.63°。

支洞水平及井身段按"双线四轨车道"设计，并满足三臂台车、$3m^3$ 装载机及 15t 自卸车进入主洞内施工，同时满足风、水、电管线及人行道的布置要求，净断面尺寸为 6.5m×6.0m（宽×高）。车场段满足通风管、自卸车卸渣高度等要求，净断面尺寸为 6.5m×10.0m（宽×高）。

对Ⅲ类围岩采用挂网喷混凝土支护，并布置系统锚杆；对Ⅳ类、Ⅴ类围岩采用挂网喷混凝土支护，并布置系统锚杆和钢支撑支护及混凝土衬砌，其中Ⅳ类围岩段厚度为 0.6m、Ⅴ类围岩段厚度为 0.7m，混凝土强度等级 C30。

对于断裂及其影响带等自稳差或突泥、涌水等不良地质洞段，采用超前锚杆、超前注浆小导管以及超前注浆等预处理措施后再进行开挖。

支洞不同围岩类别典型结构如图 6.1～图 6.4 所示。

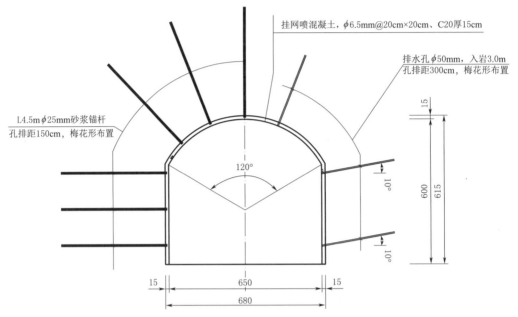

图 6.1　香炉山隧洞 2 号施工支洞Ⅲ类围岩典型结构图（单位：cm）

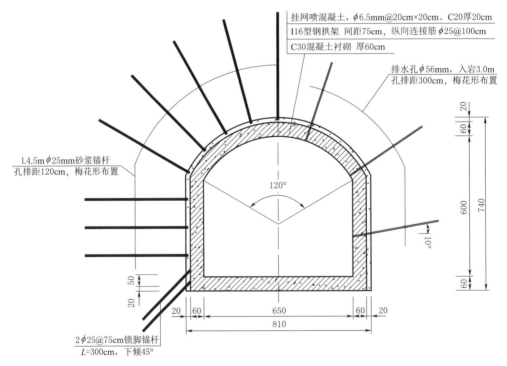

图 6.2　香炉山隧洞 2 号施工支洞Ⅳ类围岩典型结构图（单位：cm）

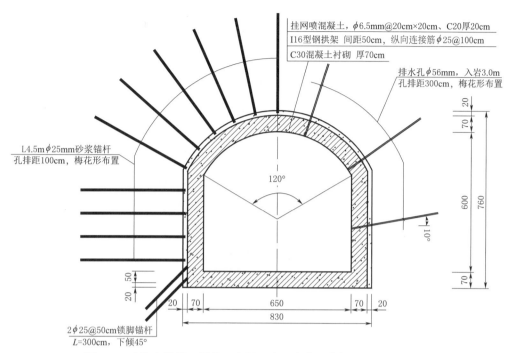

图 6.3　香炉山隧洞 2 号施工支洞 V 类围岩典型结构图（单位：cm）

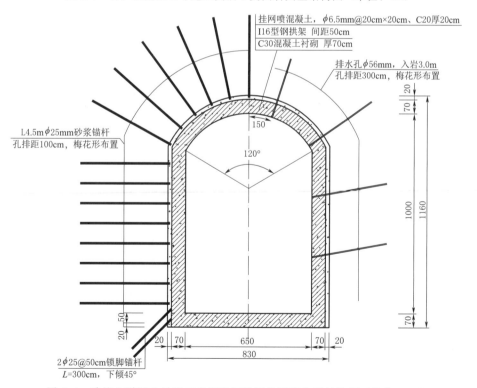

图 6.4　香炉山隧洞 2 号施工支洞车场段 V 类围岩典型结构图（单位：cm）

6.1.2.4 香炉山隧洞 2 号施工支洞施工方法

1. 施工特性

香炉山隧洞 2 号施工支洞（下称支洞）位于丽江市玉龙县九河乡关上村，施工期主要作为钻爆法处理 F10 龙蟠—乔后断裂及其影响带的施工通道，运行期作为检修、通风补气洞。支洞主要由井颈、井身及井底车场 3 部分组成，总长 1262m。其中井颈段长 30m；井身段长 1134m，倾角 17.65°，净断面尺寸为 6.5m×6.0m（宽×高）；井底车场为水平段，长 98m（含岔洞长 28m），净断面尺寸为 6.5m×10.0m（宽×高）。

2 号施工支洞总施工程序：井口明挖→进口段开挖及支护→井架及提升设备安装→井身开挖→井身混凝土衬砌施工→回填灌浆→固结灌浆。

2. 土石方施工

施工斜井洞脸开挖高度约 20～30m，开挖自上而下分层进行。覆盖层开挖采用 2.0m³ 挖掘机开挖；石方开挖采用台阶爆破，台阶高度 5～10m 左右，潜孔钻造孔，轮廓面光面或预裂爆破，开挖料直接作为洞口平台填筑料。洞口开挖后，随即安装井架和提升设备。

洞身 V 类围岩段施工程序为：局部超前锚杆/超前小导管预支护→井身开挖→初期支护施工→井身混凝土衬砌施工→回填灌浆；Ⅳ 类围岩段施工程序为：局部超前锚杆预支护→井身开挖→初期支护施工→井身混凝土衬砌施工→回填灌浆；Ⅲ 类围岩施工程序为：井身开挖→初期支护施工。

施工斜井井口施工平台场平及导流施工土方采用 1.0m³ 挖掘机开挖，石方采用手风钻钻孔，浅孔爆破开挖。预制涵管采用载重汽车运至现场，汽车吊吊装。平台回填采用场平开挖料及工程开挖料，推土机推料碾压，随来料逐步加宽形成施工平台。

3. 混凝土施工

2 号施工斜井衬砌从里向外进行，施工程序为：井底车场水平段顶拱侧墙衬砌→斜井段顶拱侧墙衬砌→井颈段顶拱侧墙衬砌→井底车场水平段底板衬砌→斜井段底板衬砌→井颈段底板衬砌。

2 号施工斜井底部平洞段采用人工立模浇筑，斜井段顶拱侧墙衬砌采用液压式钢模台车浇筑，顶拱侧墙浇筑完成后采用滑模浇筑底板。

混凝土运输可考虑混凝土泵接力运输或有轨牵引车运输的方式，考虑到钢

筋等物品的运输需采用轨道牵引车,为减少干扰,混凝土洞内运输浇筑采用混凝土泵接力。

4. 灌浆工程施工

(1) 超前帷幕注浆降水施工。超前帷幕注浆降水施工程序为:开孔、安装孔口管→钻注浆孔→压水试验→注浆→钻检查孔检查→补注浆液(未达到设计标准)→注浆结束。

灌浆孔直径为 100mm,采用 ZYG-150 型液压钻钻至设计深度,钻孔中如遇到破碎带岩层,可停止钻进,先进行注浆后,再钻孔。钻孔结束后进行压水试验,以确定灌浆参数。注浆设备采用全液压双液注浆泵,帷幕孔中未出现泥夹层或涌水量小于 30L/min 时,采用全孔一次注浆封孔;帷幕孔中有泥夹层或涌水量大于 30L/min 时,采取钻一段注一段的分段前进式注浆,直至终孔。注浆结束后采用检查孔钻取岩芯的方式对注浆效果进行检查,若未达到设计标准,则从新钻孔补注浆,直至达到设计标准。

(2) 径向注浆降水施工。径向注浆降水在衬砌及回填灌浆施工完后进行。在混凝土衬砌中预埋钻孔导管,潜孔钻钻孔,直径为 50mm。注浆采用搅拌机制浆、灌浆泵灌浆、灌浆自动记录仪与之配套使用,灌浆压力根据现场灌浆试验确定。注浆时由两侧对称的自下而上逐孔注浆,如有串浆或跑浆时,采用间隔注浆。注浆结束后迅速封堵注浆孔口,以防止为凝固浆液外流。

(3) 回填灌浆施工。回填灌浆必须待衬砌混凝土强度达设计强度的 70% 后,随衬砌次序跟进施工。回填灌浆孔预埋在拱顶中心角 120° 范围内,灌浆泵灌浆。回填灌浆时需控制好浆液水灰比和浆液温度,空隙较大部位应灌注水泥砂浆;若灌浆中断,要清洗至原孔深后恢复灌浆;若灌浆孔仍不吸浆,则重新就近钻孔进行灌浆。同时需注意控制好浆液从制备至使用完时间,确保浆材质量。

5. 通风

通风设计考虑人员用风、燃油机械排烟用风、爆破散烟用风、最小允许风速、最大允许风速等需求。经计算,由爆破散烟用风量控制,考虑海拔高度影响,2 号施工斜井掌子面需风量为 835m³/min,采用洞外风机配低阻软风管作压入式通风,考虑漏风系数、风压损失等因素,并控制管内风速。设备选用直径 1.0m 的软风管和 55kW×2 双级对旋式轴流风机(流量 1000m³/min,全压 4000Pa)。

6. 不良地质洞段施工技术措施

2 号施工斜井主要穿越三叠系中统下部(T_2^a)石英片岩、绿帘(泥)石片岩夹变质长石石英砂岩等，岩体呈薄层状，以较软岩—中硬岩为主，片理较发育，总体较破碎较完整，软岩大变形、高外水压力及涌（突）水问题总体上不突出。斜井洞底段 XJ2K 001＋051.00～XJ2K 001＋234.00 穿越龙蟠-乔后断裂带（F10）的角砾岩夹碎粒岩及碎粉岩，岩体较破碎，为碎裂结构，可能产生较大规模涌水突泥及较大范围洞室围岩变形。

不良地质洞段施工应严格遵循"管超前、严注浆、短进尺、强支护、早封闭、勤量测"的施工基本原则。

对开挖后围岩不能自稳，垮塌严重的洞段，采用超前锚杆、小导管超前预注浆加固后再开挖的顺序。开挖采用减少围岩扰动的开挖技术，如弱爆破技术开挖、人工开挖、人工风镐配合反铲开挖等方法，并且缩短开挖进尺。开挖方法可视围岩自稳能力状况，采用正台阶环形法或中隔墙法（CD 法）。

开挖后立即进行钢拱架等强支护措施、将超前支护与锚喷支护紧密结合，短导管均与型钢拱架联接成整体，更好地发挥联合支护作用。

在采用以上措施后仍不能满足施工期围岩稳定要求时，应采取边挖边衬的方法确保围岩稳定。

施工过程中进行变形监控量测，根据变形观测成果及时调整支护参数，防止收敛变形侵入二次混凝土衬砌断面。同时根据变形观测成果调整隧洞开挖预留变形量，改变施工方法，确保隧洞施工安全和进度。

6.2　隧洞施工风险粗评

根据本书第 5.2 节中介绍的风险粗评模型中所介绍的相关内容，对香炉山 2 号施工支洞进行风险粗评。

1. 围岩情况

香炉山 2 号施工支洞围岩分布见表 6.3，由表 6.3 可知隧洞Ⅳ类、Ⅴ类围岩长度占全隧长度 70% 以上。

表 6.3　香炉山 2 号施工支洞围岩分布统计表

围岩长度/m	等级/类		
	Ⅲ	Ⅳ	Ⅴ
	93	755	369.5
占比/%	7.64	62.01	30.35

2. 开挖断面

根据设计断面，隧洞洞身段 $39.90 \sim 57.04 \mathrm{m}^2$，属中断面；车场段 $90.24 \mathrm{m}^2$，属大断面。

3. 单工作面长度

香炉山 2 号施工支洞总长 1217.5m，根据现场施工组织计划，不进行分段施工，因此单工作面长度拟定为 1217.5m，属于长工作面长度。

4. 隧洞埋深

香炉山 2 号施工支洞全线一般埋深 150～400m，最大埋深约 420m，属于深埋隧洞。

5. 断面形式

香炉山 2 号施工支洞断面型式为城门洞型。

6. 施工条件

根据香炉山 2 号支洞洞口施工场地与地形，初步判断施工条件较差，施工条件属于困难。

综上所述，对香炉山 2 号施工支洞风险粗评打分见表 6.4，其风险粗评得分为 60 分，根据粗评标准，香炉山 2 号隧洞应进入风险专评。

表 6.4 香炉山 2 号施工支洞风险粗评打分表

评估指标		分 类	分值	打分	说 明
地质 $G=$ $a+b+c$	围岩情况 a	V 类、IV 类围岩长度占全隧长度 70% 以上	3～4	4	根据设计文件和施工实际情况确定
		V 类、IV 类围岩长度占全隧长度 40% 以上、70% 以下	2		
		V 类、IV 类围岩长度占全隧长度 20% 以上、40% 以下	1		
		V 类、IV 类围岩长度占全隧长度 20% 以下	0		
	有毒气体含量 b	隧洞洞身穿越有毒气体地层	2～3		
		隧洞洞身附近可能存在毒气体地层	1		
		隧洞洞身附近不会出现毒气体	0	0	
	富水情况 c	隧洞全程存在可能发生涌水突泥的地质	2～3	2	
		有部分可能发生涌水突泥的地质	1		
		无涌水突泥可能的地质	0		
开挖断面 A（按规范定义）		特大断面	4		
		大断面	3	3	

续表

评估指标	分类	分值	打分	说明
开挖断面 A（按规范定义）	中断面	2		
	小断面	1		
单作业面长度 L	特长	2		
	长	1	1	
隧洞埋深 D	超深	2		
	深	1	1	
断面形式 S	城门洞形	3	3	
	马蹄形	2		
	圆形	1		
施工条件 C	隧洞施工困难	2	2	从施工支洞形式/施工便道难易、地形特点、洞口开挖边坡高度等方面考虑
	隧洞施工较容易	1		

注　1. 指标取值针对单洞。
　　2. 表中"以上"含本数,"以下"不含本数。
　　3. 总体风险大小计算式为:$R=G(A+L+D+S+C)$。

6.3　隧洞施工主要风险源识别

根据滇中引水工程香炉山隧洞 2 号施工支洞工程地质情况,具体分析岩爆、大软岩变形、涌水突泥和高地温等主要施工风险因素。

6.3.1　岩爆

2 号施工支洞一般埋深 150～400m,最大埋深 420m,洞口至主洞高差约 340m。隧洞围岩主要为三叠系中统下部(T_2^a)绿帘石(石英)片岩夹薄层状绿泥片岩,深灰～灰绿色,以较软岩～中硬岩为主,岩体总体较破碎,局部较完整。施工阶段进行了取样岩矿鉴定,结果显示片岩主要为粒状变晶结构,片状或片理化构造,主要矿物成分石英含量 6%～45%,长石含量 0～14%,绿泥石含量 15%～30%,绿帘石含量 40%～50%。

依据《水利水电工程地质勘察规范》(GB 50487—2008)附录 Q 岩爆判别标准,按建议最大水平主应力方向侧压力系数($\sigma H/\sigma z$)取 1.2～1.4(即 400m以上取 1.4、以下取 1.2),硬质围岩岩石容重取 26.5kN/m³,饱和抗压强度(Rb)采用 80MPa。隧洞不同埋深地应力量级及岩爆分级与判别列于表 6.5。隧

洞埋深在 310～630m 时，可能发生轻微岩爆，埋深在 630～1250m 时可能发生中等岩爆，埋深大于 1250m 范围可能发生强岩爆。

表 6.5　　　　　　　隧洞不同埋深地应力量级及岩爆分级与判别表

岩体容重/(kN/m³)	隧洞埋深/m	侧压系数	最大围岩应力 σm 量级/MPa	岩石强度应力比（$Rb/\sigma m$）与岩爆分级	
				岩石强度 $Rb=80$MPa	
				比值	区间值与岩爆分级
26.5	100	1.4	3.7	21.6	>7
26.5	155	1.4	5.8	13.9	
26.5	230	1.4	8.5	9.4	
26.5	270	1.4	10.0	8.0	
26.5	310	1.4	11.5	7.0	4～7 轻微岩爆（Ⅰ）
26.5	470	1.2	14.9	5.4	
26.5	600	1.2	19.1	4.2	
26.5	630	1.2	20.0	4.0	
26.5	700	1.2	22.3	3.6	2～4 中等岩爆（Ⅱ）
26.5	800	1.2	25.4	3.1	
26.5	950	1.2	30.2	2.6	
26.5	1100	1.2	35.0	2.3	
26.5	1250	1.2	39.8	2.0	
26.5	1400	1.2	44.5	1.8	1～2 强烈岩爆（Ⅲ）
26.5	1450	1.2	46.1	1.7	
26.5	1512	1.2	48.1	1.7	

由于支洞最大埋深为 420m，大部分处于地下水位以下，且岩体因多期构造作用而较为破碎，硬岩岩爆问题不会很突出，但局部洞段发生轻微岩爆。

6.3.2　软岩大变形

支洞软岩主要为三叠系中统（T_2^a）薄～中层状绿帘（泥）石片岩和龙蟠-乔后断裂带（F10）。绿帘（泥）石片岩呈夹层状分布，据试验成果片岩饱和抗压强度均大于 10MPa；龙蟠-乔后断裂带（F10）内碎裂岩、角砾岩单轴饱和抗压强度 5～20MPa，碎粉岩单轴饱和抗压强度 1～2MPa。

根据地应力测试资料，参考香炉山隧洞围岩地应力场反演成果，隧洞最大水平主应力量值一般为 11～13MPa。根据相关规程、规范，支洞的软岩变形程度进行判别见表 6.6。

支洞在桩号 K1＋050 以前穿越三叠系中统（T_2^a）薄～中层状砂质绿帘石石英片岩、绿帘（泥）石片岩夹少量变质长石石英砂岩，少量绿帘（泥）石片岩为较软岩，呈夹层状分布。据试验成果，片岩饱和抗压强度均大于 10MPa，根据表 6.6 判别标准，支洞围岩（片岩）最大埋深 420m 范围内基本稳定。

表 6.6　　　香炉山隧洞 2 号施工支洞围岩软岩变形程度初步预测评估表

岩体容重/(kN/m³)	隧洞埋深/m	侧压系数	最大围岩应力量级/MPa	岩石强度应力比（$Rb/\sigma m$）与变形程度判别							
				$Rb=1$MPa		$Rb=5$MPa		$Rb=10$MPa		$Rb=15$MPa	
				比值	变形程度	比值	变形程度	比值	变形程度	比值	变形程度
25	24.8	1.4	0.9	1.15	无挤压	5.76	无挤压	11.52	无挤压	17.28	无挤压
25	64.0	1.4	2.2	0.45	轻微挤压	2.23		4.46		6.70	
25	74.5	1.4	2.6	0.38	中等挤压	1.92		3.84		5.75	
25	115.0	1.4	4.0	0.25		1.24		2.48		3.73	
25	124.0	1.4	4.3	0.23	严重挤压	1.15		2.30	无挤压	3.46	
25	190.0	1.4	6.7	0.15		0.75		1.50		2.26	
25	248.0	1.4	8.7	0.12	极严重挤压	0.58	轻微挤压	1.15		1.73	
25	320.0	1.4	11.2	0.09		0.45		0.89	轻微挤压	1.34	
25	400.0	1.2	12.0	0.08		0.42	中等挤压	0.83		1.25	
25	435.0	1.2	13.1	0.08		0.38		0.77		1.15	

支洞底部（桩号 K1＋050.00～1＋234.00）穿越 F10 断裂，埋深 380～420m，围岩为碎裂岩、角砾岩少量条带状碎粉岩，碎裂岩、角砾岩单轴饱和抗压强度按 5MPa 计算，岩石强度应力比 $0.30 \leqslant S < 0.45$，属于中等挤压变形，碎粉岩单轴饱和抗压强度按 1MPa 计算，岩石强度应力比为 $S \leqslant 0.15$，属于极严重挤压变形。

支洞主体部分软岩大变形问题总体上不突出，但在桩号 K1＋050.00～1＋234.00 段穿越 F10 碎裂岩、角砾岩时，会发生中等挤压变形，局部穿越 F10 断层破碎带（碎粉岩）时，叠加相对丰富的地下水影响，洞室围岩有产生较大变形的可能。实际施工过程中在进入 F10 断裂后发生了较大变形。

6.3.3　涌水突泥

6.3.3.1　水文地质情况

香炉山隧洞在白汉场水库以南斜穿白汉场槽谷，支洞在白汉场槽谷西侧以

NE17°方向接主洞。白汉场槽谷呈近南北向展布，槽谷地面高程 2300.00～2430.00m，白汉场水库北端为槽谷最高点，是金沙江与澜沧江的地形分水岭，沿该带分布有一小规模的岩溶水系统——白汉场岩溶水系统，香炉山隧洞 2 号施工支洞及香炉山隧洞与白汉场岩溶系统位置关系如图 6.5 所示。

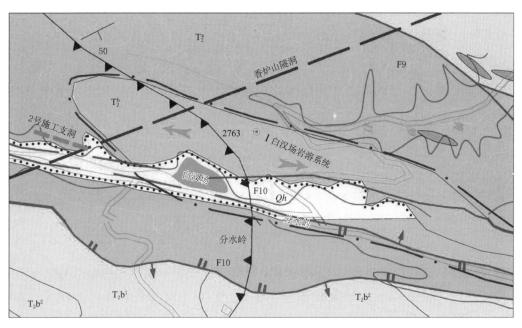

图 6.5　香炉山隧洞 2 号施工支洞及香炉山隧洞与白汉场岩溶系统位置关系示意图

白汉场岩溶水系统（Ⅰ）顺槽谷分布，地层岩性为扶仲向斜核部的三叠系中统（T_2^b）浅变质的灰岩、白云质灰岩等，属弱至中等岩溶地层，其下伏为三叠系中统（T_2^a）片岩、板岩夹变质砂岩等非岩溶地层。

白汉场岩溶水系统（Ⅰ）地表分布少量溶沟、溶槽，但未发现较大的岩溶洞穴，也无明显泉水点出露，前期钻孔孔深 370m（相应高程 2030.00m）揭示溶孔，泥质充填，规模不大；槽谷内湖积相上钻孔揭示地下水位 2343.00m 左右，其他部位地下水不丰。总体来看，白汉场岩溶水系统位于分水岭附近，总体岩溶发育程度不高，地下水不丰，该系统悬于香炉山隧洞洞身以上（高程 2200.00m 以上），平面上距离支洞最近端也有 1000m，对施工支洞的影响不大；且因槽谷内分布的巨厚湖积相黏性土层（厚度达 100m）起到了隔水作用，隧洞施工将不会对白汉场水库产生较大影响。

施工支洞主要穿越三叠系中统（T_2^a）片岩夹变质砂岩，以裂隙水为主，透水性较弱，地下水总体不丰；支洞后段穿越龙蟠-乔后断裂带西支（F10-1），带内岩体破碎，透水性相对较好，该断裂可能沟通上部岩溶水与盆地地下水，隧洞穿越可能产生洞室的渗水、涌水问题，因断裂带构造岩为片岩、砂岩夹少量灰岩组成的混合岩，以裂隙性地下水为主，施工过程中可能发生涌（突）水。

6.3.3.2　隧洞涌水量预测

根据地下水动力学法进行隧洞涌水预测计算，支洞一般单位长度涌水量为 $1.51\sim2.06m^3/$（$d\cdot m$），最大单位长度涌水量为 $1.96\sim3.23m^3/$（$d\cdot m$）。其中洞口～桩号 K1+050.00 段围岩主要为三叠系中统（T_2^a）片岩夹砂岩，该段一般单位长度涌水量为 $0.40\sim0.50m^3/$（$d\cdot m$），最大单位长度涌水量为 $0.50\sim0.90m^3/$（$d\cdot m$）；桩号 K1+050.00～洞底段围岩为龙蟠-乔后断裂带，该段一般单位长度涌水量为 $7.61\sim10.72m^3/$（$d\cdot m$），最大单位长度涌水量为 $9.82\sim16.29m^3/$（$d\cdot m$）。

根据数值法计算成果，按隧洞施工贯通后涌水量计算，支洞整洞段枯水期单位长度涌水量为 $2.91m^3/$（$d\cdot m$），丰水期单位长度涌水量为 $3.44m^3/$（$d\cdot m$）。其中洞口～桩号 K1+050.00 段围岩主要为三叠系中统（T_2^a）片岩夹砂岩，该段枯水期单位长度涌水量为 $1.33m^3/$（$d\cdot m$），丰水期单位长度涌水量为 $1.70m^3/$（$d\cdot m$）；桩号 K1+050.00～洞底段围岩为龙蟠-乔后断裂带，枯水期单位长度涌水量为 $14.48m^3/$（$d\cdot m$），丰水期单位长度涌水量为 $16.17m^3/$（$d\cdot m$）。

隧洞在 T_2^a 岩层中开挖时产生较大规模涌水的可能性不大，但在穿越 F10-1 时可能产生较大规模涌水突泥。

6.3.3.3　隧洞高外水压力预测

根据钻孔地下水位观测资料，P2ZK1、P2ZK2、P2ZK3 钻孔地下水埋深分别为 32.90m、10.01m、10.00m，分别高出支洞洞顶高度 29.00m、204.50m、365.43m，钻孔地下水位显示山体地下水埋深较浅。东侧的白汉场槽谷地下水位埋深也仅 38.50m（水位 2343.92m，据白汉场 XLZK4 钻孔），洞室后段存在 $200\sim350m$ 的水头差。

支洞主要穿越三叠系中统（T_2^a）片岩夹变质砂岩，以裂隙水为主，透水性较弱，地下水总体不丰，但穿越龙蟠-乔后断裂带内岩体破碎，透水性相对较好，支洞穿越时存在高水头地下水入渗洞室产生的渗水、涌水问题。

根据勘探资料，对支洞勘探钻孔部位、较大水头部位及断层带部位外水压力进行预测，香炉山隧洞 2 号施工支洞重点部位外水压力统计见表 6.7，结果显示支洞穿越 T_2^a 变质岩洞段总体高外水压力问题不突出，仅在穿越龙蟠-乔后断裂段（桩号 K1+050.00～K1+234.00）存在较高的外水压力问题，相应的外水压力值为 1.00～1.70MPa。

表 6.7　　　　　香炉山隧洞 2 号施工支洞重点部位外水压力统计表

位置	斜井桩号	地下水位/m	地下水水头/m	地下水储水类型与介质特征	岩体透水性/Lu	折减系数	外水压力/MPa
P2ZK1	K0+060.00	2391.20	30	绿帘（泥）石片岩	$1 \leq q < 5$	0.2～0.3	0.06～0.09
P2ZK2	K0+500.00	2432.12	206	（绿帘石）石英片岩	$1 \leq q < 5$	0.2～0.3	0.40～0.60
较大水头部位	K0+800.00～K1+050.00	2380～2420	280～330	变质长石石英砂岩夹绿帘（泥）石片岩	$1 \leq q < 5$	0.2～0.3	0.60～1.00
F10	K1+050.00～K1+234.00	2370～2390	330～350	碎裂岩、角砾岩	$10 \leq q < 100$	0.3～0.5	1.00～1.70

综上，龙蟠-乔后断裂东支（F10-1，桩号 K1+050.00～K1+234.00）断层带宽大，岩体破碎、脉状富水，隧洞穿越时的硐室涌水、突泥与高外水压力问题较为突出。

6.3.3.4　施工期突涌水对比分析

支洞单位涌水量为 1.23m³/（d·m），与地下水动力学法预测值 [1.51～2.06 m³/（d·m）]基本一致，比数值法预测值[2.91m³/（d·m）]偏小。目前整个洞室实际涌水量与勘察资料预测涌水量基本相当[均属于 0～3m³/(d·m)涌水范围]。

龙蟠-乔后断裂带目前单位涌水量约为 2.6 m³/（d·m），比勘察阶段的涌水量预测值要小许多[地下水动力学法：10.72～13.81 m³/（d·m），数值法：14.48 m³/（d·m）]，分析其原因主要与断层构造岩碎粉岩的隔水作用有关，隧洞一旦揭穿该隔水层发生涌突水的风险将骤增。

6.3.4　高地温

对 2 号施工斜井附近 TSZK53、XLZK2、P2ZK3 钻孔进行井温测试。结果显示，TSZK53 钻孔实测地温随深度增加呈递减趋势，XLZK2、P2ZK3 钻孔实测地温随深度增加呈逐渐上升态势，深度 0～380m 范围内实测温度 16.5～21.2℃，增温梯度一般为 0.45～1.27（℃/100m）。地温水平总体正常。

6.4　隧洞施工风险专评

6.4.1　隧洞风险分段

香炉山隧洞 2 号施工支洞总长 1217.5m，根据现场施工组织计划，不进行分段施工。

6.4.2　专项风险评估指标体系

基于对香炉山隧洞 2 号施工支洞的主要风险源识别，可拟定隧洞的专项风险指标体系如图 6.6 所示。

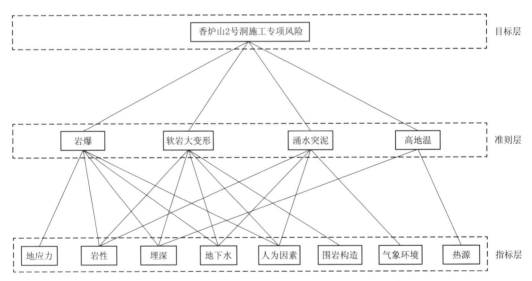

图 6.6　香炉山 2 号隧洞施工专项风险评估指标体系分解图

6.4.3　隧洞专项风险概率分析

根据香炉山隧洞 2 号施工支洞特性及具体情况，可评估出其施工专项风险各项指标因子参数，见表 6.8。

表 6.8　　　　　　　　　香炉山隧洞 2 号施工支洞各指标因素参数

序号	指标层影响因素	量化参数值	序号	指标层影响因素	量化参数值
1	地应力	0.56	5	人为因素	0.21
2	岩性	0.72	6	围岩构造	0.65
3	埋深	0.78	7	气象环境	0.32
4	地下水	0.89	8	热源	0.12

根据施工专项风险各项指标因子参数，应用表 4.11 隶属度函数，可计算出各指标因子对于不同概率等级的隶属度，见表 6.9。

表 6.9　　　香炉山隧洞 2 号施工支洞施工专项风险各因素指标模糊评估矩阵

因素指标		风险等级	5	4	3	2	1
香炉山隧洞 2 号施工支洞施工专项风险	岩爆	地应力	0	0.1	0.9	0	0
		岩性	0	1	0	0	0
		埋深	0.3	0.7	0	0	0
		地下水	1	0	0	0	0
		人为因素	0	0	0	0.6	0.4
	软岩大变形	岩性	0	0.1	0.9	0	0
		埋深	0.3	0.7	0	0	0
		地下水	1	0	0	0	0
		人为因素	0	0	0	0.6	0.4
		围岩构造	0	1	0	0	0
	涌水突泥	岩性	0	0.1	0.9	0	0
		地下水	1	0	0	0	0
		人为因素	0	0	0	0.6	0.4
		气象环境	0	0	0	1	0
	高地温	埋深	0.3	0.7	0	0	0
		热源	0	0	0	0	1

根据调查分析，按照本书第 5.3.3.1 节确定香炉山隧洞 2 号支洞指标层各指标因子对准则层各因素的权重与各个因素对目标层的权重，见表 6.10。由分析表可知，在准则层，岩爆风险发生率最大隶属度为 0.4536，风险发生率级别为 2 级；大软岩变形风险发生率最大隶属度为 0.5032，风险发生率级别为 4 级；涌水突泥风险发生率最大隶属度为 0.5316，风险发生率级别为 3 级；高地温风险发生率最大隶属度为 0.65，风险发生率级别为 2 级；目标层，隧洞专项施工

风险发生率最大隶属度为 0.3928，风险发生率级别为 3 级。

表 6.10　　　　　　香炉山隧洞 2 号施工支洞施工专项风险评估表

风险评估种类	权　重　值	风　险　值
岩爆风险评估	$W_1 = (0.2713, 0.252, 0.1207, 0.2365, 0.12)$	$B_1 = (0.272, 0.364, 0.244, 0.072, 0.048)$
大软岩变形风险评估	$W_2 = (0.2020, 0.2507, 0.2830, 0.0930, 0.1713)$	$B_2 = (0.358, 0.367, 0.182, 0.056, 0.037)$
涌水突泥风险评估	$W_3 = (0.2713, 0.3720, 0.1207, 0.236)$	$B_3 = (0.372, 0.027, 0.244, 0.308, 0.048)$
高地温风险评估	$W_4 = (0.4068, 0.5932)$	$B_4 = (0.122, 0.285, 0, 0, 0.593)$
专项施工风险评估	$W = (0.3298, 0.3387, 0.2018, 0.1297)$	$B = (0.302, 0.287, 0.191, 0.105, 0.115)$

6.4.4　隧洞专项风险损失分析

根据本书第 4.3.3.2 节机制，对香炉山隧洞 2 号施工支洞风险损失程度进行调查，见表 6.11。

表 6.11　　　　香炉山隧洞 2 号施工支洞施工风险损失程度调查统计表

风险损失程度		轻微的	较大的	严重的	很严重的	灾难性的
调查统计占比	岩爆风险损失	0.1	0.1	0.5	0.2	0.1
	大软岩变形风险损失	0.2	0.2	0.15	0.35	0.1
	涌水突泥风险损失	0.3	0.2	0.2	0.2	0.1
	高地温风险损失	0.5	0.2	0.1	0.1	0.1

香炉山隧洞 2 号施工支洞的风险损失向量为：$Z = (3.1, 2.95, 2.6, 2.1)$，确定香炉山隧洞 2 号支洞准则层各风险因素对目标层的权重向量为 $W = (0.33, 0.21, 0.36, 0.10)$，香炉山隧洞 2 号支洞综合风险损失 $z = ZW^T = 2.79$。

6.5　隧洞施工风险分级

6.5.1　施工风险粗评分级

香炉山 2 号施工支洞风险粗评分值为 48，属于粗评风险的 Ⅲ 级，根据粗评标准，香炉山 2 号隧洞应进入风险专评。

124

6.5.2 施工风险专评分级

利用风险矩阵法构造深埋长隧洞施工专项风险的风险等级矩阵,可得到香炉山2号施工支洞施工风险分级,见表6.12。香炉山2号施工支洞施工风险分级如图6.7所示。

表6.12　　　　　　香炉山2号施工支洞施工风险分级表

风险分析层级	风险分析项	风险发生率等级	风险损失等级	施工风险综合等级
准则层	岩爆风险	可能	很严重的	4级（极高）
	软岩大变形风险	可能	严重的	3级（高度）
	突水涌泥风险	很可能	严重的	4级（极高）
	高地温风险	很不可能	严重的	2级（中度）
目标层	施工专项风险	很可能	严重的	4级（极高）

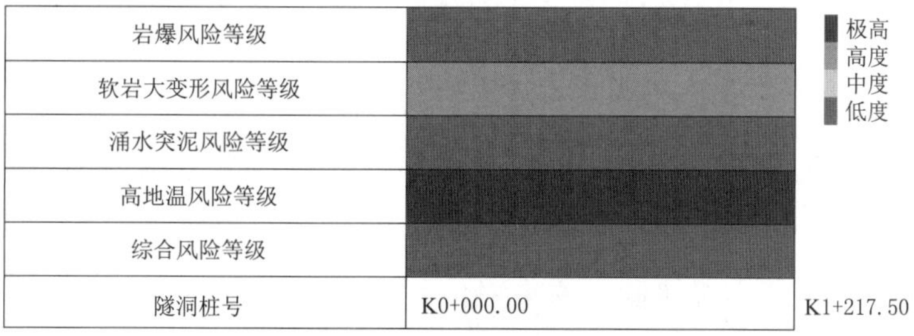

图6.7　香炉山2号施工支洞施工风险分级图

第7章 风险控制

7.1 风险控制策略

7.1.1 风险控制的含义及等级

风险控制是对项目风险提出处置措施和办法，实行分级管理。风险等级越高，采取的对策措施越强。根据风险可接受程度，参照本书第6章施工风险分级，风险控制对策措施可分为4级：

（1）Ⅰ级为可容许风险，风险属于可接受范围，对应于风险分级中的低度风险。由于风险防范需要付出相当大的成本，对可接受范围内的风险，因不会引起太大损失，可不采取防范和规避措施，而是把有限的资源用于应对其他更重要的风险上去。故Ⅰ级风险的主要对策策略是关注。

（2）Ⅱ级风险为一般风险，对应于风险分级中的中度风险，其对策策略为监控，必要时采取措施进行风险控制。

（3）Ⅲ级风险为较大风险，对应于风险分级中的高度风险，须给予充分重视，需采取预防、消除、规避风险事故发生的措施。

（4）Ⅳ级风险为重大风险，对应于风险分级中的极高风险，必须给予高度重视，需果断采取紧急措施规避风险，同时准备好应急预案，一旦发生险情，及时开展补救措施。

根据风险分级采取的风险对策见表 7.1。

表 7.1　　　　　　　　　风险事件等级对策标准

风险等级	Ⅰ（轻度）	Ⅱ（中度）	Ⅲ（高度）	Ⅳ（极高）
风险描述	可容许风险	一般风险	较大风险	重大风险
风险对策	关注	监控	采取措施	采取紧急措施

7.1.2 风险控制的手段

风险控制手段主要有减轻风险、预防风险、回避风险、转移风险、接受风险等。

1. 减轻风险

减轻风险是指通过缓和或预知等手段，降低风险发生的可能性或减缓风险带来的不利后果，以达到减少风险的目的。其有效性在很大程度上取决于风险是已知风险、可预测风险还是不可预测风险。

2. 预防风险

预防风险是一种主动的风险管理策略，包括有形和无形两种手段。有形手段是指采用工程技术手段消除物质性风险威胁。无形手段是指通过对相关工程技术人员进行风险教育，以制度化的方式从事项目活动，遵循法律、法规等基本程序，防止和消除风险。

3. 回避风险

回避风险是指当项目风险发生可能性较大，不利后果较严重，技术上无策略减轻风险时，主动放弃项目或改变项目目标，从而规避风险的一种策略。

4. 转移风险

转移风险是将风险转移至参与该项目的其他人或组织，又称合伙分担风险。其目的不是降低风险发生的概率和减轻不利后果，而是在风险事故一旦发生时将损失的一部分转移到有能力承受或控制项目风险的个人或组织。当资源有限，不能实行减轻和预防策略，或风险发生频率不高，但潜在损失较大时可采用此策略。

5. 接受风险

接受风险是指有意识地选择承担风险后果。接受风险可以是主动的，也可以是被动的。由于在风险规划阶段对一些风险已有准备，所以当风险事件将发生时立即执行应急预案，这是主动接受。被动接受风险是指在风险事件造成的损失数额不大，不影响大局时，将风险损失列为项目的成本和费用。

7.1.3 深埋长隧洞风险控制原则

影响隧洞施工风险的因素很多，客观的因素是隧洞所处的地质条件和自然环境，而主观的因素则是人对地质的认识能力和改造环境的能力。风险管控应贯穿于隧洞设计和施工的全过程，根据施工具体条件实施动态管理是施工风险控制的重要手段。对隧洞施工风险管控，应从以下几个方面着手。

（1）采用先进预测技术，及时反馈信息，为降低风险发生概率提高信息保证。在长期的工程实践中，施工单位在隧洞施工方面积累了丰富的经验，认识到了"动态化设计，信息化施工"的重要性。在一些地质条件复杂或重要的隧洞，相关单位开展技术攻关，研制实用的预测仪器，开发先进的预测预报技术，为隧洞工程施工实施信息管理提供技术支持，为防范风险提供可靠的信息保证，可有效降低风险发生的概率。

（2）选择科学、合理的施工方法，为化解风险提供技术保证。选择施工方法应以地质条件为主要根据，结合隧洞长度、断面尺寸、结构类型、工期要求、施工技术力量、机械设备情况和经济效益等综合确定。对地质变化较大的隧洞，选择的施工方法应有较大的适应性，以便在围岩条件变化时及时调整施工方法而较少地影响施工进度。调整施工方法时，应有过渡措施。随着隧洞工程施工技术的进步，新的施工方法层出不穷。事实证明，采取科学、合理的施工方法不但可化解因"地质条件的变化和对地质认识能力不足"带来的风险，还能够锻炼队伍，提高企业的管理水平，增强企业抵抗风险的能力。

（3）建设一支懂管理、精技术、高素质的人才队伍，实施动态管理。建设一支懂管理、精技术、高素质的人才队伍，是实现隧洞风险控制的智力保障。静态管理条件下，现场施工单位的技术人员在发现地质条件与设计有出入时，仅有提出变更的权利，而没有实施变更的决定权利。一项变更经施工单位提出，设计、监理单位现场查勘研究后再决定需较长时间，有时会因为决定延误或判断失误造成不可挽回的损失。

动态管理条件下，由于隧洞地质条件和环境条件难以预测，设计单位只提供"预设计"图纸。在施工过程中，施工单位可根据现场采集的各类信息，及时修正"预设计"，动态控制施工全过程，使设计和施工有机结合。即信息准确，反馈及时，措施适应，决策到位。要做到这一点，需满足以下条件：首先应配足各类专业技术人员，且专业技术人员须在隧洞施工中具有丰富经验。其次，要赋予现场施工人员足够的决策处理权力。一些定量的信息可通过先进的预测技术取得，但由经验和教训组合成的知识信息则需在实践中不断总结才能获得；而正确地判断现场反馈的信息，并果断地采取措施，对施工风险控制十分重要。

7.1.4　深埋长隧洞整体风险控制体系

深埋长隧洞安全风险控制体系是一个动态循环体系。为保证隧洞施工安全，减小施工风险，需加强超前地质预报和风险监测，提出岩爆、软岩大变形、突泥涌水、有毒有害气体及高地温、放射性物质等风险控制措施和应急处理措施，建立风险控制体系。

深埋长隧洞整体风险控制体系基于动态反馈设计和信息化施工。由于隧洞地质条件复杂多变，深埋长隧洞施工风险控制体系可按"设计（风险应急预案）—风险管控—施工准备—超前地质预报—现场监测—应急处理（预防措施）—计算分析复核—修正设计—恢复重建"的流程进行；设计和施工各个环节允许有交叉和重复，隧洞动态反馈设计和信息化施工以超前地质预报和现场监测为基础，借助计算机技术进行风险分析，并结合实际施工经验对预设施工方案和安全预案进行分析评估，以指导施工。风险管控流程如图 7.1 所示。

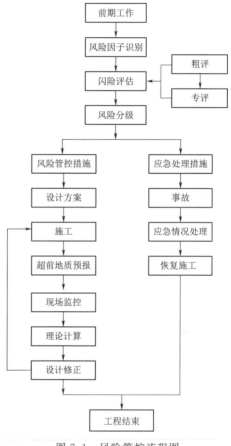

图 7.1　风险管控流程图

7.2　超前地质预报

7.2.1　超前地质预报应用现状

超前探测和地质预报在煤矿生产中应用较早，随着铁路、公路、水利、军事和城市地下工程建设的飞速发展，地下地质灾害超前预报在隧洞施工中的应用越来越广泛。超前探测的发展趋势是探测方法综合化，仪器设备安全、轻便化,理论模拟三维化,资料处理可视化,在不断提高超前探测精度和准确性的前提下,试图增大超前预报的距离,提高预报的准确率,为隧洞工程防灾、减灾和施工风险控制提供科学依据。

7.2.1.1　国外应用概况

早在 20 世纪 50 年代,苏联学士就开始研究将直流电法用于煤矿井下探测,经过多年的探索,积累了丰富的经验,成功解决了与矿山安全生产相关的多种地质问题。

TSP 技术由瑞士安伯格公司开发,是一种用于隧道超前地质预报的系统方法,经多年发展已应用于钻爆法施工,经改进后也可应用于 TBM 施工隧洞。21 世纪初,美国 NSA 工程公司开发出 TRT 技术,即"真正反射层析成像",首次实现了对地质体的三维观测,目前在日本、澳大利亚和我国隧洞工程中应用较多。

不同于地震波法,德国公司研发了 BEAM 电法技术。BEAM 技术集成了探测装备、信号接收器与掘进机装备,使其一体化,实现了自动测量,工作效率大幅提高,已成功应用于掘进机环境中的超前地质预报。

地质雷达法是目前分辨率最高的地球物理探测方法,源于欧美的航天探空雷达技术,虽然早在 1910 年德国学者就提出了利用雷达原理探地,但 20 世纪 70 年代以后,探地雷达的实际应用范围才得以扩大。近年来也被用于隧洞超前预报工作。地质雷达目前探测的距离较短,大约在 20～30m 以内。

7.2.1.2　国内应用现状

我国的超前探测和地质预报最早也是应用于煤矿生产中,自 1958 年我国首次开展井下电法试验以来,到 20 世纪 80 年代后期,相关单位相继开展了大量的矿井直流电法试验研究和实际应用工作,在模拟实验、现场探测、仪器开发、理论研究等方面取得了许多经验和成果。70 年代初我国开始研制探地雷达,1987 年从德国引进槽波地震勘探技术,1988 年由日本引进瑞雷波法,1991 年成功研制了瞬态震源 MRD - 1 型瑞雷波探测仪。

20 世纪 80 年代,隧洞工程界开始尝试将物探类方法引进隧洞超前地质预报中。衡广复线大瑶山隧洞开展了地质法和声波透射法超前地质预报技术,在大秦线军都山隧洞施工中,实现了我国第一次真正的超前地质预报工作;

1991—1995 年铁道部组织了 11 个单位、设立了 6 个子课题，经过 5 年的攻关，采取了非常严格的管理方法，最终选定地震反射负视速度法和陆地声呐法作为主要方法，地质雷达等作为辅助方法对隧洞进行超前地质预报。

1996 年铁道部隧道工程局首次引进 TSP202，应用于深圳中东部供水水源隧道、梅坎铁路松南隧道、内昆线闸上隧道、朱嘎隧道等。近些年一些公路、勘测部门和高校也先后引进了 TSP202、TSP203 系统，并成功地应用于几十个工程中。

进入 21 世纪，我国西部地区全面开展基础设施建设。由于地质条件复杂，岩溶、突水突泥等问题严重，"隧洞施工时掌子面前方不良地质预报"问题再次引起关注。北京市水电物探研究所根据隧洞地质超前预报和隧洞地质检测两方面的需要，开发了 TGP12 多功能隧洞地质超前预报与检测仪；中铁西南科学研究院在"HSP 水平声波剖面法"基础上进行技术改进，提出了"HSP 声波反射法"，利用发射波的反弹回传来探知前方岩层信息，经过多年研究发展，相关技术已经成功应用于实际工程。

对于围岩应力集中，岩爆高发的隧洞，微震监测技术是能成功进行预报的方法，它利用地球物理技术进行监测，一旦岩体发生破坏，便能实现对其破坏状况的预报。

掘进机隧洞超前地质预报除了地球物理探测方法外，一般在掘进机前盾体与后盾体的连接处都装配有快速超前地质钻机。由于钻机位于刀盘后方，无法沿掘进正前方钻探，且与隧洞轴线有夹角，所以预报过程存在很大的盲区。利用掘进机破岩震动激发的被动源地震波法，并采用 2～3 种探测技术联合反演或解译，将会在很大程度上提高 TBM 施工超前地质预报的精度。在定量化、快速化和自动化的更高要求下，超前地质预报仪器与掘进机设备的一体化和探测自动化是以后科研人员、掘进机生产商以及施工单位联合攻关的重点方向。

隧洞施工中遇到的软弱构造带、岩溶、瓦斯气体等，是超前地质预报中的重点和难点，尤其是几种地质问题同时出现以及地下水丰富的情况下，预报精确度将降低；其次隧洞内空间有限，施工器械摆放干扰大，使得一些仪器架设较为困难，也导致预报成果可靠性降低；另外超前地质预报结果的分析对工作人员要求较高，通过图形或数据解读具体的地质条件需大量的知识与经验，是超前地质预报技术应用中的一个问题。做好隧洞地质灾害超前预报工作依然任重道远。

7.2.2 地质预报内容

隧洞超前地质预报是为了对施工掌子面前方的地质信息进行收集，提前预知不良地质体的位置，以更好指导隧洞施工开挖。主要目的是预报掌子面前方岩性变化和不良地质体的范围、规模、性质，从而降低突水突泥、坍塌、岩爆、岩溶等地质风险的发生概率，并为工程施工提出预防措施。

隧洞施工超前预报的主要内容一般包括：

（1）水文地质预报：探测岩溶位置、规模，判断其充填物性质，对隧洞内可能突发涌水的位置及其含水量的大小进行预报，评估其对周围环境、水文条件的影响。

（2）断层及其破碎带的预报：预报掌子面前方一定范围内有无软弱夹层、断层破碎带等，并查明其范围、规模；对可能发生断层的位置、是否有充填物、是否充水进行预报，并判断其稳定性，提出应对方案。

（3）围岩类别及其稳定性预报：对施工前方的围岩类别进行探测预报，对比实际勘察结果，判断其稳定性。

（4）危害气体预报：对隧洞内有害气体成分、含量及动态变化等进行探测预报。

7.2.3 地质预报方法

隧洞超前地质预报方法目前包括地质法、石碴分析法与掘进参数分析法、物探法、数值模拟法和综合法等。

7.2.3.1 地质类方法

地质类方法利用地面地质工作的资料及隧洞施工中掌子面地质资料进行分析，掌握隧洞穿过段岩体的地质格局，概略地预报地质界线、大型断层、主要涌水段、破碎岩体、围岩级别等。

1. 工程地质调查、推断

工程地质调查、地质编录与推断是传统的隧洞地质超前预报技术。通过地表和隧洞内的工程地质调查、编录与分析，了解隧洞所处地段的地质结构特征，推断前方地质构造发育情况。调查内容包括：地层与岩性产出特征；断裂构造与节理发育规律；岩溶发育部位、走向、形态等。根据地质调查结果结合施工开挖断面揭露的地质信息，预测隧洞开挖面前方可能出现的不良地质的类型、部位、规模，以便隧洞施工中采取合理的工艺与措施，避免事故发生。在隧洞埋深较浅、构造比较简单的情况下，这种预报方法有很高的准确性，目前这种方法仍在使用。

2. 超前钻探

掘进机在施工过程中经常需停机检修，在检修暂停期间，掘进机上配备的多方向支撑液压超前地质钻机可进行超前钻探，预测可能影响掘进的异常情况。在秦岭隧洞、引大入秦隧洞、山西引黄隧洞的超前地质预报中均运用该法对断层破碎带及其影响带、溶洞、异常地下水等不良地质进行了预报。超前钻探地质预报可通过两种手段进行分析：①只钻孔不取芯的冲击钻探；②取岩芯的地质钻探。只钻孔不取芯的冲击钻探是利用等长度钻深所用时间随岩体硬度增大而增大的原理，通过检测钻进一定长度所用时间来获取前方岩体信息，一般超前钻探 20～30m。

7.2.3.2　石碴分析法与掘进参数分析法

1. 石碴分析法

石碴分析法是对 TBM 施工产生的石碴进行分析的方法。掘进机施工过程中将掌子面前方岩体破碎成大小不同的岩块，岩块的主要成分是片状、块状和粉状岩渣。围岩条件不同，岩块破碎产生的粒径不同，各部分在开挖岩块中所占的比例也不同。在岩块中，因为掘进机挤压破碎而产生的破裂面一般都是岩体中的薄弱面和节理面，通过观察岩块中破裂面的情况可得知隧洞围岩的初步情况。根据观察可判断节理的张开程度，得到岩体的结构情况，并可对渣料的组成及各个成分的含量、节理发育、渣料中岩块的风化及其含水情况等作出描述。对运渣机上的岩渣进行观察，可进一步获得开挖岩体的结构特征，包括：岩石矿物成分、软硬情况、构造、风化特征等。如果 TBM 掘进机破岩产生的石碴比较均一，岩块节理裂隙少，且表面光滑，相对不是很潮湿，则可以认为掌子面前方岩体状况良好。

2. 掘进参数分析法

TBM 的掘进参数也可以反映围岩地质状况。TBM 掘进参数主要包括刀头推力（kN）、马达电流消耗（kW）、推进油缸压力（MPa）及刀盘扭矩（N·m）

等。开挖面前方的地质状况不同，掘进机在掘进过程中的掘进参数也会随之发生变化，这些数据能够在一定程度上反映前方的地质情况，对以上参数进行数据编录，通过类比来预测开挖面前方岩体的特征。

在实际工程中，通常根据不同围岩类型、渣料和 TBM 掘进参数不同的对应关系，可对掌子面周围围岩的情况作出初步探测预报。但对于隧洞开挖周围岩体地质条件变化相对较大的区域，还需结合区域地质勘探资料分析，并采用多种方法相结合进行探测，才能对隧洞周围地质情况作出详细的预测。

7.2.3.3　物探类方法

物探类方法种类较多，分为电法、电磁法、地震波法、声波法和红外线法等。具体包括地质雷达、TSP 地震反射波法、TRT 反射地震层析成像方法、HSP 声波反射法、LDS 陆地声呐法、瞬变电磁法、BEAM 电法、红外线探水预报法等。

1. 地质雷达预报法

地质雷达也称探地雷达，通过定向发射和接收高频电磁波来实现探测目的，是目前工程地球物理方法中分辨率最高的探测方法之一，在地质勘探中被广泛采用。地质雷达探测能较好地识别开挖面前方的围岩变化、构造带特别是饱水破碎带和空洞。因此，在深埋、富水隧洞和溶洞发育洞段，应用探地雷达是一种较好的预报手段。但目前探地雷达的探测距离较短，一般在 20～30m 以内，对于长隧洞的预报只能进行短距离的分段预报；同时雷达探测易受隧洞侧壁、机电设备和金属构件等产生的反射干扰，处理分析中要特别注意剔除干扰。

2. TSP 地震反射波法

TSP 是瑞士安伯格公司 20 世纪 90 年代初期研制的一套超前预报系统设备。这种预报方法根据地震波反射原理，能长距离预报隧洞掌子面前方的地质变化情况，预报范围大于 150m。到目前为止，TSP 技术已经广泛应用于隧洞工程施工。

3. TRT 反射地震层析成像方法

TRT 也是基于地震反射原理，但其在观测系统的布置和数据资料的处理上与 TSP 等地震反射预报法有较大不同。TRT 的观测系统布置呈空间分布，采用空间多点激发和接收，充分获得空间波场信息，提高了波速分析和不良地质体定位的精度。在观测系统的布置和数据资料的处理方面有明显的改进。TRT 资料处理分析的主要技术环节是速度扫描和偏移成像，不需读数时进行反演。

4. HSP 声波反射法

HSP 声波反射法是中铁西南科学研究院有限公司在"HSP 水平声波剖面法"基础上改进的地质超前预报技术，早期应用于钻爆法隧洞施工超前地质预报。2004 年，在大伙房水库特长隧洞 TBM 突破不良地质地段的地质超前预报研究中，HSP 声波反射法首次得到应用。

5. LDS 陆地声呐法

陆地声呐法也是我国较早进行隧洞超前地质预报的一种方法，是一种极小偏移距单点反射连续剖面法。探测时在隧洞开挖面上布设测量剖面，测点点距 30cm 左右，用锤击方式激发地震波，在激震点旁设置检波器接收被测物体的反射波，得到各测点的反射波时间剖面，根据反射波同相轴的形态特征和频谱变化解释推断构造、岩层界面、岩脉、饱水体、溶洞等不良地质体。

6. 瞬变电磁法

瞬变电磁法的基本原理是电磁感应定律，属于时间域电磁感应法。它利用不接地回线向地下发送一次脉冲磁场，地质体在发射的脉冲磁场的激励下内部产生涡流，地质体的导电能力越强，感应涡流越强。在一次场消失后，感应涡流不会立即消失，在过渡过程中会产生一个衰减的二次场继续向地下传播。利用设置在地表的接收线圈接收二次磁场，二次磁场的变化将反映地下介质具体情况。

7. BEAM 电法

BEAM 法能够在隧洞施工过程中持续进行数据的采集，可在掌子面前方 3 倍洞径范围内进行探测，并能够进行数据的自动采集和评估处理，预测结果可以实时显示，所以能够做到在施工现场及时发现前方存在不良地质体，更好地满足隧洞快速掘进的要求。

8. 红外线探水预报法

地质体向外发射红外辐射时，必然会把其内部的地质信息以红外电磁场的形式传递出来。红外探测法就是通过接收和分析开挖面前方、侧壁、拱顶、隧底围岩红外辐射信号进行超前地质预报的一种物探方法。

7.2.3.4 数值模拟方法

由于计算机技术的发展，数值模拟成为工程模拟分析的重要手段，常用有限元、离散元、边界元、有限差分法等方法。

地质环境与地质灾害评估需要研究的变量关系较多且错综复杂，很多学者对各种因素综合考虑进行隧洞地质超前预测预报，对超前地质预报的发展也起到了积极的作用，这些方法主要有人工神经网络法、神经网络法、基于支持向量机算法和基于模糊数学的模糊综合评判等。

7.2.3.5　综合方法

要提高超前预报的可靠性和精度，须引入新的超前预报理念和技术，对现有的预报方法进行改进和完善，综合超前预报技术就成了隧洞超前预报方法的一大发展趋势。对于隧洞综合超前地质预报体系，王梦恕教授提出应遵循"洞内外结合，以洞为主；长短结合，以短为主"的原则。综合超前预报技术结合了以下内容：

（1）不同物探方法相结合，即地震方法与电磁方法相结合。以往的方法多采用地震方法，地震方法对地质体的完整性和力学强度的差异反应敏感，对软弱构造带、断层、溶洞、破碎带等不良地质体的预报效果较好，但对前方围岩含水性的问题不能很好地解决。电磁方法对地质体的电导率、介电常数的差异反应敏感，能准确探测和预报前方围岩富水地段和饱水破碎体的位置及范围，利用电磁法探测，通过岩体的电导率变化能灵敏地反映岩体含水性的不同。地震方法与电磁方法结合，对低波速、低电阻率的"双低"区进行重点分析可确定饱水断层带、破碎带和富水溶洞的位置，对围岩含水构造和富水洞段作出较准确的预报。

（2）隧洞内探测与地表探测和调查相结合。隧洞内的构造发育与隧洞区域构造有很大的相关性，地表调查、推断对隧洞内的探测有重要指导作用。隧洞内的探测布置受施工条件和空间限制，观测布置范围小，而洞外探测系统布置不受限制，方式灵活，有利于提高定位精度。对于深埋长隧洞可结合工程地质研究，采用长距离的预报法（TSP、TRT、TGP）和短距离的预报法（GPR、红外线探水）相结合探明隧洞洞身围岩的工程水文地质情况，并结合隧洞内的跟踪地质调查，使预报精度进一步提高。

（3）多种处理手段和分析方法相结合，物探与地质解释分析相结合。物探与地质解释分析相结合对于提高隧洞超前预报的合理性、可靠性有重要作用。早期的超前预报中主要依靠地质调查分析进行推断，准确率较低。物探可根据探测到的物性参数分布规律推断地质体的状态和不良地质体的位置，但物探解释必须符合地质规律，由于地质条件复杂性，分析推断也难度大。地质解释分析对于研究地层与岩性分布、断层与节理构造的分布规律具有绝对优势，物探方法不能代替。因此，地质解释分析对物探有指导作用。两者有机地结合能极大地提高超前预报的合理性、科学性和准确性，减少误报、漏报的几率。

7.3 风险监测

风险监控是风险控制的重要手段，通过对施工过程中各种风险因素的状态和变化趋势进行监测，结合风险发生概率和损失的分析，为风险控制决策和应急处理措施提供依据。

7.3.1 风险监测内容

1. 岩爆

在施工过程中，洞室围岩应力会不断地进行调整和变化，监测的主要目的是掌握隧洞围岩及支护的变形动态，以反馈信息指导施工，减小岩爆事故发生的风险。

电磁法、地震波法、微重力法等探测技术应成为施工阶段岩爆预测的主攻方向之一。在爆破之后、初期支护之前，用上述方法对重点部位进行探测，可提高支护施工的安全性。同时，在二次衬砌之前，利用探测仪器对围岩变形趋势进行监测，对于确定永久衬砌的施作时间也十分重要。

此外，还可通过人工观察找出岩爆发生的前兆，逐步积累经验，开展岩爆预报，减少岩爆产生的危害。根据有无地下水、岩石软硬、岩性及地质构造进行初判，通过对岩石裂缝的发展、岩体内的声音判别是否会落石伤人。对严重地段通过对壁面的敲击，若发现"空、空"的声音，则要及时采取加强措施，若响声不对，如岩层内发出沉闷的声响时施工人员及设备要及时撤离。

2. 软岩大变形

加强现场监测、动态控制软弱围岩大变形是深埋软岩隧洞施工中的重要环节。通过综合超前地质预报，及时掌握掌子面前方地质情况，为制定相应的变形控制措施提供依据。

主要监测内容包括：对隧洞拱顶下沉、周边收敛进行连续监测；对围岩压力、钢架应力、二次衬砌接触压力和混凝土应力等项目进行系统监测；对监测数据进行统计分析，准确实时反馈围岩变形、应力等信息，及时调整变形控制技术措施；通过对监测数据进行回归分析，确定二次衬砌的合理施作时间；在保证大变形得到有效控制的同时，避免或降低高地应力对施工造成的不利影响，并制定下一步施工计划，达到信息化施工、动态控制的目的。

3. 突泥涌水

为降低施工过程中突泥涌水事故风险，应当采取以下监测措施：

采用安全监控系统，在开挖面附近安装摄像机，一旦发生突泥涌水，监视人员会立即发现，并采取应急抢救措施。洞内设报警器，报警器响起，人员应立即逃生。

在加固、封堵施工过程中，指派专人全天监测涌水量、水质、掉渣等的变化，以便出现新的险情时及时采取有效措施，防止新的事故产生。

根据实际情况，施工过程中还应进行地表下沉观测、洞室周边位移变形监测及衬砌结构应力监测和衬砌外水压力监测。特别是对已采取固结注浆措施洞段的注浆后出水量、出水点位置变化情况加强观测，同时做好详细记录，并在第一时间反馈给施工技术人员，以指导施工。

4. 有毒有害气体

有毒气体的检测方法和检测仪器很多，在实际应用中，可根据不同的环境条件和需要加以选择，包括固定式/便携式、扩散式/泵吸式、单气体/多气体、无机气体/有机气体等等多种组合。检测过程应注意：

（1）注意各种不同传感器间的检测干扰。一般而言，每种传感器都对应一个特定的检测气体，但任何一种气体检测仪也不可能绝对特效。因此，在选择气体传感器时，应尽可能了解其他气体对该传感器的干扰，以保证对于特定气体检测的准确性。

（2）注意检测仪器的浓度测量范围。各类有毒有害气体检测器都有固定的检测范围，只有在其测定范围内，才能保证仪器准确地进行测定。长时间超出测定范围进行测量，可能对传感器造成永久性破坏。

（3）一般首先检测氧气和可燃气体，然后进行有毒气体检测。氧气探测器可用在没有特别指明存在其他危险的绝大多数环境中，可燃气体探测器能探测不需特别识别的可燃、可爆危险；有毒气体探测器具有化学特殊性，在选择检测仪器之前，必须确定具体潜在的有毒气体类别。

（4）因各个厂家、品牌的仪器性能、精度均有差异，检测成果应互相参照、相互印证。当隧洞断面大、洞身长，各部位气体聚集不均衡，需采用较多仪器进行监测。

5. 高地温

根据《高温作业分级》（GB/T 4200—2008）的规定，高地温环境应建立地热监控、风力检测组织系统，测定地温、风速、风量监测系统。

6. 放射性物质

开展放射性测量的方法有：沿隧洞线进行现场陆地伽马剂量率测量、沿隧洞进行现场地面伽马能谱测量、沿隧洞线进行岩石表面氡析出率测量、沿隧洞线进行土壤氡浓度测量、在洞线上的钻孔中进行岩芯取样，分析岩芯放射性元素含量、总射线测量、氡浓度测量，同时对每个作业人员定期进行个人剂量监测。在此基础上进行隧洞内 γ 辐射剂量估算、吸入氡气内照射所致剂量估算和施工人员所受照射总剂量、隧洞内岩石的内外照射指数估算以及放射性对施工人员的影响预测。

7. 监测注意事项

（1）严格按标准规定的监测方法进行有关监测项目的量测。

（2）配备专门的监测、分析仪器设备并在使用前进行标定、校准，确保监测数据准确、可靠。

（3）为保证量测数据真实可靠，根据具体情况进行对比或样品外检。

（4）监测人员需经技术培训和技术考核，取得资格证书后才可上岗操作。

（5）为保证监测结果的可靠性，实行全过程监测记录，包括采样记录、监测记录、计算记录、质量控制记录、核查与对比分析记录、保管记录等方面内容，并妥善保存好各项记录资料。

7.3.2 风险监测数据的信息反馈

在深埋长隧洞建设中应对风险监测数据进行实时和阶段分析：

（1）实时分析：每天对监测数据及时进行分析，发现隧洞结构、围岩等变形或受力异常，应及时分析原因并第一时间向有关单位提交《施工监测险情报告》或《工程联系单》，第一时间告知相关监测情况，为施工方案的优化提供科

学合理的依据;

（2）阶段分析:按阶段对监测数据的变化趋势进行总结和分析,并对支护结构的现状进行分析,制定阶段性分析报告,以利于后续隧洞的安全施工。

施工方应将隧洞结构、围岩等监测对象的安全状态和施工对策依据监测安全管理等级进行分级。参考数据分析结果,对隧洞结构、围岩等监测对象的安全情况进行合理科学的综合评判,并制定和实施相应的施工决策与控制措施。

7.3.3　风险预警值

隧洞施工过程中存在大量未知风险因素以及由风险因素导致的风险事故,为保证隧洞安全,需在隧洞施工中进行动态的监测工作,并根据相关规范制定预警值以避免不必要风险。隧洞施工风险预警值可根据隧洞建设中监测数据所反映的事故发生的可能性,进而通过事故分析以及风险事故造成的损失情况得到。

以沉降变形为例。在隧洞的施工过程中,隧洞周边建筑物的结构型式是一个不可忽视的重要因素。不同结构形式条件下,构筑物对地层沉降的反应与适应程度不同。针对岩爆、软岩大变形、突泥涌水的监测项目,应根据工程具体情况的不同分别确定监测预警值。

有毒气体、高地温及放射性可按国家相关规程规范的要求设定监测预警值。

TBM 的掘进参数一定程度上能够反映围岩地质状况,如刀头推力（kN）、马达电流消耗（kW）、推进油缸压力（MPa）及刀盘扭矩（N·m）等的预警值设定应根据工程实际地质情况确定。

7.3.4　风险预警

风险预警以建立完备的监控系统,进行连续的、有规律的监测为前提,根据监测内容设定预警值作为施工安全判别标准,施工中根据不同的预警级别采取不同的响应措施。

预警过程可划分为:预报、传达和反应。这三个阶段相互依存。首先在科学理论的指导下,运用先进的技术或手段对灾害进行评估或预报;然后将报告以消息的形式传达给众人,对众人提出警告;众人收到消息后,将警告转化成行动,制定并实施相应的对策和措施,以避免或者减轻灾害。

深埋长隧洞地质条件常常极为复杂，而隧洞地质灾害的预警到目前为止还不是十分成熟，灾害前兆信息较难以捕捉，使得预警成为一项十分困难的世界性前沿课题。但随着各种新技术的不断出现和工程实践经验的不断积累，通过将隧洞超前地质预报与数值模拟分析相结合，可较为精确地得到前方的地质灾害情况，从而保障施工人员的安全，缩短工期，提高了效率。

施工安全状态的预警分为监测预警、巡视预警和综合预警三类。

1. 监测预警

监测预警是根据风险评估提出的监测控制指标值，以监测数据为基础而发布的预警。施工过程中监测点的预警状态可按严重程度由小到大分为三级：黄色监测预警、橙色监测预警和红色监测预警。

（1）黄色监测预警：个别指标超过监测预警值时。

（2）橙色监测预警：多个指标超过监测预警值时。

（3）红色监测预警：所有指标均超过监测预警值，或个别指标实测变化速率出现急剧增长时。

2. 巡视预警

巡视预警是施工过程中通过巡视，发现安全隐患或不安全状态而进行的预警。按严重程度可由小到大分为三级：黄色巡视预警、橙色巡视预警和红色巡视预警。一般根据工程特点和施工方案，制定明确的风险控制要点和巡视内容。

应从安全风险可能发生的位置、安全状态及发展趋势等方面进行分析，给出巡视预警的判断。在综合考虑工程实际情况、参考相关工程经验的基础上，提出巡视预警判断标准、开展巡视预警工作。

3. 综合预警

综合预警是施工过程中根据现场施工、监理、第三方监测单位及其他各方的监测、巡视情况，通过综合分析判断工程是否安全而进行的预警。按严重程度也可由小到大分为三级：黄色综合预警、橙色综合预警和红色综合预警。综合预警主要考虑的因素有：监测预警的数量、等级，巡视预警的位置、等级，监测与巡视预警的关联性。同时考虑现场施工的规范性、施工作业人员的熟练程度、施工管理状态、应急处理能力等。

预警发生后，应根据预警类别和级别的不同，分别采取不同的预警响应和处理方式：对于黄色单项预警，应加强对预警部位的监测和巡视，加强施工作业规范性，观察风险发展变化情况；对于橙色单项预警和黄色综合预警，在单项黄色预警的处理基础上召开建设各方参与的预警分析会，分析预警产生原因，评判工程风险状态，并制定具体的处理方案；对于红色单项预警和橙色综合预警，应立即停止施工，并会同相关单位评估工程安全状态，同时准备处理措施；对于红色综合预警，应立即启动应急抢险预案。

7.3.5　应急流程

7.3.5.1　应急组织的建立

应急领导小组的建立是应急方案实施的基本保证，是工程项目应对突发事故的最高管理机构，其组长一般由项目经理直接担任，常务副组长一般由安全总监担任，工程项目部的各部门副经理对其所在工作范围内的突发事故直接负责。应急领导小组的主要职责是：领导统筹项目部的各项应急管理工作；协调各个部门、工区应急管理机构之间的关系；研究应急管理决策；审查总体应急预案，并负责发布应急方案实施的指令。

领导小组下可设立技术支持小组、应急抢险小组、安全保卫小组、通讯联络小组、医疗救护小组、物资供应小组等。

7.3.5.2　应急情况处理流程

1. 信息报告

施工过程出现紧急事件后，应迅速上报上级，次序为：现场、项目应急领导小组、现场参建各方、各参建方总部、政府部门。

2. 应急决策及响应

事故发生后必须立即停止施工，严格保护事故现场，并迅速采取必要措施抢救人员和财产，防止事故蔓延扩大。项目部应急领导小组做出启动应急救援预案的决策后，按应急救援程序确定应急救援方案，协调有关单位和部门，调动各应急救援小组、物资和设备展开应急救援工作。

3. 警戒、疏散及信息发布

现场发生事故后，可能对工程周边构筑物、居民、现场施工人员有直接或间接的伤害时，应及时对周边人群进行疏散。对工区内非事故处理工作人员同时进行疏散，并在现场事故发生及影响区域设置警戒线，安排相关安全人员维持现场秩序，避免事故对周边环境、人群造成二次伤害。

4. 应急救援的资源配置

应急救援资源包括应急救援队伍和应急救援器材、设备两个方面。应急救援队伍由训练有素的专业救援队伍和培训合格的人员组成。施工现场应提前足量储备应急救援物资和供消防、医疗等人员使用的应急设备，如：发电照明器材、个人防护用品等，且单独进行储存保管，不能挪用，并经常对机械设备进行维护与保养，保障其处于完好无故障状态；救援指挥车辆、救援工程车辆、医疗卫生车与司机之间保持良好的联络状态，确保应急救援工作需要；与有关部门可用的应急资源、设备建立长期联系，以确保联系畅通和抢救及时。

5. 恢复施工

根据国家、地方、行业规定，明确事故分类及报告程序，按照相应的程序及时、准确地向上级有关部门报告事故及处理情况，经有关部门现场调查验证，发出相应指令后才可以清理现场，恢复施工。

7.4 风险控制措施

对于深埋长输水隧洞施工，主要的风险控制措施包括预测分析、设计优化、施工方案选择、超前处理等。通过在施工前采取这些措施，可大大减小风险发生的可能性和损失，从而达到减轻风险、预防风险、回避风险和转移风险的目的。

7.4.1 岩爆控制措施

岩爆风险管控技术路线如图 7.2 所示。

1. 岩爆预测

在实际工程中较为常用的岩爆预测方法包括：地震波预测法、声发射（A-E）法、工程类比法、理论分析法、现场实测方法等。按时间长短可分为长期趋势预报和短期

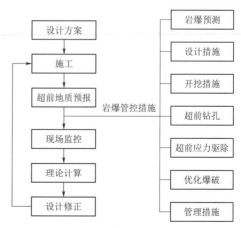

图 7.2 岩爆风险管控技术路线图

预报。长期预报对工程设计阶段有指导意义，短期预测对工程施工阶段有指导意义。一般按设计和施工两阶段进行预测预报。

在设计阶段，根据隧洞工程地质勘察资料，结合现场实测诸钻点的地应力值，通过反演得出隧洞区域内的初始应力场。然后结合数值分析所得隧洞各段围岩应力值与室内岩石试验成果，利用不同判据，得出设计阶段各洞段发生岩爆的可能性及其级别，并在设计中提出相应对策。

在施工阶段，结合现场开挖实际，及时对洞壁直接进行应力测试，同时采集隧洞内岩样进行室内试验或用回弹仪测出洞段岩石强度，利用不同判据，提出比设计阶段更符合实际的岩爆发生的概率及其级别预测成果，以便现场及时采取相应防治对策。

2．隧洞设计

在隧洞线路选择中，应尽量避开易发生岩爆的高地应力集中区，当难以避开高地应力集中区时，应使隧洞轴线方向与最大主应力方向平行，或与最大应力方向成小角度相交，以减少洞壁的切向应力，改善洞室结构受力条件，防止岩爆发生或降低岩爆级别。断面设计应使洞室结构受力合理，围岩不产生拉应力，切向压应力最小，不产生过大的应力集中。隧洞断面尽可能选择圆形，有利于隧洞断面减少应力集中。

3．施工开挖

（1）采用短进尺施工。其优点是爆破对围岩的扰动较小，围岩聚集的能量较少，围岩有充分的时间通过小规模破裂或塑性变形释放变形能，降低一次性岩爆的强度和规模。

（2）采用分步开挖。分步开挖时，围岩中释放弹性能的区域减小，使应力在较小的空间内释放，有利于抑制岩爆发生或降低其程度。

4．超前应力释放孔

超前应力释放孔可使围岩地应力重新分布，将部分较高地应力转移集中至小孔周边，在很大程度上改善已开挖或待开挖洞段受力状况，有效降低岩爆的发生。超前应力释放孔在隧洞开挖前向掌子面前方钻设，释放孔主要分布于隧洞开挖轮廓周边。

5．超前应力解除爆破

超前应力解除爆破是通过超前预爆破，使掌子面前方待开挖洞段及隧洞围岩体产生裂隙，使较高的初始地应力提前进行调整，降低待开挖洞段的地应力水平，最终降低岩爆发生的概率和等级。在进行应力解除爆破后，围岩主应力将在破裂围岩周边开始分解成径向应力和切向应力，围岩应力分布得到改善，整体应力水平降低。

6. 优化爆破施工

在施工中应尽量减少爆破震动触发岩爆的可能性，降低岩体应力。采用光面爆破，减少周边孔径，使用小药卷和高端毫秒雷管，降低起爆药量，尽量消除爆破作业诱发岩爆的因素。严格控制超欠挖，使隧洞开挖轮廓线圆顺，减少因为开挖面不规则造成的应力集中而诱发岩爆。

7. 管理措施

（1）成立专家小组，聘请专家担任技术顾问，积极开展科技攻关和技术咨询，适时调整施工工艺，确保工程质量和施工顺利进行。

（2）坚持把超前地质预报作为施工中一道必不可少的工序，详细预报掌子面前方岩层产状、完整性及地应力等情况后，再制定具体施工方案。

（3）坚持"早封闭、强支护"的施工原则，及早施作初期支护。

（4）对施工人员进行技术交底和培训，使之能熟练掌握工艺要求和质量标准，并严格按照施工技术要求进行施工，强化施工质量。

（5）严肃施工纪律，确保施工符合技术交底要求，不允许施工人员随意变更施工方案。

8. 其他措施

岩爆洞段施工时，施工人员要做好岩爆的心理准备，随时观察可能产生岩爆的位置，估计岩爆的规模和强度，做好随时撤离准备。

施工人员应佩戴钢盔、穿防弹背心，主要防止弹射型岩爆伤人。在支护区设专职安全员，随时观察围岩状态。如发现险情，及时向带班干部汇报，做到及时支护或组织人、机暂时躲避。

开挖后设临时防护网，在掌子面及其附近岩爆地带加铁丝帷幕，以增加作业场所的安全，保护凿岩人员和机具。

对施工打眼台车进行改造，在台车上方及侧面设立钢筋防护网。在进行钻眼施工时必须在掌子面处也设立钢筋防护网，以确保施工人员的安全。

7.4.2　软岩大变形控制措施

软岩大变形风险管控技术路线如图 7.3 所示。

1. 前期设计

采用新奥法，将"先柔后刚，以柔克刚"的理念应用于隧洞结构设计。开挖后先设置柔性支护，允许围岩有一定量的变形，以释放大部分地应力，充分发挥围岩的自承作用，使围岩和初期支护的组合体共同承受围岩荷载和变形，同时增加二衬强度，使二衬承受部分围岩压力，具体措施如下：

（1）优化隧洞断面。曲墙断面能更好地控制水平向变形和塑性区。在保

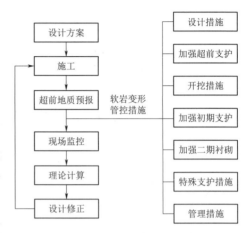

图 7.3　软岩大变形风险管控技术路线图

证结构安全并满足施工要求的前提下，优先采用马蹄形断面，在可能产生大变形的高地应力区域，优先选择椭圆形或圆形断面。

（2）控制围岩变形。高地应力、地下水发育和软弱围岩是软岩大变形的内在因素，高地应力和地下水发育情况难以改变，可通过超前加固围岩等措施控制大变形。

（3）合理进行支护。一次支护承受大部分围岩应力和变形，二次支护承受剩余的围岩荷载。初期支护施作完成后允许发生一定程度的变形，达到设计预留的变形量后再施作二次模筑混凝土衬砌，允许二衬承受适当的围岩荷载。

（4）合理预留变形。在高地应力条件下软弱围岩很容易发生大变形，在确定开挖轮廓时须预留足够的变形量，以较大幅度地释放围岩初始地应力防止变形后的初期支护大量侵入二次衬砌。减少作用在二次衬砌上的荷载，有利于隧洞结构安全。

（5）加强仰拱设计。临时仰拱应紧跟掌子面，若不能和拱墙一起施作应在拱墙施作后及时施作。这样可及时封闭成环，有效增强结构的整体刚度和受荷能力，增加结构的安全性。为防止底部隆起，底部应有足够的支护强度，并及时施作。

2. 超前支护

超前支护主要用于断层破碎带、软岩和塌方段，可对大变形起到较好的控制作用。对于高应力大变形洞段，必须采取超前支护措施，以保证开挖后的施工安全。具体措施如下：

（1）超前锚杆加固：在隧洞周边向前方施作超前锚杆。通常采用锚固剂锚杆，围岩差不能成孔时可采用自进式注浆锚杆。

（2）超前小导管注浆加固：在隧洞未开挖前，在隧洞外轮廓施作超前小钢管，然后注浆固结围岩，待浆液达到一定强度时再进行下一环节开挖。超前小导管预注浆提高了导管刚度，并且在隧洞周围形成一个加固圈，提高了围岩自稳能力，可防止掘进中围岩坍塌和大变形。用大管棚难以施作的区域，可以采用双层小导管注浆进行超前支护。在无水段和渗水地段可分别采用注水泥浆和注水泥水玻璃双液浆。

（3）长管棚预加固：当围岩破碎，出现大变形问题，可用长管棚预加固。

3. 开挖措施

根据高地应力段软岩易坍塌的特点，为确保封闭成环时间，可采用短台阶法施工或短台阶和双侧壁相结合的开挖方法，尽量减少一次性开挖面积；各部分均错开开挖，以减少掌子面高度，增加其稳定性；同时缩短开挖和支护之间的时间间隔，使开挖部分能及时进行支护，防止围岩过大变形和坍塌；及时施作仰拱，以有效减缓围岩变形速率，使初期锚喷支护和钢架能够及早封闭成环，与围岩一起成拱，控制软岩大变形。

应注意减少对围岩的扰动。施工时尽量减少诱发围岩变形的不利因素，控制围岩变形的发展；严格控制爆破参数，采用减弱振动控制爆破技术，减少爆破对围岩的扰动，同时严格控制循环进尺；在大断面软岩地质中采用普通的钻爆法施工非常不利于围岩的稳定，为减小爆破施工对围岩的扰动，隧洞拱部轮廓线可采用铣挖机开挖，中下台阶可采用预裂爆破配合铣挖机开挖，以有效减少扰动，杜绝突发性鼓出变形。

4. 初期支护

锚喷支护是新奥法施工的三大支柱之一，也是深埋软岩隧洞变形控制施工成败的关键。锚杆、钢筋网、喷混凝土联合支护将开挖面快速封闭，是保证软岩施工安全的重要措施。

（1）喷混凝土。喷混凝土的作用如下：

1）有效防止新出露的洞壁围岩风化、崩落，最大限度地保持围岩自承力。

2）填平不平顺的围岩开挖轮廓，减轻或者消除局部应力集中，从而提高围岩的稳定性。

3）通过封闭围岩，提高下一步施工作业的安全性。喷混凝土早期强度高，与围岩黏结较牢固，能在短时间内与围岩形成一个拱形整体，共同承受荷载，从而起到加固围岩、提高围岩的自承能力和稳定性的作用。初喷完后，立即施工系统锚杆、钢筋网和型钢钢架，并及时进行复喷混凝土施工。复喷完后，才允许进行下一循环开挖施工。

（2）锚杆。锚杆的作用如下：

1）使支护变被动为主动，提高支护效果。

2）将洞壁周边一定深度内的围岩进行挤压加固，形成一个压力拱圈，从而可以承受相当大的荷载，达到维护围岩稳定的作用。一般情况下，锚杆施工宜在初喷后进行。

（3）钢筋网。钢筋网的作用是改善喷混凝土应力的分布，提高喷混凝土的抗拉和抗剪强度，改善其变形性能，增加支护的整体性和承载力；它还能有效地防止小块松散围岩掉落，增加施工的安全性。

（4）型钢钢架。型钢钢架是为了抑制围岩大变形而采用的加强支护措施。由于刚度大，与喷混凝土、锚杆、钢筋网组成联合支护，有利于提高支护的强度和刚度。为提高工字钢与连接钢板处的抗拉强度，每单元工字钢与连接板之间设加劲肋，单元间用螺栓连接。

5. 二次衬砌

为了保证隧洞净空，抵御巨大的形变压力，高地应力软岩变形段衬砌应采用钢筋混凝土结构。二次衬砌施作时机对于控制高地应力软岩隧洞变形具有显著的作用，二次衬砌施作越早，对控制变形越有利，但其受力也越大，易导致二次衬砌开裂破坏。深埋软岩隧洞变形大、速度快、收敛速率慢，在远未达到规范要求的收敛变形速率时，初期支护早已经失稳破坏，确定合适的二次衬砌施作时机至关重要，既需围岩释放部分自由变形，防止围岩压力过大破坏二次衬砌，又需控制过大变形导致支护失稳破坏。施作时间一般根据监控量测结果在围岩收敛后进行；对于部分洞段围岩长时间不收敛的情况，为了保证施工安全,待其变形速度小于一定值时,应立即施工二次衬砌,让衬砌承受部分形变压力。

6. 特殊支护措施

当隧洞埋深较大或处于高应力区,甚至高程低于地下水位时,常规的支护措施已显得无能为力,需采用特殊的支护措施:

(1)恒阻大变形锚杆:基于恒阻大变形控制理念的恒阻大变形锚杆,包括恒阻大变形装置、杆体、托盘和螺母。

(2)小直径锚索:小直径张拉预应力锚索是以高强钢丝束组成的杆体,能在比较小的洞室中安装,其抗拉强度远高于一般的螺纹锚杆,而且当拉力达到一定的数值后,杆体有良好的弹性变形,能有效地控制大变形。

(3)钢纤维喷射混凝土:钢纤维混凝土是在普通混凝土中掺入少量低碳钢、不锈钢或玻璃钢的纤维后形成的一种均匀而又多向分布的混凝土复合材料。

(4)U形可缩钢架:该钢架可适应隧洞变形,其主要是通过在钢架内预留伸缩缝的方式,使钢架可随着隧洞的变形而产生变化。

(5)可缩式锚杆:在隧洞中的支护锚杆主要分为刚性锚杆和可缩式锚杆。前者具有不可缩性,在面对大变形地段时,支护效果不佳;后者通过可缩段的设置,可使锚杆适应隧洞变形。

(6)双拱支护:当隧洞地应力和松散荷载较大时,围岩自稳能力极差,柔性体系的初期支护在施作后即可能发生较大变形,单层支护的刚度及强度已不能控制围岩的有害变形。为控制发生侵限、塌方等病害,可考虑采用双层钢拱架支护,增加支护刚度及强度,以抵抗围岩的有害变形。横向联系采用角钢连接,且每层拱架的横向联系必须单独连接,确保拱架整体系统受力。

7. 加强管理

(1)加强围岩量测工作。以量测数据为准,根据时间-位移曲线,及时调整支护方案,及时衬砌。

(2)减少对围岩的扰动。严格控制爆破装药量,尽量减少对软弱破碎围岩的扰动。

(3)保证施工质量。钢架施工、支护加固、衬砌作业等均需要满足设计要求。

(4)严格控制开挖进尺。在隧洞开挖时,必须控制好开挖进尺,防止开挖过快问题。

（5）备足抢险材料。在隧洞施工时，需事前备好相关抢险材料，包括：钢架、方木等。

（6）及时撤离。在施工中若遭遇以下情况，必须及时将施工人员撤离：根据围岩量测数据显示，围岩快速变形；围岩面出现持续的掉块剥落的情况；在喷射混凝土时，出现龟裂、掉块的问题；钢架的变形非常严重。

7.4.3　涌水突泥预防措施

涌水突泥风险管控技术路线图如图 7.4 所示。

7.4.3.1　排水堵水措施

对于股状以上的涌水，配合超前钻探工作，采取不同类型的注浆堵水措施；对于股状以下的涌水，可根据情况采用排水法处理，并连续观测流量、水质的变化，如继续恶化，也应考虑适当的堵水措施。

实施排水法最重要的目标就是降低隧洞开挖处水位以及掌子面处涌水压力，使周围围岩失水挤密，增强围岩密实度。隧洞掘进过程中常用的排水方式有：自然排水、机械排水。

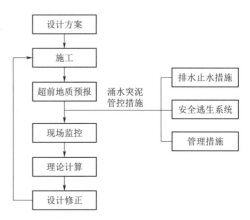

图 7.4　涌水突泥风险管控技术路线图

1. 自然排水

顺坡法开挖且处于上坡时，宜采取自然排水。施作方法是在隧洞两旁或中心位置，设置一条或多条的排水沟。

2. 机械排水

反坡施工的下坡开挖，隧洞内的涌水、渗水无法依靠顺向坡道排出，只能采取机械排水的方式。通常采用水泵进行机械排水，分段开挖反坡排水沟，每段集中设置集水池和水泵，水被送到后一段反坡处，再使用后面水泵将水接力抽出。

当采用排水法难以奏效，或在隧洞施工过程中采取排水方式无明显作用时可考虑使用注浆堵水法。注浆可将原来软弱的岩土体固结硬化为密实的岩体，封闭岩土体中存在的裂隙和空洞，阻断渗水之路既可避免出现涌水现象，又起到防止坍塌的作用。一般情况下，注浆堵水方式多应用于高压水区域和富水断层区域及排水对周围环境产生影响区域。

7.4.3.2 安全逃生系统

安全逃生系统是针对突发性的突水突泥所采取的应急措施，主要包括声光报警、应急通信及电视监控、逃生通道及疏散标志、应急照明及供电系统和逃生装备五个部分。

1. 声光报警

出现突涌水险情时，通知作业人员安全脱逃十分重要，这是减少人员伤亡和降低损失最为关键的措施之一。针对可能存在突涌水风险的深埋隧洞施工，应在主洞、支洞合适部位安装声光报警装置，一旦有灾害预警应立即发出警报，传给洞口工区的值班室，值班室立即启动应急通信、应急照明并指挥洞内人员安全撤离。

现场突发灾害时，施工人员或安全检查人员应尽快按下附近应急报警按钮，系统立即启动全线声光报警器提示人员撤离。报警装置应能指示逃生撤离的路径方向。

2. 应急通信及电视监控

在隧洞施工掌子面、隧洞内其他有人值班地段设置共电电话机，在隧洞洞口或指挥工区内设置电话集中机，构成以洞口指挥工区值班员为中心的电话系统。

电视监控系统采用同轴视频电缆和光纤作为传输通道。摄像机可采用带防护罩的低照度黑白摄像机，安装于掌子面附近和洞口等部位，进行实时录像监控。显示部分采用清晰度较高的视频监视器，便于指挥工区的值班人员掌握施工现场情况。

3. 逃生通道及疏散标志

（1）逃生通道。

1）设置平导洞时，尽量利用横通道作为应急逃生通道，并设醒目的标识，通道内设置应急照明装置，并严禁放置杂物，确保人行畅通。

2）对于顺坡施工极可能发生大型突水突泥的洞段，可在掌子面后方设置逃生爬梯，逃生爬梯附近可放置救生圈、救生衣、保险绳等设备。逃生爬梯的设置结合施工运输等机具统筹考虑，并具有抗冲击能力。

3）每个施工掌子面至少配备 1 名安全警戒人员。在逃生通道内侧修建防洪门，并备足砂袋。一旦发生涌水突泥，在防洪门外侧将砂袋进行人工码砌，以抵挡涌水突泥对防洪门的冲击。安全警戒人员应确切掌握每处掌子面作业人员人数，避免人员逃生时发生遗漏等意外。

4）复杂岩溶地区洞段进行爆破作业时，洞内其他人员须撤离至安全处，待放炮后经安全员检查并确认无涌水、突泥险情时方可继续施工。

（2）疏散标志。风险较大隧洞需根据施工组织、可能发生灾害的区段，确定洞内施工人员最佳的疏散路线，并做好疏散标志。结合应急照明在疏散通道口顶部设置标志箱或标志牌，并显著标识"ＸＸ疏散通道"等字样，以便人员疏散等，疏散通道实行统一编号。

4. 应急照明及供电系统

复杂岩溶地区隧洞的主洞、支洞及横通道等必须配置足够数量的应急照明装置，确保灾害发生时能提供足够亮度的照明指示，以利洞内人员逃生。

应急疏散照明接引洞内施工用电 380/220V 照明电源。信号报警设施由各隧洞进出口附近设置的 EPS 设备及配电箱供电。当外部电源失电后，EPS 电源设备持续供电时间为 90min。

5. 逃生装备

（1）复杂岩溶隧洞应在每个掌子面配备自动充气救生服、救生圈以及自动充气救生筏等。救生设施应由专人负责维护及管理。

（2）采用有轨运输施工的隧洞，在危险地段开挖工作面附近配备专用梭式矿车，以备事故发生时施工人员乘坐梭式矿车逃生；采用无轨运输施工的隧洞，要保障隧洞内通道畅通，在隧洞施工各开挖工作面配备专用汽车，由专人负责维护及管理，以备事故发生时施工人员逃生用。

7.4.3.3　管理措施

突水突泥处理对技术性要求高。若处理不当，极易发生二次事故，造成更大灾害，安全风险极大。为保证隧洞不良地质突水突泥灾害处理的安全、快速与经济性，此项工作应由专业队伍承担，采取专业化管理。专业队伍负责方案设计、方案实施和质量评定，严格进行过程控制，保证处理效果。

7.4.4　气体中毒或爆炸预防措施

气体中毒或爆炸风险管控技术路线如图 7.5 所示。

1. 勘察设计阶段的防治

针对深埋长隧洞可能的有毒有害气源，在进行工程地质勘察时应重点查明下列问题：

（1）地层岩性方面，当隧洞上方存在一定厚度的覆盖层时，应重点查明下列岩性或地层的空间分布、厚度变化特征：①含煤地层及煤层；②砂岩、粉砂岩、泥岩；③白云岩、灰岩、泥灰岩；④油页岩、碳质页岩及含沥青的地层；⑤富含有机物的泥炭层等。当

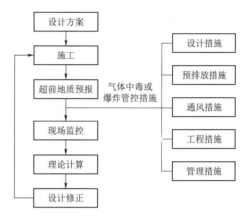

图 7.5　气体中毒或爆炸风险管控技术路线图

以上岩层处于隧洞影响范围内且存在于隧洞下方时，往往是有害气体的来源。

（2）地质构造方面，主要查明隧洞沿线有无下列特征构造：①是否处于活动火山活动源处或剧烈的地壳活动区，或隧洞有无断裂构造及其他破碎带与之相联系；②年轻活动地槽内的断裂带、节理密集带；③规模较大的褶皱构造（背斜、向斜），以及是否存在含气的特殊岩类；④深部岩体的断裂、节理裂隙发育、连通情况等。

（3）结合勘探采集试样，对气体特征进行试验，判断气源，并根据场地地质条件、气体流动和转移等运动方式，预测在该场地条件下出现有害气体的危险程度。

当工程地质勘察证实隧洞线路区域存在有害气体危害时，在比选线路时应尽量避开或减少通过含有害气体的地层。无法避开这类地层时，应避免隧洞线走向与煤层等岩类走向一致。当隧洞不能避开有害气体的影响，除了选择适当的开挖方法外，还应提出其他措施保障施工安全。

2. 施工阶段的预防

当掌子面钻进炮眼发生强烈的气体逸出，且炮眼挤压很严重甚至紧塞以致不能装炸药时，常有危险性气体喷出。

对有害气体及含有害气体的地下水，当其补给量较大时，会因较大压力差发生转移，其转移速度受岩体的渗透性和压力差控制。当预测到掌子面前方存在有害气体，可根据岩体的渗透性能对有害气体的风险进行分析。在风险较高的洞段，开挖前进行超前探测，探测前方有毒气体的浓度、围岩及地下水情况，并进行注浆处理，保证施工安全。

3. 预排放

根据探孔情况，必要时打设有毒气体排放孔，将蕴含在前方围岩内的有毒气体超前排放，以防有毒气体突然涌出而导致人员伤亡。

若隧洞掌子面前方存在高压、含气量较大的有害气体时，可用超前钻孔等进行排气降压，防止施工中岩内气体的突然喷发甚至引起灾难性爆炸。隧洞爆破时应采取浅孔弱爆破，以减少爆破对岩体的震动强度，降低有害气体突出浓度。

4. 通风

通风是降低有害气体浓度、防止有害气体积聚的最有效手段，也是降温和防辐射的有效手段。通风设备可以不断向洞内送入新鲜空气，排出有害气体和降低粉尘浓度，从而改善洞内施工环境，确保洞内施工安全和人体健康，提高生产效率。

隧洞有毒有害气体溢出段应采用洞外通风稀释及洞内抽排相结合的方式进行强通风，将洞内有毒气体的含量降至安全范围内。对局部有毒气体易汇集的地方增加局部风扇稀释。通风设备必须防止其漏风，并配备备用的通风机，一旦工作中的通风机发生故障，备用机械能立即供风，保证工作面空气内的瓦斯浓度在允许限度内。当通风机发生故障或停止时，洞内工作人员应立即撤离到新鲜空气地区，直至通风恢复正常，才允许进入工作面继续工作。通风供电实行"三专两闭锁"，即专用变压器、专用电缆、专用开关和风电闭锁、瓦斯闭锁，以保障供电稳定性和可靠性。

敞开式 TBM 的通风系统主要包括除尘风机和新鲜空气供风机。针对 TBM 工作面有害气体，利用除尘风机抽出有害气体并增大新鲜空气供风量，采用抽压结合的隧洞通风方法来降低开挖工作面有害气体溶度。

（1）采用压入式通风，风机装设在洞外，避免污风循环，通过风管将新鲜空气送到 TBM 后配套尾部，然后由 TBM 设备上配备的二次通风系统完成在

TBM 长度范围内的通风。

（2）通风机设两路电源，实行专用变压器、专用开关、专用线路及风电闭锁、瓦电闭锁，斜井采用抗静电、阻燃的风管。

5. 个体防护

隧洞内机电设备均采用防爆型，在有害气体含量高地段施工的作业人员必须携带个体自救器。通风后，先由救护人员带灭火器、自救器及检测仪进入工作面，经检查无燃烧、无有害气体涌出后再供电，待检测各种有害气体浓度降至安全标准以下后，才能开始出碴作业。

针对有害气体爆炸风险的开挖作面，施工过程中应严格遵循各工序的预防和防范措施。在钻孔和装药过程中，施工人员必须佩戴长管呼吸器作业，并随身佩带化学氧气自救器。长管呼吸器保证每位作业人员呼吸到洞外新鲜空气，隔绝洞内可能产生的有害气体。发生紧急情况（如检测到大量有害气体涌出）时，先打开化学氧自救器，进行一次深呼吸后屏住呼吸，取下长管呼吸器，迅速戴上化学自救器进行呼吸，在 30min 内撤离洞外。整个过程中保证人员不会呼吸到洞内气体。

6. 工程措施

掌子面向前掘进时，如超前探孔表明气体泄漏量大，应先施作全断面超前预注浆，封堵气体泄漏口。下一环掌子面掘进时，如超前探孔中仍有气体溢出，则应按上述施工工序进行第 2 环全断面注浆。对隧洞结构的初期支护、二次衬砌、施工缝进行全封闭，所有施工缝采用止水带以保证有毒气体不泄漏。初期支护及二次衬砌混凝土采用气密性混凝土，保证其气密系数，且结构封闭路段至少保证有 1 倍洞径的过渡。

7. 安全管理

（1）制定并落实隧洞施工现场安全管理制度。对隧洞施工人员加强安全教育和培训，使工作人员熟悉相关的防护知识。严格要求员工遵守安全生产有关规定，洞内施工人员禁止吸烟，动火作业必须经过批准。

（2）隧洞洞口设置管制哨及警示标志，进出隧洞人员须登记姓名，严禁非施工人员入内。

（3）施工现场配备足够的防护服及防护面罩及必要的抢险机械、物资，并培训现场工作人员熟悉相关操作，以供紧急状况时使用；明确组织和人员分工，出现问题迅速采取措施，减少影响和损失；制定有害气体施工的安全预案，施工期间组织全体隧洞施工人员进行撤离演练，通过演练及时发现不足之处，不断进行完善，提高应急预案的实用性和可操作性。

（4）洞口设置医疗救护站，配齐救护设备，对中毒人员立即撤离至空气新鲜处，并进行针对性的治疗及抢救。

（5）施工期间采取措施防止静电危害，工作人员一律禁止穿易产生静电的服装。严格落实用火安全制度，不得在隧洞内抽烟、携带火种等；加强用电安全管理，提升电力安全防范等级；定期和不定期对隧洞安全施工进行检查，及时处理暴露的安全问题，及时消除安全隐患，确保隧洞施工任务安全顺利完成。

（6）现场作业和管理人员佩戴防毒口罩、安全防护眼镜、防苯耐油手套，并做到人人会使用、会维护、会检查；防护器具每次使用后应对其所有部件的完好性和安全性进行检查；在硫化氢环境中使用过的防护器具还应进行全面的清洁和消毒。

7.4.5　高地温预防措施

高地温风险管控技术路线如图 7.6 所示。

1. 优化施工组织

在施工过程中应及时做好超前地质预报，确定热泉的成因、水源、运动、水质、水量等参数，进行动态设计。治理洞内热水按照"以堵为主，以排为辅"的原则，严防热水在隧洞内蔓延而威胁施工人员的安全。加强施工组织，加大机械施工在总施工时间中的比例，尽量减少人员的操作时间。做好施工应急预案，备好抢险物质。适当增加班组作业人数，缩短班组作业时间，每组工作时间控制在 $1\sim 2h$，并采取轮流循环作业方式。

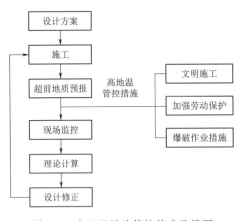

图 7.6　高地温风险管控技术路线图

2. 加强劳动保护

按国家相关的规定：假如施工单位不能有效降低工作场所温度，温度高于

33℃时必须支付给劳动人员高温补贴费。为确保现场正常施工，需要增加一倍以上的工人工资，并充足供应防暑降温食物，还要加大劳保用品的发放力度，同时做好所有劳动人员定期身体检查的工作。作业人员出入隧洞，必须有专门运输车辆接送，进一步保护作业人员的身体健康。只有真心做到关爱工人，才能调动其工作的积极性，保证施工正常进行。

（1）洞内施工人员应配备内置冰袋的冷却背心，降低人员体外温度。对个别气候条件恶劣的施工项目，当不能采取其他降温措施时，可配发降温服、降温安全帽进行个体防护。利用低温蓄冷材料将人体包裹，在人体四周形成一个低温微气候，依靠蓄冷材料提供的冷量，给作业人员降温，维持人体热平衡。

（2）高温环境中施工，工人易出现维生素、水分及盐类的缺乏，需及时进行补充；为消除疲劳，需在适温、适湿的环境下适当休息。为此，应在洞内建立降温休息室，配备淡盐水、维生素、凉茶等物资及防暑降温应急救援箱。根据隧洞内的环境温度、劳动强度和施工人员劳动效率，合理安排高温作业时间，施工人员每隔一定时间或感觉体温过高时，可进入降温休息室休息，补充水分及盐类，保证施工人员的健康和安全。

（3）对位于高海拔地区的隧洞工程，由于氧气稀薄，高温环境下缺氧更加严重。为保障施工人员健康，提高劳动效率，在隧洞掌子面附近应采用制氧机进行弥散式供氧，确保工作面含氧量不低于平原地区的80%。

（4）对施工人员进行体检，患有高血压、心脏病等疾病的人及处于过度疲劳、空腹、睡眠不足、酒醉状态等的人禁止进洞，并给每个施工人员配备一定数量的防中暑药物。增设医疗小组、定期对工人进行体检并制订高温应急预案。

（5）在高地温、高热水隧洞段的开挖中，须制定严格的爆破措施、爆破操作规程及相应的应急救援预案。在高地温洞段实施爆破作业十分危险，须经常对施工人员进行安全教育，要求施工人员严格按爆破措施作业。在装药现场，雷管的隔热是关键，炸药量要严格控制，爆破人员必须了解和掌握不同炸药对温度的要求，确保施工安全。

3. 爆破作业措施

掌子面炮孔温度可分为：自爆安全区（60～80℃）、自爆警戒区（80～120℃）和自爆危险区（大于120℃）。除加强通风、喷雾洒水外和淋水降温外，针对不同温度区间应采取以下爆破安全技术：

（1）自爆安全区的爆破安全技术措施。

1）爆破前必须测定工作面与孔内温度，可以采用乳化炸药、2 号岩石膨化硝铵炸药，但必须应用沥青牛皮纸将炸药包装完好，并不应与孔壁接触，从向孔内装药至起爆的相隔时间不大于 1h。

2）填塞炮泥，应待全部炮孔装药完毕后，以最短的时间填塞炮孔，且炮泥不含硫化矿物。

3）应采用孔口起爆方式。

（2）自爆警戒区的爆破安全技术措施。

1）装药前应采取多孔同步淋水降温措施，淋水降温时间不小于 30min。

2）爆破前必须测定工作面与孔内温度，装药前爆破作业面附近的非爆破工作人员应全部撤离；不应使用硝铵炸药、铵油炸药、铵松蜡和铵沥蜡炸药，应使用 2 号岩石乳化炸药，并用石棉织物或其他绝热材料严密包装炸药；孔内不准装普通雷管，可采用防热处理的黑索金导爆索起爆。

3）装药时，按从低温孔到高温孔，从易装孔到难装孔的顺序装药。

4）为及时掌握装药中炸药的温升情况，装药过程中必须加强安全监测。炸药装入炮孔底后，以药温不超过孔温为标准，若超过孔温则意味着炸药产生了明显的热分解或者包装破裂，有自燃、自爆危险。

5）填塞炮泥，应待全部炮孔装药完毕后，以最短的时间填塞炮孔，且炮泥不含硫化矿物。

6）从向孔内装药至起爆的时间不小于 1h。

（3）自爆危险区的爆破安全技术措施。

1）爆破前必须测定工作面与孔内温度，装药前爆破作业面附近的非爆破工作人员应全部撤离。

2）不应使用普通工业炸药，必须使用耐高温炸药，并用石棉织物或其他绝热材料严密包装炸药；不应使用普通工业雷管，必须采用耐温雷管。

3）装药时，应按从低温孔到高温孔，从易装孔到难装孔的顺序装药。

4）装药过程中加强安全监测。

5）填塞炮泥，应待全部炮孔装药完毕后，以最短的时间填塞炮孔，且炮泥不含硫化矿物。

6）从向孔内装药至起爆的时间不小于 1h。

7.4.6 放射性物质预防措施

放射性风险管控技术路线如图 7.7 所示。

1. 施工前做好勘测与防护设计

除了按一般隧洞开展常规地质勘测工作外，针对放射性这一特殊的地质问题，还应增加放射源区的勘测、开展辐射环境评估两项工作。需进行专门研究，分析地质发展史，掌握隧洞所处区域构造的位置，查明隧洞地处的局部构造、岩脉发育状况以及它们与矿点、矿化异常带之间的关系。采用新技术、新方法查异常点、分散晕、分散流，找矿化带、构造裂隙发育带、外接触带。注重矿化、水化分析，按影响程度划分等级区段，圈定影响范围。具体措施如下：

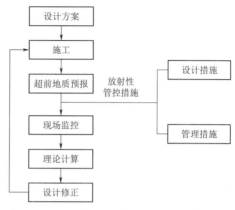

图 7.7 放射性风险管控技术路线图

（1）充分调研工作地区的放射性地质、物探及水化资料，从中重点提取与输水隧洞有关的信息。

（2）沿洞线开展放射性地质现场调查和样品采集工作，包括岩石 γ 照射量率和氡气析出率测量，钻孔岩心样品、地表岩石样品和水体样品的采集。

（3）对隧洞洞室部位的钻孔岩心样品、洞线穿过地区地表岩石样品和水体样品进行放射性元素分析测量。选择具有代表性的岩石样品进行浸泡试验。

（4）根据岩石 γ 辐射剂量水平和氡气析出水平，估算 γ 射线和氡气对工程施工人员产生的影响。

（5）根据岩石样品分析、水样分析和浸泡试验的结果，预测输水工程隧洞竣工投入使用后，洞室岩石和周围水体中放射性元素对被输送水体产生的影响。预测隧洞工程在施工和运营过程中辐射照射及放射性物质释放对环境影响的范围和程度，定量估算放射性物质向环境释放对个人、公众影响。

（6）根据放射性元素调查及影响分析评估结果，评估输水工程隧洞选线的合理性。提出优化辐射防护设计参数和相应的措施、办法，预测防护效果。

在放射性地质区隧洞位置必须选择从放射源含量小、强度低、离放射源保持足够的安全距离的部位通过，同时满足一般隧洞位置选择规范要求：根据放射源的状态、强度大小和辐射防护标准等级计算出最小安全距离，隧洞位置在平、纵、横断面与放射源的距离应满足最小安全距离要求，并在条件允许的情况下，尽量拉大与放射源的距离。也可以根据放射源分布状况，在满足最小安全距离的前提下，从它们之间的"缝隙"穿过，这样便于在隧洞内设置屏蔽作用的防护层并进行材料选择和厚度设计。

2. 隧洞施工过程的放射安全管理

（1）项目建设单位应建立职业卫生管理机构和责任制，配备专职职业卫生管理人员。项目建设单位负责人、职业卫生管理人员应经过职业卫生相关法律法规和专业知识培训。

（2）建立健全隧洞地下工程施工的职业健康安全管理制度：控制作业人员劳动时间，每次作业时间不宜过长；控制未婚或未生育工作人员进入隧洞地下工程内工作，以免丧失生育能力；根据职业病防治法的要求，用人单位必须依法参加工伤保险，尽可能为作业人员购买商业保险；对作业人员进行辐射安全的防护教育，普及放射性科学知识，提高作业人员的自我防护意识和能力，同时提醒作业人员日常注意增强体质，加强营养和充分休息，增强对放射性环境的适应能力和恢复机能。

（3）加强个人健康检查、检测制度：加强医学检查，进行上岗前、在岗期间和离岗时放射工作人员职业健康体检。在岗期间职业健康检查两次检查的时间间隔不应超过 2 年，必要时可增加临时性检查；从饮食上按照治疗矽肺病的要求，加强饮食配给和管理；加强个人剂量监测，给隧洞开挖相关人员佩戴个人剂量计，制定个人剂量监测计划，每天监测记录个人剂量数值，严格按个人剂量所显数值调整、确定工作时间。个人剂量计每月更换 1 次，并委托有资质单位检测；对作业人员须进行跟踪监测和身体检查，及时发现体内外受到辐射照射所引起的异常现象，保护人员的安全。

（4）制订施工期间放射防护安全操作规程：在施工现场入口处醒目位置设置防尘和防电离辐射等公告栏，在施工岗位设置警示标识和说明；严禁在洞内放射性物质浓度高的地段吸烟、进食和饮水等；施工人员施工时必须佩戴防尘口罩，口罩中的活性炭定期更换；洞口设置淋浴浴室及换衣房，下班后工人经淋浴后将工作服放在换衣房中，不得带入生活区，工作服和便服应分开存放和清洗。

（5）制定放射意外事故应急处理规程，配备应急事故急救员、医疗急救设备、急救药品、通信工具、个人防护用品等应急救援装备。

（6）根据实际需要为工作人员提供适用、足够和符合有关标准的个人防护用具，如各类防护服、防护围裙、防护手套、防护面罩及呼吸防护器具等，并应使他们了解防护用具的性能和使用方法。施工过程现场作业人员需配备防护口罩、防尘服、防尘帽及手套以尽量减少作业人员的身体与含氡的气体和水接触。

7.4.7　工程实例

以某调水工程为例，分析工程风险控制的具体方案。该工程包括 5 座输水隧洞，长度分别是 72.89km、0.75km、7.12km、24.26km 和 35.75km，隧洞总长 146.77km，施工通道 10 条。根据施工方案及影响范围，共分为六段进行风险分析，见表 7.2。

表 7.2　隧 洞 分 段 表

分　段	分段长度/m	工　作　内　容	施工方案
第一段	5080	隧洞进口、2 支洞控制段	钻爆
第二段	24107	TBM 控制段	TBM
第三段	27660	一洞双机，TBM 控制段	TBM
第四段	2293	支洞上下游	钻爆
	11750	TBM 控制段	TBM
	2000	隧洞出口段	钻爆
第五段	1000	隧洞进口段	钻爆
	23038	TBM 控制段	TBM
	220	隧洞出口段	钻爆
第六段	1000	隧洞进口段	钻爆
	8415	TBM 控制段	TBM
	7120	支洞控制段	钻爆
	17826	TBM 控制段	TBM
	1390	隧洞出口段	钻爆

对第一段进行详细的危险源分析、危险源评估、风险控制方案和安全建筑物设计。其他段的危险源评估和风险控制方案见汇总表。

1. 危险源分析

危险源分为两类，一是地质原因产生的危险源；二是由于施工活动产生的危险源。地质原因危险源包括：破碎岩体塌方、涌水、岩爆、软岩变形、高地温、放射性、有害气体、活断层；施工活动产生的危险源主要为：火灾、交通事故、触电、高空坠亡、炸药库、爆破施工等。

根据工程地质资料及工程布置，第一段存在的危害较大的危险源为岩体塌方及火灾，按部位、范围、发生时段及危害程度进行分析。

（1）破碎岩体塌方。该段采用钻爆法施工，存在 200m 长断层，施工开挖时，存在较大的塌方风险，将威胁施工人员安全。

（2）涌水。根据地质资料，该段存在 2 处突涌水，涌水量分别为 500m³/h 及 300m³/h，该段施工长度仅 2.3km，发生事故时人员可短暂撤离，风险基本可控。

（3）火灾。火灾发生的三大要素为：火源、可燃物、氧气。施工过程火源多种多样，火灾部位不确定。按火源产生的因素分析，火灾发生的起因包括：电路老化、超负荷运转、短路、满载车辆长距离下坡刹车片过热造成车辆起火等。发生部位除了随工作面变化的线路、电气设备外，还可能发生在大纵坡施工支洞（容易造成车辆起火）及隧洞主支洞交汇口部位。

该段隧洞包含 2 条施工支洞，支洞纵坡均为 12%，纵坡较陡，洞内施工机械处于长时间非正常运转，存在发生火灾隐患，即使进行定期维护也难以避免。由于施工支洞为上下游隧洞工作面唯一出口，如发生火灾，施工人员无法撤离，而隧洞中通风、供电将可能因火灾中断，因此对施工人员危害很大。

2. 危险源评估

根据事故发生的可能性和施工发生后果的严重性进行分析，见表 7.3。

表 7.3　第 一 段 危 险 源 评 估

危险源	事故发生可能性	人员暴露于危险环境的频繁程度	发生事故的后果	危险等级	风险描述	风险对策
破碎岩体塌方	可能、但不经常	每天工作时间内暴露	非常严重	Ⅲ	较大风险	采取措施
火灾	可能性小、意外	每天工作时间内暴露	大灾难	Ⅳ	重大风险	采取紧急措施

3. 风险控制方案

根据危险源分析，该段存在的风险有两项，分别是破碎岩体塌方和火灾。

针对破碎岩体塌方风险，参照铁路相关要求，在掌子面至二次衬砌之间设

置逃生管道。该段共设置工作面 4 个，经分析，1 个工作面可能发生破碎岩体塌方。在该工作面设置逃生管道长 50m，管道位置随着工作面的推进不断前移，直至通过断层带，见表 7.4。

针对火灾发生风险，该段共布置两条施工支洞，最大控制段长度 2.3km。参考煤矿相关规程，在主支洞交汇口处设置避难硐室，火灾发生时施工人员利用自救器向避难硐室撤离，待火灾发生后向洞外撤离。

表 7.4　　　　　　　　　　第一段安全设施统计表

序号	危险源类型	安全方案	备注
1	破碎岩体塌方	逃生管道	50m
2	火灾	避难硐室	
3	火灾	避难硐室	

4. 建筑物设计

（1）建筑物等级。逃生管道、避难硐室均属于临时建筑物，建筑物等级为 4 级。

（2）逃生管道设计。

1）布置原则：管道布置于掌子面和二次衬砌之间，距离掌子面不大于 20m，刚度、强度及抗冲击能力应满足安全要求。

2）管道布置：管道长 50m，管内预留工作绳，方便逃生、抢险、联络和传输各种物品。隧洞开挖洞径约 8m，管道内径不宜小于 0.8m，布置在隧洞右侧。管道用工字钢架离地面 40cm，材料采用壁厚 10mm、外径 820mm 的承插钢管，每节 6～8m。

（3）避难硐室设计。

1）布置原则：容量应满足突发情况下服务区内所有人员的避险需要，必须具备必需的安全防护、氧气、环境监测、通信、照明、人员生存保障等物资，保障时间不低于 96h。位置应避开地质构造带应力异常区和富水洞段。高度不低于 1.85m，面积不少于每人 0.9m²，底板高程高于隧洞底板高程不小于 0.2m。

2）避难人数：钻爆法单工作面开挖支护喷锚人数为 25 人，考虑 1.1 的系数，故钻爆法避难硐室设计避难人数为 28 人；TBM 施工人员可分为掘进、运输、皮带班、综合保障等，考虑系数，设计人数为 27 人，和钻爆法相当。

3）避难硐室按单工作面和双工作面分为两种类型。该段隧洞避难硐室为双工作面，长 13m，有效面积 52m^2。避难硐室采用城门洞型，出口设置两道门，第一道门抵挡一定程度的冲击波和有毒有害气体；第二道主要挡有毒有害气体，两道门之间为过渡室。硐室内设置有压风管道，布置应急通信系统，电缆采用埋入式。

5. 其他段危险源评估和风险控制方案汇总表

危险源评估和安全方案见汇总表见表 7.5、表 7.6。

表 7.5　　　　　　　　　　第二～第六段危险源评估汇总表

分段	危险源	事故发生可能性	人员暴露于危险环境的频繁程度	发生事故的后果	危险等级	风险描述	风险对策
第二段	岩爆	可能、但不经常	每天工作时间内暴露	较严重	I	可容许风险	关注
	火灾	可能性小、意外	每天工作时间内暴露	大灾难	IV	重大风险	采取紧急措施
	塌方＋涌水	可能、但不经常	每天工作时间内暴露	灾难	IV	重大风险	采取紧急措施
第三段	破碎岩体塌方	可能、但不经常	每天工作时间内暴露	非常严重	III	较大风险	采取措施
	涌水	可能性小、意外	每天工作时间内暴露	大灾难	IV	重大风险	采取紧急措施
	岩爆	可能、但不经常	每天工作时间内暴露	较严重	I	可容许风险	关注
	火灾	可能性小、意外	每天工作时间内暴露	大灾难	IV	重大风险	采取紧急措施
	塌方＋涌水	可能、但不经常	每天工作时间内暴露	灾难	IV	重大风险	采取紧急措施
第四段	破碎岩体塌方	可能、但不经常	每天工作时间内暴露	非常严重	III	较大风险	采取措施
	火灾	可能性小、意外	每天工作时间内暴露	大灾难	IV	重大风险	采取紧急措施
第五段	破碎岩体塌方	可能、但不经常	每天工作时间内暴露	非常严重	III	较大风险	采取措施
	火灾	可能性小、意外	每天工作时间内暴露	大灾难	IV	重大风险	采取紧急措施
第六段	破碎岩体塌方	可能、但不经常	每天工作时间内暴露	非常严重	III	较大风险	采取措施
	火灾	可能性小、意外	每天工作时间内暴露	大灾难	IV	重大风险	采取紧急措施

表 7.6　　　　　　　　　　第二～第六段风险控制方案汇总表

分段	序号	危险源类型	安全方案	备注
第二段	1	主洞火灾	移动救生舱	
	2	支洞火灾	避难硐室	
	3	塌方＋涌水	逃生通道	
	4	岩爆、火灾	移动救生舱	
第三段	1	塌方＋涌水	逃生通道	
	2	破碎岩体塌方	逃生管道	46m

分　段	序号	危险源类型	安全方案	备注
第三段	3	涌水	逃生通道	
	4	主洞火灾	移动救生舱	
	5	主洞火灾	移动救生舱	
	6	支洞火灾	避难硐室	
	7	岩爆、火灾	移动救生舱	
第四段	1	破碎岩体塌方	逃生管道	52m
	2	支洞火灾	避难硐室	
第五段	1	破碎岩体塌方	逃生管道	130m
	2	支洞火灾	避难硐室	
	3	主洞火灾	移动救生舱	
第六段	1	破碎岩体塌方	逃生管道	50m
	2	破碎岩体塌方	逃生管道	51m
	3	破碎岩体塌方	逃生管道	50m
	4	支洞火灾	避难硐室	
	5	支洞火灾	避难硐室	
	6	支洞火灾	避难硐室	
	7	支洞火灾	避难硐室	
	8	支洞火灾	避难硐室	
	9	主洞火灾	移动救生舱	

7.5　应急处理措施

应急处理措施是风险控制措施的组成和延伸，是进一步减小风险损失的重要途径，一般指在隧洞施工开挖过程中，风险事故即将或已经发生的情况下，通过采取紧急措施，避免风险事态进一步扩展，以尽量减小风险事故发生后产生的损失。

7.5.1　岩爆处理措施

1. 时间措施

岩爆发生后，会出现比较短暂的安定期。应高效利用这一时期规避和减小岩爆发生带来的破坏，对岩爆事件出现的频率和峰值进行分析，并于短时间内针对岩爆区采取合理措施进行应急处置，最大程度降低岩爆事件带来的经济效益损失。若岩爆较频繁，在开挖后 2～4h 内可停止施工作业，退后 100m 待避，可设法远距离向岩爆区岩面喷水，待岩爆缓解，基本无岩爆迹象后再进行后续工种作业。

2. 围岩喷水

在隧洞爆破作业后，及时对掌子面及周边进行喷/洒水是一种常用并且简单有效的方法，其主要目的在于软化周边围岩，降低岩石单轴抗压强度，从而有效地降低岩爆发生的几率和等级。另外，在具备岩爆的高埋深条件下，隧洞内地温一般较高，同时炸药爆破将导致洞内温度的进一步提高，围岩一般具有热胀冷缩的特性，及时喷洒冷水，可以降低周边围岩的地温场，从而控制岩石在开挖后的过度膨胀，达到降低岩爆发生的几率和等级的目的。同时，注水还能使裂纹尖端能量降低，并使裂纹突然传播的可能性减小，裂纹传播速度的降低，使裂纹周围的势能转为爆裂能的效率随之降低，从而减小剧烈爆裂的可能性。

3. 防护措施

岩爆一旦发生，应立即停机、待避，并在保证安全的情况下补充对工作面的观察，对工作面、边墙或拱顶进行仔细检查，并选取合理的支护加固措施。

在预测有岩爆，但尚未发生的情况下，应及时采取喷射混凝土、打设预应力锚杆及安设格栅钢架等防护措施。与普通喷射混凝土相比，防岩爆喷射混凝土应在爆破后及时进行，混凝土内可添加钢纤维和纳米级新锚喷添加剂。其中的钢纤维能提高混凝土的抗剪、抗折性能；纳米级新锚喷添加剂能缩短混凝土的初凝、终凝时间，同时可提高混凝土的强度增长速度以及与岩面的黏结力，改善混凝土的终期强度。这两种外加剂的加入能大大提高喷混凝土的支护效果和支护能力，对岩爆的防治起到积极作用。混凝土初喷后，并不能完全消除岩爆不安全隐患，围岩仍处于应力重新分布和能量积累的过程，一旦积累到一定程度，可能导致初喷混凝土支护失效。针对这种情况，应提高支护等级，初期支护可采用预应力中空锚杆、钢支撑、掺超细沸石粉喷射混凝土，以有效抵抗岩爆的发生。预应力锚杆以水力膨胀锚杆为宜，施作时间尽量选择在隧洞开挖后、岩爆出现前。锚杆安装后能提供全长的锚固力和黏结力，同时杆体能随应力释放适应 5～30cm 的围岩变形，且其锚固力能随杆体的拉伸而增加，可在治理岩爆方面取得意想不到的效果。格栅钢架在洞碴出完后及时安装，安装完成后复喷混凝土进行覆盖，不但能对围岩提供一定的支撑力，同时还能承受一定的围岩变形，改善隧洞周边的受力状况，避免应力集中诱发岩爆的发生。

4. TBM 施工时岩爆处理措施

(1) 开敞式 TBM 施工

对轻微岩爆可采用钻浅孔喷水释放应力，再进行锚网喷支护。

对中等岩爆，除了喷水、钻孔释放一部分应力外，还必须及时进行锚、网、喷、格棚或槽钢架支护，控制落石。同时现场确定是否架设全圆钢拱架支护。

对强烈岩爆，应架设全圆钢拱架，再铺以格栅或槽钢拱架，及时用混凝土回填塌穴。使用 TBM 上部外角为 6°的超前钻，预打补偿和超前锚杆，使岩体原始地应力释放，以便减缓开挖后的围岩应力，使之不发生岩爆或削弱岩爆。利用 TBM 后部的手动喷头，紧跟掘进进行喷混凝土支护，及时施作锚杆以阻止顶板的进一步破坏，防止剧烈的岩块弹射。

由于掌子面发生岩爆的频率往往高于洞壁，因此靠近掌子面的人员特别是对 TBM 进行换刀作业的人员受到的安全威胁更大。因此，在岩爆段换刀时，应迅速退机，使刀盘与掌子面保持一定距离，并用冷水喷洒或喷射混凝土后再进行作业。在 TBM 以及后续的配套设备上安装铁甲，构成一个防石棚，避免岩爆石块塌落伤人，砸毁机械设备。

岩爆有时并不是在开挖后立即发生。因此，TBM 施工过程中有必要组织专门人员进行安全常规检查，以确保过往车辆及人员安全。

(2) 双护盾式 TBM 施工

采用双护盾 TBM 进行隧洞施工，在管片和护盾的保护下，中、低强度岩爆对施工人员和设备的威胁不大。

施工中主要采取的措施是利用 TBM 设备自带的支护系统与钢拱架及时支护，并及时实施锚喷封闭围岩，出喷射区后，及时对岩爆松散体进行固结回填注浆，减少由于应力过度释放造成的围岩松软，确保施工安全。

对于可能发生强烈岩爆的洞段，双护盾式 TBM 掘进后，可对围岩表面喷水湿化围岩；采用超前钻孔，并在钻孔中灌水，增加岩石湿度，释放地应力；采用重型管片支护。若有条件，可增加声发射法监测岩爆源，进而确定隧洞岩爆可能发生的部位，及时进行相应的加固。

7.5.2 软岩大变形处理措施

针对隧洞初期支护大变形侵限、仰拱隆起、衬砌开裂及塌方等灾害，主要采取以下处理措施，确保施工安全和结构安全。对于已出现大变形且无有效控制的部位，采用套拱、换拱、拱脚喷混凝土等支护补强措施，从而抑制围岩大变形的继续发展。

1. 初支换拱

对初期支护大变形侵限和塌方段进行注浆处理后，采用风镐和破碎锤拆除喷射混凝土，人工开挖侵限围岩，预留沉降量，对侵限拱架逐个更换钢拱架，及时封闭成环。

2. 重做仰拱

对仰拱隆起段注浆处理后，采用破碎锤拆除上浮仰拱，机械配合人工开挖仰拱，钢拱架及时封闭成环，并及时施作仰拱钢筋混凝土和填充混凝土。禁止采用爆破拆除，以免对围岩产生二次扰动，引起围岩大变形。

3. 拱背回填注浆

检测二次衬砌背后是否存在不密实或空隙，对不密实或空隙的地段采用注浆回填，以改善衬砌受力条件，使围岩压力均匀作用于衬砌，从而提高结构的安全度。

4. 裂缝处置

(1) 施工缝开裂的处置。针对施工缝开裂的情况，可根据雨季渗漏水情况，适时采用凿槽埋半圆管引排后封堵，若施工缝未发生渗漏水，可暂时不做处理。

(2) 纵向裂缝的处置。针对二衬混凝土纵向裂缝，可采用注射环氧树脂进行封堵，若存在渗水裂缝，可采用凿 U 形槽埋管引排处理。

(3) 二次衬砌结构加强。在对既有衬砌结构进行裂缝处置和注浆回填补密实措施后，可凿毛衬砌表面，在衬砌表面植入钢筋，铺设钢筋网，并于衬砌植筋有效焊接，采用喷钢纤维混凝土形成套衬。

5. 侵占二次衬砌厚度的处置

隧洞变形量超过设计允许变形量后，为保证初期支护不侵占二次衬砌限界内，可采取拱架置换措施。针对侵占二次衬砌厚度断面的钢拱架，进行逐榀间隔交替换拱处理，保证二次衬砌断面后施作二次衬砌混凝土。在换拱位置及周边范围内预先注浆加固围岩，钢拱架拱脚及墙脚部位增设锁脚锚管。换拱期间，增加变形监测断面和频率，连续监控变形发展情况及趋势，一旦有险情立即组织抢救。

7.5.3 涌水突泥处理措施

1. 防排水

水具有软化围岩、降低围岩承载力的作用，是发生突泥涌水的重要因素。防排水措施是涌水突泥处理的最重要措施。突泥涌水段防排水可遵循"堵、排结合，因地制宜，综合治理"的原则进行施工，对裂隙水妥善处理，以形成一个完整通畅的防排水系统。

（1）当涌水量不大、涌水类型为基岩裂隙水时，在大范围内进行注浆不经济，也会对隧洞的建设工期产生较大影响，可按"适量排放"的原则，做好隧洞施工排水和运营排水。

（2）当涌水量较大、涌水集中在比较短的范围内，严重影响隧洞的掘进进度时，可采用超前注浆和帷幕注浆技术、径向注浆的方式进行堵水来加快隧洞的施工。

（3）施工中出现较大集中涌水时，采取局部注浆的方式进行封堵，对剩余的小股涌水进行集中引排。同时加大施工中抽水泵站抽水能力的配备及储备，按设计中预测的最大涌水量配备各级泵站。

为了防止发生涌水风险事件，在施工中要严格控制台阶的长度，并随时进行补注浆，确保施工安全。当开挖后渗水较大时，可以在初期支护背后埋设一定数量的环形排水盲管引排渗水，同时在初期支护两侧边墙上钻设一定数量的排水孔引排渗水，让渗水从孔中排出，防止渗水在初期支护背后回流堆积。

2. 加固

以往对突水突泥进行处理时，采取注浆加固改良地层和超前管棚支护等措施，出现了许多成功的案例，但也出现了一些事故。为提高不良地质处理效果，确保万无一失，可采取"注浆改良＋加筋锚固＋超前管棚"的综合处理措施，形成"注－锚－支"联合支护体系，在掌子面处，对松散体进行注浆加固，形成稳固的核心土。在处理过程中，可能会遇到坍塌的钢架、锚杆等，完全避开难度较大，因此要求钻机能钻穿钢架，减少调整位置时出现注浆加固盲区；同时须保证钻孔精度，以减少因钻孔位置偏差出现注浆加固盲区；另外，当注浆加固范围较大时，钻机需移动方便、定位准确。总之，为确保处理的质量和进度要求，需采用较为先进的钻孔机械设备。

3. 清淤

隧洞发生突水突泥后，如果不进行清淤，难以恢复施工。但清淤又是一项风险极高的工作，极易引发规模更大的突水突泥灾害，甚至出现人员伤亡。因此，隧洞发生突水突泥后，不应贸然清淤，必须在清淤之前对清淤风险进行评估，提出合理的清淤范围和措施。待塌方体稳定后进行淤泥清理时，应避免扰动塌体，24h 不间断观测塌体涌泥状态，做好应急预案。原则上采取台阶法清淤，以尽量减小清淤断面面积。清淤前应制定完善的安全清淤施工组织措施，清淤过程中随时观察，及时进行封堵。也可采用微台阶环形掏槽开挖方式施工，为防止掌子面失稳，也可参照"挤淤换填"的工法，进行片石回填。如果松渣的稳定性较好，可以根据现场情况取消临时支护工程。

4. 塌腔和溶洞处理措施

对塌腔内填充物的处理加固是进行隧洞施工的前提。根据地表塌陷形态观测，结合隧洞掌子面的实际围岩状况，判断、推测溶岩漏斗发育规模及滑移方向。对塌腔体内的底部填充物进行注浆加固，充分利用钢花管的有效刚度和长度，通过注浆改善、提高土体颗粒间的抗剪性能，约束塌腔体内填充物进一步下滑的可能；然后逐步清除洞内突泥，打开所需工作面，进行洞内超前支护及周边注浆加固，最后恢复隧洞开挖掘进，喷锚支护。其核心思路为：通过注浆改善土体的力学性能，提高自稳能力，同时在掌子面滑动口形成止浆墙，在拱顶一定范围内形成一个较为紧密的承压拱，把不利条件转化为有利因素，从而保证洞内施工的安全。

溶洞处理需根据超前探测结果及现场揭露的溶洞具体特征采取针对性的技术措施。对于开挖面前方的岩溶空洞，必须提前进行压浆充填。对充填比较密实的溶洞，可采用超前小导管预支护的方式，台阶法施工。对开挖后才暴露的小溶洞，可采用混凝土回填，保证施工安全。发生挤压大变形时，可采用多重支护、分次施工支护技术控制变形，改善隧洞结构的受力条件。

对于隧洞底板以下较小的溶洞、溶穴，可采用清淤换填、洞渣回填、浆砌石回填；对于隧洞侧壁上规模较小的溶洞、溶穴，可采用浆砌石回填；对于隧洞拱部的溶洞、溶穴，可采用锚喷钢筋网加固溶洞壁、浆砌石回填等措施；对规模较大的溶洞，应在确保溶洞稳定的情况下，采取梁、板、拱等跨越办法。对有水溶洞，在隧洞防水层外设排水管将原溶洞接通，排水管根数根据水量大小确定。

5. 后续开挖

因突泥涌水将掌子面前方坍塌的岩土体带出形成的空洞，实际施工时，对前方空洞可采用泵送混凝土在拱顶上方形成混凝土保护壳体。施工过程中，通过超前探孔控制预埋泵送管高度，同时，埋设泄水管。泵送混凝土达到强度后，由泄水管充填缓冲材料，以抵抗塌腔继续坍塌对拱顶初期支护的冲击破坏。待管棚注浆结束双液浆强度达 80% 以上后，开始开挖。开挖工法仍然采用三台阶法等，并缩小上台阶高度逐榀开挖支护。采用三台阶-预留核心土-环形开挖法或微台阶留核心土环形掏槽开挖方式施工。为加固松渣和加强临时开挖边仰坡稳定性，还应增加注浆及锚喷防护。

7.5.4 有毒有害气体处理措施

1. 管理措施

当监测到有毒有害气体溢出应立即开启备用风机，加大隧洞内通风量，并绝对避免火源的产生。同时加大对该工作面有毒有害气体浓度的检测频率，密切注意其浓度的变化。

救援人员必须佩戴个人防护器具方可进入中毒环境，并在危险区外留有监护人员，做好救护准备，尽可能减少人员中毒或伤亡事故发生。

接到有害气体超标的报告后应立即暂停洞内一切施工，撤出洞内所有施工人员和施工机械，切断洞内的施工用电，并向洞内持续通风；组织现场勘查，加强通风、加强监测、疏散现场人员、加强安全防范，直至洞内有害气体浓度恢复正常后方可组织人员进入。恢复施工前，首先对洞内机电设备进行检查，确保完好后，方可复电正常施工。

2. 中毒急救措施

丙酮及糠醛中毒急救措施。皮肤接触：脱去污染的衣着，用肥皂水和清水彻底冲洗皮肤后及时就医。眼睛接触：提起眼睑，用流动清水或生理盐水冲洗后及时就医。吸入：迅速脱离现场至空气新鲜处，保持呼吸道通畅，如呼吸困难，给输氧，如呼吸停止，立即进行人工呼吸，及时就医。食入：饮足量温水，催吐，就医。

硫化氢中毒急救措施。中毒人员应迅速脱离中毒现场至空气新鲜处，有条件的要给予吸氧，保持呼吸道通畅，并保持安静，卧床休息，注意保暖，严密观察病情变化。对中毒人员中的呼吸、心脏骤停者，救援人员应立即对其进行心肺复苏，对休克者让其平卧，头稍低，对昏迷者及时清除其口腔内异物，保持呼吸道通畅。中毒人员中有眼部损伤者，应尽快用清水反复冲洗。以上人员均应被迅速送往医院进一步处理。

3. 工程措施

目前最常用、最简易的方法是用混凝土进行衬砌，使混凝土衬砌成为一个低渗透率的屏障，可采用带仰拱预防有害气体层的封闭衬砌或气密性混凝土来实现。对仰拱与边墙联接处，为防止水泥收缩产生裂隙，可预留一定宽度的槽，待仰拱和边墙的混凝土达到设计强度后再用膨胀水泥塞缝，以防止有害气体渗出；当衬砌所封闭的有害气体压力较大时，在采用曲墙或带仰拱的封闭衬砌的同时，在衬砌背后沿隧洞线上坡方向预留有害气体的排放通道以降低其压力。

采用管片衬砌时，接缝均应进行气密处理，其封闭性能不应小于管片衬砌本体，有条件的进行接头气密性试验。为保证接缝处管片的密闭性，该处管片拼装及纠偏尽量减少采用软膜衬垫，直接采用楔形管片进行动态调整。

通过水泥注浆能很大程度地填堵岩土体中的节理裂隙、孔隙等，对有害气体溢出点进行局部封堵，可减小逸出量及逸出速度，因而在隧洞中对封堵有害气体具有一定的适用性，注浆孔位置根据现场情况确定。

7.5.5　高地温处理措施

1. 高温水引排

为降低掌子面附近环境温度，需对施工中出现的高温裂隙水及施工废水进行集中引排。可选择引入掌子面附近的临时蓄水池，临时蓄水池采用遮盖保温板方式保温，或用水泵及时将集水坑内混合水排出洞外，缩短热水在洞内与周围空气进行热交换的时间，有利于降低洞内环境温度。水泵的容量应根据洞内温泉热水的涌出量进行及时调配，并准备一台备用水泵。

2. 加强通风

隧洞内温度高于洞外环境温度多半由岩体散热、施工机械散热、洞内爆破

散热、衬砌混凝土水化热等引起的。

在采用通风降温时，增加通风量和加大风速是降温的主要方法。加大风量可让空气迅速吸收岩体释放出的热量，提高风速可增强对流散热效率。必要时可选用风机分散串联的办法确保风管的漏风长度，实现加大风压和风量。但由于过高的风速会引起粉尘颗粒飞扬扩散，对身体健康不利，风量和风速的增加都是有一定限制的。

隧洞施工通风中，压入式通风使用最多。低温风流直接通过管路送到开挖面，利于通风降温，因此一般情况下建议采用压入式通风方式；特殊情况下则应根据生产要求采用更加合理的通风方式。布置通风系统时注意尽量使新鲜风流避开洞内热水、机电设备、碴石以及掘进面回风等局部热源的影响，以免新鲜风流自身发生温升。

通风时尽量选用隔热风管。风管隔热可选用三层隔热风管或双层隔热风管。双层隔热风管一般由两层普通软风管组成，中间以空气作为隔热层；三层隔热风管一般是外层为防水防腐粗帆布，内层为无级聚苯乙烯薄膜，中间夹一层玻璃纤维或其他隔热材料。

大型机电设备尽量采用独立回风。隧洞施工中的一些大型机电设备的发热量很大，如果这些设备布置在进风流中，将增高掌子面的送风温度，所以高温隧洞内的大型机电设备应尽量建立独立的供风系统。

在工作面附近采用局部通风措施，加大局部通风强度，提高工作面的风速。在布置洞口外面的通风机时，最好远离洞口 30m，以防洞内排出的热空气循环再次进入通风机中，影响通风降温的效果。

3. 制冷系统

降低隧洞内的温度一方面是为了保障现场施工人员的安全，同时还需要保证现实施工机械的正常运作。可采用"冰镇"法来保护挖掘机和装载机的液压臂和发动机，降低液压油的工作温度，让机械发挥正常作用。

可采取人工制冷降温。制冷机按容量和设置位置可大致分为两种：洞内独立移动式制冷机和洞外大型固定式制冷机。

（1）独立移动式制冷机，即在各工作面实施局部制冷的方式。

（2）大型制冷机是安装在隧洞外的集中固定式制冷方式，即制冷机在隧洞口冷却全部进风，制冷机的冷水用送水管送往工作面附近与移动式热交换器配套，组成局部冷却的分散制冷方式。

于隧洞洞口附近设置制冰房，采用大功率冰柜、冷却制冰机制冰。根据洞内温度，在隧洞内施工人员较多处每处放置 3～5 组冰块，可有效降低周边范围温度。在开挖工作面处安设喷淋器，通过喷淋冰水与回风流充分接触，以提高降温效果，并解决开挖工作面防尘问题。

4. 应用隔热材料

利用热导率低的隔热材料来减少热交换，以达到降温目的。此材料大多用于管道、岩面和风筒隔热等方面。

（1）围岩隔热：当围岩温度在 80℃ 以上时，环境温度对初期支护和二次衬砌的强度及耐久性影响较大，属特高地温隧洞。此时支护结构可考虑设置隔热层。通过试验比选，硅酸盐复合隔热材料和硬质聚氨酯隔热材料均具备隔热性能优良、结构强度较高、耐酸耐碱、施工便利等优点，对隧洞工程，硬质聚氨酯隔热材料能发挥出更好的隔热效果。对高温原岩的放热，可以通过在隧洞壁面涂敷一层隔热材料或纤维喷层纤维喷射混凝土能降低隧洞壁面与空气热传导系数的物质，来减少原岩对空气的放热量。

（2）管道与水沟隔热：热水对风流的加热是非常明显的，反坡排水时建议采用隔热效果较好的排热水管道；顺坡排水时需对水沟加盖隔热板，盖板之间用水泥砂浆勾缝，每隔 5～6 块盖板留一块活动盖板，以便进行清理。

5. 支护措施

高温使浇筑混凝土组分发生一系列的物理化学变化，可导致高温混凝土力学性能劣化和结构损伤，如：高温使混凝土内部的含水量发生变化，改变水灰比，直接影响混凝土的强度；高温会加快水泥水化速度，从而降低混凝土质量；高温环境不利于水泥水化热及时散发，从而限制了混凝土早期强度的发展，而且会引起混凝土内部温度大幅升高，产生附加温度应力，可能导致混凝土开裂。

为减少隧洞内热量供应，施工中沿开挖轮廓采取适当隔热措施。隧洞初期支护喷射混凝土中添加引气剂，使喷射混凝土内部形成不连续的封闭气泡，降低导热系数。此外，模筑混凝土还应考虑以下方面：

（1）采用合适的水灰比，还要考虑到混凝土的耐久性，采用分离粉碎型高炉矿渣水泥，通过试验优选混凝土配合比和掺合剂，防止高温时混凝土强度降低。

（2）一般要适当缩短衬砌混凝土的浇筑长度。

（3）为了混凝土衬砌的收缩可以不受约束，缓冲材料可选用防水板和无纺布组合而成。

（4）一般在两侧拱角延长方向适当设置裂缝诱发缝。

7.5.6 放射性物质处理措施

在隧洞施工过程中，只要认真做好防护，并加强通风，即使在浓度较高的辐射地区，也可以把辐射伤害降低到合理的范围之内。

1. 通风措施

加强通风和湿式作业，通过不断地向工作面供给足够数量的新鲜空气，稀释、抑制和排除氡、氡子体和粉尘及其有害物质，调节工作面空气条件，保证工作面有害物质不超过浓度限值。

2. 喷雾和水幕降尘措施

（1）喷雾降尘。利用各种喷雾器，将水雾化成微细水滴喷射于空气中，使水滴与浮尘碰撞接触，尘粒被水捕捉而附于水滴上或者被湿润的尘粒互相凝结成大颗粒，从而加速沉降，快速变为落尘。喷水还可使岩尘降落在周壁，在装运过程或受风流作用时不易扬起。还可以通过高压喷雾吸收的方式大大降低粉尘浓度，有效改善施工条件。

（2）水幕降尘。隧洞内主要粉尘来源为钻孔、爆破、装渣、扒渣时掀起的粉尘产生的岩硝等固体颗粒。为确保洞内空气清洁，在隧洞距掘进迎头处设置水幕降尘装置。将水幕降尘器置于掌子面和衬砌台车附近，使用时打开阀门，形成水雾带，水晶雾化后，迫使粉尘迅速降落，可有效地降尘和控制矿尘扩散，当氡气、氡子体经过水幕区时部分被清除，减少了放射污染。

通过以上合理的通风方式，辅以有效的降尘手段，可有效减少放射污染。

3. 结构防护措施

通过评估可能产生辐射照射强度、结合工程防护等级，合理选择吸收物质作为防护材料，并计算出所需厚度，作为隧洞支护和衬砌的设计依据。屏蔽 γ 射线的材料一般有混凝土、重晶石混凝土、铅、铁、砖等或多种材料的组合，衬砌结构中可考虑铺设无纺布、PE 防水、缝设 BW 止水条、不设泄水孔、全封闭断面等措施，同时要求喷射、模注径的密实度必须达到设计要求。洞内永久排水沟采用密闭盖板式等施工防护设计。

在存在放射性物质的破碎围岩中施工时，应对围岩进行预注浆，达到稳固围岩、防止围岩坍塌、隔离核辐射的目的。先期预注浆为使用先进设备的施工工艺提供了安全保障且施工方便，可大大提高生产效率，降低对作业人员的辐射时间。对施工中在隧洞周边发现的局部零星的小块铀矿石，应立即进行清除并采用素混凝土充填捣实，及时喷射混凝土。

4. 时间防护措施

在工作场所存在内外照射线的环境下，受照射的累积剂量与照射时间成正比，受照时间越长，所受照射累积剂量越大。因此，在不影响工作的前提下，应尽可能减少在放射源旁停留的时间。在进行爆破、扩帮等受辐射较大的工作时，必须随时进行剂量监测，以确定操作人员工作时间和所受的附加剂量当量。当照射量达到国家安全标准限值后应组织数人（班组）轮流作业，如由原"三八"制改为"四六"制，使个人所受的射线剂量在最高允许剂量以下。施工过程需根据实时监测结果对作业人员的可接受作业时间进行调整，确保人身安全，达到防护目的。

5. 距离防护措施

点状放射源所产生的辐射强度，与距离的平方成反比，距离增加一倍，剂量率减少到原来的四分之一。因此，施工过程中应尽可能增大人与处理物之间的距离。在进行隧洞衬砌等工作时，合理控制裸露岩石段的长度，尽量减少工作人员与裸露岩石直接接触的时间和面积，在实践工作中常使用远距离的操作工具，如：长柄钳子、机械手、远距离自动控制装置、多臂钻等。

另外，还可增加屏蔽防护，如：高密度物质如铅、铀等都具有良好的屏蔽效果。在多臂钻两侧安装移动铅屏、铅围裙，多臂钻操作手佩戴铅玻璃眼镜等措施可有效减少对作业人员的辐射。

6. 放射性废物治理措施

（1）废渣治理

隧洞弃渣含有天然放射性物质，如处理不当将会对周边环境造成极大的污染。弃渣地点必须选择远离水源地的偏僻山沟，弃渣作业之前，应在渣场四周设排水沟，并把原有地表溪沟、流水沟进行改道，使自然溪水不再流经弃渣堆；弃渣作业完成后，采取全部埋置的方法，把弃渣推平、压紧，在其上覆盖足够厚的黄土并植草、栽树。

（2）废水处理

应在隧洞附近设置封底水池和裸底水池。若放射性元素含量不超过露天水源的限值，可随非放射性废水一起处理；若含量超过露天水源的限值，应将隧洞废水排入封底水池，经过长时间裂变后将水抽入裸底水池，由裸底水池慢慢浸入地层中。

（3）废气处理

含放射性物质废气排放点应远离生活区和居民区。

7.5.7 工程实例

现以几个工程实例分析工程风险处理措施的具体实施。

7.5.7.1 锦屏二级水电站辅助洞岩爆处理

1. 基本情况

锦屏二级水电站辅助洞东端工程由 2 条平行隧洞洞 A、B 组成，位于锦屏二级水电站 4 条引水隧洞的南侧。洞 A 洞长 17485 m，成洞断面宽 5.5m，净高 4.5m。洞 B 洞长 17504m，成洞断面宽 6.0m，净高 5.0m。2 条洞水平中心线距离 35m。

辅助洞最大埋深 2375m，埋深大于 1500m 的洞段长度约 12875m，占全洞长度 73.1%。隧洞围岩主要为碳酸盐岩及少量砂岩、板岩、绿泥石片岩，厚层块状大理岩在洞线上分布长度约 8600m，碳酸盐岩类在整个洞线上约占 91%。围岩以Ⅱ类和Ⅱ类、Ⅲ类为主，Ⅲ类、Ⅳ类仅占 7%～8%，成洞条件好。

隧洞采用钻爆法施工，洞 A 掘进 3986m，洞 B 掘进 4150m，隧洞埋深达到 2000 m。根据 TSP 探测结果，施工洞段岩石动态杨氏模量为 92GPa，单轴抗压强度（干）为 110 MPa，垂直地应力为 38.02MPa，纵波波速为 5800m/s，波速比为 1.66。在施工过程中，轻微岩爆频繁发生，中等～强烈岩爆多次发生，造成掌子面停工，设备损坏，对工程进度及施工安全产生了较大影响。

2. 原因分析

采用上述 TSP 探测资料结果进行岩爆预测。预报如下：岩石单轴抗压强度为 110MPa，垂直地应力 38.02 MPa，根据修改后的谷－陶岩爆分级表，此洞段已属于Ⅲ级中等偏强的岩爆。另外，此洞段大理岩为脆性岩石，地质勘察和现场施工开挖均表明大理岩体结构完整。综上所述，辅助洞埋深 2000m 洞段"轻微岩爆频繁发生，中等～强烈岩爆多次发生"成为必然。

3. 工程处理

主要采用加固围岩、改善围岩应力条件和改变围岩物理力学性质等措施。

（1）加固围岩措施。

1）喷射钢纤维混凝土。喷混凝土作用主要是将未清除干净的小石块黏结在一起。钢纤维混凝土比普通混凝土更富有柔性，能承受较大变形。

2）施作系统锚杆。主要作用是防止洞室周边岩体壁裂、剥落、岩体塌落。施工钻孔还可解除岩石中部分应力。当掌子面发生岩爆时，向掘进前方打超前锚杆加固。锚杆长度一般采用两倍的爆破进尺长度，且采用膨胀锚杆，可以将岩爆对隧洞掘进的干扰降低到最低程度。

3）采用钢筋网，并加连接筋，配合锚喷支护，对围岩进行加固。

4）采用钢筋网或钢支撑配合锚喷支护，对围岩进行加固。这主要用于剧烈岩爆。

（2）改善围岩应力条件措施。

1）打超前钻孔，预释能量，并且作超前膨胀锚杆。

2）施工时，爆破开挖采用短进尺、多循环，减小一次长进尺施工时的爆破震动。

3）加强光面爆破效果，减小应力集中。

（3）改善围岩物理力学性质。主要在掌子面和洞壁经常喷撒冷水，降低表层围岩强度。

7.5.7.2 鄂西宜巴高速公路峡口隧道软岩大变形

1. 基本情况

峡口隧道位于鄂西兴山县峡口镇境内，隧道采用分幅式，其左幅长 6456.0m，右幅长 6487.0m；隧道最大埋深约 1478m，属深埋特长隧道。隧道开挖后，进口段围岩变形强烈，监测数据显示局部最大拱顶下沉量累计达到了 64cm，两侧拱腰收敛变形达 20cm，部分断面已发生侵限现象。初衬裂缝首先自拱脚部位产生，初期为羽状剪裂纹，随后向拱顶发展，最后形成贯穿裂缝，裂缝宽度达 1～2cm，钢架现扭曲变形成"S"状或麻花状，对隧洞安全十分不利。

2. 原因分析

隧洞进口段围岩分级为Ⅵ类围岩。掌子面揭露围岩情况显示，洞段岩体节理、裂隙遍布，岩体非常破碎，岩层呈薄层、交互状，开挖后自稳能力差，易垮塌；围岩在水平地应力挤压作用下产生弯曲变形，形成褶曲。根据埋深240m的隧道现场断面测试结果，洞身最大水平应力为13.06MPa，横断面最大初始应力为12.37MPa，对应岩体（炭质页岩、砂质页岩、砂质泥岩、粉质泥岩）的单轴抗压强度为2.5～8.7MPa，最大水平主应力与隧道轴线交角较大，对隧道围岩的稳定性不利。

3. 工程措施

（1）优化开挖方法，快速封闭成环。高地应力软岩隧道围岩自稳能力差、变形快，支护体系若不能尽快封闭成环，隧道易失稳坍塌。原设计对峡口隧道Ⅳ级围岩的开挖采用正台阶环形法，由于出现大变形、部分断面侵限现象，后在高地应力软岩段考虑改用CRD法开挖。

（2）合理预留变形量。合理预留补强空间可有效释放蕴藏于高地应力场中的围岩压力，以降低支护结构受力。根据围岩量测数据及时掌握围岩变形情况，结合施工现场变形实况和数值计算结果，预留变形量由原来设计的120mm调整为200mm，并在拱脚处适当加大预留变形量，辅以可伸缩U形钢架，紧密结合监控量测，动态调整优化钢拱架受力，保证拱架受力均匀，通过变形控制及时动态补强，减少拱架扭曲破坏。

（3）小导管注浆预加固。小导管采用外径42mm、壁厚3.5mm热轧无缝钢管制作，长4.0m，钢管前端10cm加工成尖锥状，以减少入孔的阻力。小导管前端2.9m范围内管壁四周钻6mm注浆孔。施工时小导管与中线平行衬砌，以5°～10°仰角打入拱部围岩，钢管环向间距40cm。

（4）锚、喷、网联合初期支护。峡口隧道高地应力段初期支护采用锚、喷、网联合支护结构，初期支护参数调整为：喷射混凝土厚26cm；8钢筋网（间距25×25cm）全断面布置；钢架采用U29型钢，间距1.2m；型钢间采用ϕ22纵向连接筋连接成整体；锚杆采用ϕ22砂浆锚杆，长4m，纵环向间距120×100cm，梅花形布置。

（5）适时二次衬砌。根据峡口隧道变形监测规律分析，隧道软岩地段变形速率小于5mm/d时，应立即施作40cm厚的钢筋混凝土二次衬砌，距离掌子面

40～50m，让衬砌承受部分形变压力，可有效控制大变形发展。

4. 实施效果

施工中监测结果显示，隧道采用大变形控制技术施工后，支护结构受力趋向平稳，拱顶、水平收敛累计沉降量与沉降速率量测结果最终都趋于收敛，拱顶位移沉降率得到很好控制，最终下沉量未见增长，后期周边位移增长缓慢，围岩趋于稳定。

7.5.7.3　瑶寨隧道突泥涌水

1. 基本情况

瑶寨隧道位于广西河池市，是六寨至河池高速公路控制性工程之一，隧址区位于云贵高原向广西丘陵及黔中高原向广西盆地过渡地带。隧道上行线长度为 2674m，隧道洞身北面约 500m 处为团结水库，水库容量约 10 万 m^3，水面标高比洞身地面高出约 60.00m。

2011 年 2 月 12 日，隧道进口 ZK47＋067.00 掌子面处突然发生大规模突水突泥地质灾害，由于春节后复工，掌子面还未动工，隧道内仅有几名检修二衬台车的工人，突水突泥发生后，工人迅速撤离。

2. 原因分析

经现场调查勘察，隧道洞身突泥段处于谷地位置，降雨时补给量大，地下水较丰富，属于重力渗入水，围岩为二迭系栖霞组岩面之上的接触破碎层，为透水层，而且是地下水向下运动过程中的聚水带。连续两天出现强降雨，降雨大大补充了地表水与地下水，使地表径流与地下渗流加大，隧道掌子面围岩为砂性土质，遇水强度和稳定性大大降低，加之掌子面封闭，使得掌子面以上水压较大，最终崩塌，发生突水突泥。

3. 工程措施

(1) 地表塌陷排水固结处理。设立警戒线、警示牌，新修便道，疏导交通。查找水源，进行排水、堵水，确保地表水不流入塌陷坑内。采用"防、排、堵、引"措施，将水库坝脚的漏水及时排走，分段堵截地表水，并在适当位置加设发电机组配合潜水泵，尽量抽干地表水，减少流入陷坑的水流。同时，在陷坑周围砌环状浆砌片石截水沟，减少突发性强降水流进塌陷坑。塌陷坑附近排水管采用水泥砂浆抹面，加快排水，减少地表水渗入地下。抽干陷坑内积水，在陷坑底部用水泥搅拌成水泥浆，用于加强陷坑底部土层和防水作用，再用土对陷坑进行分层回填，回填土略高于原地面，有助于地面排水。

（2）洞内塌体清除和初期支护加强处理。对地表陷坑进行回填后，对隧道进口突泥处先进行洞内抽水，观察淤泥及地表塌陷坑情况，如地表稳定，继续抽水，直至抽干隧道内积水。进行隧道洞内塌方淤泥清理，在清理时要求随时观察陷坑回填土沉降情况。洞内清理塌方直至塌方撑子面20m左右或清理时发现塌体出现不稳定的情况时，停止清理工作，开始对塌方体采取加固措施。加固方案为：清理剩余塌方体前，沿两侧拱墙开槽，预埋土工布包裹的60PVC管，并用碎石回填以利于游离水的排出；清理剩余塌方体时，将塌体部分做成台阶，顶部及塌体表面采用砂袋反压和喷射混凝土封闭，并预埋42注浆小导管，长6m，每断面布设9根，从下到上，先两边后中间，钻一孔、注一孔，再钻另一孔，依次进行，如此循环，直至清理所有塌方体。清除完所有塌方体后，对撑子面采用分台阶和环形预留核心土进行上部开挖，并采用长度为6m的注浆小导管对前方进行注浆加固，环向间距30cm，与设计的超前小导管联合作用形成双环小导管。

（3）洞内塌体清除和初期支护加强处理方案的调整。及时施作仰拱及二衬，上台阶长度控制在一倍洞径以内。径向注浆小导管对已施工的初期支护进行加固处理，环向间距1.0m、纵向间距0.8m，$L=4.0$m。然后及时施作仰拱封闭成环，并根据监控量测结果，对侵入二衬超过5cm的初期支护进行换拱处理，及时施作二衬。采用预留核心土法开挖，预留核心土面积不小于开挖断面的50%，核心土长度≥5m。为保证处理塌方安全，用装满土的编织袋做施工平台，平台长5~6m，上台阶高度3.6m，采用51mm自进式锚杆进行超前支护，自进式锚杆长度$L=6$m，纵向搭接长度为3m，环向间距30cm，径向锚杆改为$42×4$mm径向注浆小导管，间距$1.0m×0.5m$，$L=4.0$m，采用水泥-水玻璃双液注浆。

4. 实施效果

通过对隧道突水突泥地段采取地表塌陷排水固结、洞内塌体清除、加强初期支护和降低围岩级别等治理措施，隧道施工正常进行，未发生其他不利情况。治理后对该段进行监控量测，各项数据均满足要求。目前，该隧道已正式通车一年多时间，通过运营期观测，未发现有关病害，表明治理方法稳妥可靠。

7.5.7.4　秦岭隧洞有毒有害气体

1. 基本情况

陕西省引汉济渭工程属于跨流域调水工程,其中秦岭隧洞越岭段为无压洞,全长 81.78km,纵坡 1/2500,秦岭隧洞越岭段采用 2 台 TBM 施工(施工总长度 39.02km)和钻爆施工(施工总长度 42.76km)的施工方案。

秦岭输水隧洞埋深大、洞线长、洞径大,经常面对岩爆、突涌水、有害气体、塌方等风险,地质情况十分复杂。其中有害气体的发生不确定性高,危害大,可直接导致作业人员中毒,甚者引发爆炸,严重威胁工程安全。

2018 年 2 月 23 日凌晨 3 时 25 分,引汉济渭工程岭北 TBM 施工至 K47+912.7,TBM 护盾尾部 7 点位置岩体纵向节理面有不明可燃气体溢出,被拱架支护作业中掉落的焊渣引燃,火焰高度 45cm,沿节理面纵向长度 95cm。

2. 原因分析

目前岭北 TBM 施工至中泥盆世刘岭群变质砂岩中,受地质构造作用影响,岩体破碎。洞顶地面高程 1452.45m,洞底高程 523.57m,可燃气体溢出部位洞身埋深约 930m,沿节理裂隙逸出。

秦岭隧洞逸出的有害气体为烷类气体,主要成分为甲烷。瓦斯的来源主要是泥盆系中统刘岭群变质砂岩地层,随着地层构造破碎带上升运移储存在岩层裂隙内,受隧洞施工的影响造成瓦斯不断溢出。初步分析评估结论:秦岭隧洞洞室埋深大,具有良好的储存封闭条件,有利于地下有害气体的积聚;区内受构造作用影响严重,岩体中构造结构面发育,具备气体游离及运移的良好通道,不具备瓦斯突出发生的条件;出现有害气体溢出原因可能为有害气体从其他深部区域沿构造裂隙等通道运移而来。

3. 工程措施

(1) 结构设计

对瓦斯地段衬砌结构进行调整,长度范围 100m。拱墙二次衬砌混凝土等级调整为 C35;该段初喷及二衬混凝土中掺加气密剂;对有害气体溢出点进行局部封堵,每个出气点设 3~5 孔局部注浆浆液采用瑞诺化学浆,注浆孔位置根据现场情况确定。

(2) 瓦斯隧洞施工措施

施工通风。要求施工期间必须不间断通风,通风设备采用双风机、双电源;

根据洞内瓦斯浓度监测情况，在衬砌台车等易减缓风速的地段增设沿程增压风机；在瓦斯易积聚的地方，增设小型防爆型局扇。

采用"人工＋自动化"监测的总体监测方案。自动化监测布置方案：在开挖工作面迎头及距开挖工作面不同位置的敏感设备处、回风流处、模板台车前后、5号洞底检修洞、5号洞内、洞内变压器集中安设处、皮带驱动处、机电设备洞室等应设置瓦斯传感器；在距后配套末端30m回风流处、5号支洞井底至掌子面的衬砌地段、5号洞和6号洞之间的主洞已衬砌段、5号支洞等主要测风站安装风速传感器；在易自燃或有爆炸危险的瓦斯工区地段，设置一氧化碳传感器和温度传感器；在TBM上每间隔20m设一处烟雾传感器；瓦斯工区使用的主通风机、局部通风机应设置设备开停传感器。

除配置自动监测系统外，进行人工监测，要求如下：配备专职瓦检员，同时配备低浓度光干涉式甲烷测定器和高浓度光干涉式甲烷测定器，配备 H_2S、CO、CO_2、CH_4 等相应的气体测定器；洞内工程技术人员、班组长、特殊工种等主要管理人员进入瓦斯工区应配备便携式甲烷检测报警仪；并在隧洞内各工作面、刀盘前后、盾尾周边、TBM重要设备、后配套30m后的回风流处、瓦斯易发生积聚处、过断层破碎带、裂隙带及瓦斯异常涌出点、隧洞内可能产生火源的地点等巡检点进行日常巡检。

（3）超前地质预报

根据前期探测地质条件，该段瓦斯工区采用洞内地质素描、HSP连续探测，掌子面布置水平钻孔3孔、配合瓦斯监测仪检测进行瓦斯浓度、压力等监测。重点预测预报前方围岩的破碎程度、产状、裂隙发育情况等。

4. 实施效果

在确保施工安全的前提下，通过采取以上措施，溢出口的气体在两天内就得到了疏散稀释；在试验段的施工过程中，虽仍有有害气体溢出，但是溢出量得到了有效的控制，且溢出后均能及时疏散；超前地质预报也显示未发现大量天然气贮存，均在安全可控范围内。

7.5.7.5 齐热哈塔尔高地温引水发电隧洞高地温

1. 基本情况

齐热哈塔尔水电站位于新疆维吾尔自治区喀什市塔什库尔干塔吉克自治县境内的塔什库尔干河上，多年平均蒸发量为2272mm。引水发电隧洞在桩号

Y7+010.00～Y10+355.00 存在高地温现象，高地温洞段总长 3345m，最大埋深为 1025m，位于 3 号和 4 号支洞之间。围岩岩性为片麻状花岗岩，岩石坚硬，主要结构面与洞线交角大，岩体主要呈次块状结构，完整性较好，部分区域岩体呈镶嵌、层状结构，完整性差。在塔什库尔干河岸，距洞线垂直距离约 2km 处，有温泉沿一组裂隙出露，高程为 2587.00m，水温为 62℃。

2. 原因分析

齐热哈塔尔水电站引水隧洞高地温洞段属于浅部地壳地温场，高地温主要受地球内热的热流影响。齐热哈塔尔水电站引水隧洞的高地温主要是帕米尔高原的高热流值背景，由于受到 F3 断裂的影响，使岩层的导热条件发生变化，从而使热流密度沿热阻小的 F3 断裂上升。

3. 工程措施

（1）加强人员健康管理。缩短施工人员在高温隧洞内的停留时间，增加施工人员数量，增加施工班次，每班作业时间控制在 2 h 以内，同时改装专用人员运输车辆，进一步减少人员的有效作业时间，提升作业效率。同时建立地热监控、风力检测组织系统，测定地温、风速、风量等参数，配置有害气体检测仪和有害气体自动检测报警装置，最大程度保障施工人员的身体健康。

（2）通风降温。按照齐热哈塔尔水电站正常情况的通风布置，采用 $2×75kW$ 的风机，随着隧洞不断地深入，地温不断升高，高温现象越来越明显，原有配置的通风机已远远不能满足现场正常生产的条件。用 $2×37/110kW$ 通风机代替原来的通风机，采用送排混合通风方式，充分利用本地区较低环境气温，全天不间断地向洞内送入新鲜空气，改善洞内空气质量，同时在洞内增设 1 台抽风机置于工作面 100 m 处，将废尘、废气等有害物质吸出并排到洞外，加快气体的流动速度，尽可能降低作业区温度。

（3）炮孔冷却系统。炮孔冷却循环系统主要由抽水输送系统、分散制冷系统及抽水输出系统组成。抽水输送系统由抽水装置和输送管道组成，在河道旁建造一个泵房，通 150 mm 的钢管输送冷水至掌子面 30 m，然后在输水管道上解出 4 个分水闸阀，通过橡胶软管分别连接到钻爆台车上。分散制冷系统主要是通过分流，将冷水分成多股，直接插入到炮孔中，直至冷却至合理的爆破温度。

（4）制冰降温系统。采用 BD/BC—1288BA 型冰柜生产制备冰块，将冰块放置于隧洞通风口，利用冰块液化吸热的原理使产生的冷空气循环流动，使隧洞内部的温度有效地降低，最终达到降温效果。

（5）综合降温措施方案。综合以上几种施工降温措施，通过实践分析，在洞段 Y7+800.00 处，开挖后的掌子面岩壁表面的温度高达 72 ℃，测得空气温度为 65 ℃，取以通风技术为主，辅助低温冷水技术，将河流中的冷水采用管道直接输送掘进工作面的冷却器中。在相关作业区增设专用排风扇，在作业台上固定装设排风扇，在周边增设小风机，以加快周围空气的流动速度，以带动作业人员体表温度的循环，达到改善空气及降温的作用，取得了预期的效果，有效改善了施工的作业条件。

4. 实施效果

齐热哈塔尔引水隧洞高地温段施工从 2010 年 3 月开始，于 2013 年 10 月 15 日成功贯通。

7.5.7.6 怀化市怀新公路分水坳隧道辐射

1. 基本情况

湖南省怀化市怀新公路分水坳隧道设计为双向行车的单洞，隧道净宽 9.3m，净高 6.65m，全长 436m，1.2% 单坡。

隧道通过地段的地层主要由硅质灰岩夹层间破碎带构成。岩石呈灰黑色、黑色，薄至中厚层状，节理裂隙发育。区内存在第四系坡积层弱孔隙水岩组、石炭系中上统壶天群、碳酸岩强岩溶含水岩组、寒武系下统荷塘组至震旦系浅变质岩极弱裂隙含水岩组等三类。该地层岩石中含有天然放射性，但没有形成具有开采价值的铀矿物。

经分析，在分水坳隧道施工过程中，不采取措施，工作人员年（施工期）所受的总的剂量当量为 20.7mSv，远超过公众年剂量当量限值 5mSv。

2. 工程措施

（1）辐射屏蔽。

1）时间防护：缩短工作时间，工作制由原"三八"制改为"四六"制，选用熟练的操作工，尽可能缩短隧道衬砌操作时间。

2）距离防护：在进行隧道衬砌等工作时，合理控制裸露岩石段的长度，尽量减少工作人员与裸露岩石直接接触的时间、面积。

3）施工屏蔽防护：在进行喷混凝土、锚杆、衬砌等工作前，在操作者靠近隧道里面的方向设置移动铅屏，减少人体受照射剂量。

（2）通风降氡。通过不断地向工作面供给足够数量的新鲜空气，稀释、抑制和排除氡、氡子体和粉尘及其有害物质，调节工作面空气条件，保证工作面有害物质不超过浓度限值。采用一台压入，一台抽出的混合式通风方式通风。

（3）降尘。降尘可以降低长寿命气溶胶核素的浓度，除采取加强通风外，在隧道施工中还采取了湿式降尘措施。爆破后的矿尘及炮烟的浓度都很高，除立即通风排除烟尘外，同时采用风水喷雾器迎着炮烟抛掷方向喷射，形成水雾带，有效地降尘和控制矿尘扩散。

（4）个体防护措施。施工人员上岗前全面进行系统的辐射安全知识培训；工作人员佩带个人剂量仪进洞，并穿戴工作服、手套、铅玻璃眼镜、胶鞋及口罩等进行防护；禁止施工人员在工号内吸烟、饮水及进食；施工人员下班后及时更换清洗衣服、鞋帽，并淋浴；每天监测记录个人剂量数值，严格按个人剂量显示数值进行调整、确定工作时间。

（5）加强辐射检测。严格按国标和核工业颁发的行业标准中规定的监测方法，进行有关监测项目的量测；制定严格周密的监测计划，对样品采集、处理、分析、量测、数据处理等严格按操作规程的步骤、要求进行，确保监测质量；配备专门的监测、分析仪器设备并在使用前进行标定、校准，确保监测数据准确、可靠；为保证量测数据真实可靠，根据具体情况进行对比或样品外检；监测人员需经技术培训和技术考核，取得资格证书后上岗操作。

（6）加强医学检查。对于从事隧道作业的人员，就业前进行体检，就业后每 6 个月进行定期体检，发现问题，及时送诊。

3. 实施效果

分水坳隧道工程施工过程中，采用整体辐射防护措施和个体防护措施后，其施工人员所受附加有效剂量为 3.45mSv/a，比预测没有采用辐射防护措施前降低了 83.4%，且工程结束后，工作人员没有受到附加辐射照射。

7.6 小结

众所周知，隧洞工程建设具有高风险性，尤其是深埋长输水隧洞往往穿越诸多不良地质，建设过程存在大量的风险因素。回顾过往，这些风险因素一定

概率引发的各种工程事故极大阻碍社会经济的发展，同时危害人身安全。较之普通隧洞，深埋长输水隧洞施工包含风险因素多，施工技术难度与管理难度大，更容易发生风险事故，且事故的后果更加严重。由于目前的施工通风技术仍然不能满足长隧洞建设需要，加之长隧洞洞内出渣距离大，机械数量多，作业时间长，爆破作业产生的有害气体、车辆尾气以及瓦斯等易于在洞内聚集，有害气体中毒及爆炸等事故风险明显高于短隧洞；大断面由于结构扁平而导致受力更加复杂，往往会受到更大的松弛地压，底脚处应力集中以及拱形支护结构承载力相对变弱等，塌方、大变形的风险高于小隧洞。目前，相关规范对隧洞施工风险评估一概而论，专门性的深埋长隧洞施工风险评估研究资料也相对较少。

因此，有必要针对深埋长输水隧洞开展施工安全风险评估：建立全面、有效地考虑特殊地质、设计施工、施工管理等风险因素的长大隧洞施工安全风险评估指标体系；确立深埋长隧洞施工安全风险评估流程、评估模型、评级标准及风险控制体系。

风险管控是深埋长隧洞工程风险管理的核心，是成体系地识别工程风险和科学合理地管控风险之间重要的桥梁，是决策分析的前提。近年来，国内外对隧洞风险评估方法进行了广泛的研究和应用，除了现有的风险评估方法在隧洞工程中的应用，还根据隧洞工程的特点，开发了大量的隧洞工程风险评估模型。目前我国对深埋隧洞工程的研究与实践，时间很短，属于发展阶段。

风险的有效控制是一个动态的、循环的过程。为了保证深埋输水隧洞施工的安全，在隧洞施工中需要对其进行监测和测量，提出安全风险预警值的设计方法，建立了基于监测数据的动态风险评估系统。这些工作对今后指导深埋输水隧洞的施工，发展我国输水隧洞施工安全风险评估与管理体系起到重要作用，具有显著的价值和意义。

第8章　总 结 与 展 望

随着我国社会经济的快速发展，生产生活对水资源的需求日益增强，建设长距离调水工程已成为解决水资源不均衡的重要举措。隧洞工程因可以大大缩短输水线路长度，减少建筑物数量和移民占地，减小工程运行管理难度，在工程实践中获得了广泛运用。但众所周知，隧洞工程建设具有高风险性，尤其是深埋长隧洞往往穿越诸多不良地质，建设过程存在大量的风险因素。较之普通隧洞，深埋长输水隧洞地质条件更为复杂，施工环境更为恶劣，施工技术难度与管理难度大，其在建设过程中存在更多的不确定风险因素，更容易发生风险事故，且事故的后果更加严重，岩爆、软岩大变形、涌水突泥、有毒有害气体、高地温和放射性等均可能造成较大的经济损失、人员伤亡及工期延误。识别和评估深埋输水隧洞施工过程中可能遇到的风险，建立风险分级与控制机制，减少或避免因风险因素带来的重大施工灾害损失和工期延误，确保工程顺利实施，是深埋输水隧洞施工必须关注的重要内容。因此，有必要针对深埋长输水隧洞开展施工安全风险评估，建立全面、有效地考虑特殊地质、设计施工、施工管理等风险因素的长大隧洞施工安全风险评估指标体系，确立深埋隧洞施工安全风险评估流程、评估模型、评级标准及风险控制体系。

风险评估是风险控制的重要基础。在项目前期阶段，由于掌握的资料相对较少，可对深埋输水隧洞施工风险进行粗评，主要考虑隧洞地质条件、建设规模、地形条件、隧洞结构等方面的因素，采用赋值打分法与专家打分相结合的方式进行评估，为项目风险决策提供依据。项目实施阶段，可在风险粗评的基础上，根据获取的进一步工程资料，深入分析隧洞施工致险因素，构建专项风险评估的指标体系，选择适当的风险分析方法，对隧洞分段展开风险概率评估与风险损失评估，为隧洞的设计和施工提供指导。风险粗评的主要目的是对深埋隧洞进行风险初判，确定进入专项风险评估的风险阈值，以判定隧洞是否需进入专项风险评估。风险专项评估是以风险粗评中风险值较大的深埋隧洞为对象，进一步分解风险因素，进行定性与定量相结合的风险分析，综合得到深埋隧洞施工专项风险等级矩阵和风险综合等级。深埋隧洞施工专项风险可综合分级为低度风险、中度风险、高度风险和极高风险。深埋隧洞施工及管理是一个多主体协调的系统工程，管理者对施工风险分级分析结果的需求是多方面多层次的，可结合风险发生概率与风险损失，从多个风险因素与总体风险等多个角度进行分级，最后形成多维度的施工风险分级图，以更好地指导深埋隧洞施工的风险控制工作。

风险管控是深埋长隧洞工程风险管理的核心，是成体系地识别工程风险和科学合理地管控风险之间重要的桥梁。根据风险可接受程度，风险控制等级可分为可容许风险、一般风险、较大风险和重大风险 4 级，风险控制手段主要有减轻风险、预防风险、回避风险、转移风险、接受风险等。风险的有效控制是一个动态的、循环的过程。为了保证隧洞施工的安全，在隧洞施工中需要对其进行监测和测量，提出安全风险预警值的设计方法，建立了基于监测数据的动态风险评估系统。这对今后指导长大隧洞施工，发展我国隧洞施工安全风险评估与管理体系起到重要作用，具有显著的价值和意义。

近年来，国内外对隧洞风险评估方法进行了广泛的研究和应用，结合隧洞工程的特点，开发了许多隧洞工程风险评估模型。但目前我国对深埋长大输水隧洞工程的研究与实践，时间较短，尚属于起步阶段。在本书中，针对深埋输水隧洞施工的风险评估、风险分级与风险控制三大板块已基本构建完成，但还需以施工致险要素作为纽带进行进一步耦合，构成完整的深埋长隧洞施工风险评控流程。此外，在水利信息化时代，下一步还需对模型与体系进行软件信息化，使水利工程施工风险评控步入智慧水利进程。

附　　录

附录 1　隧洞施工风险粗评调查问卷

　　本次调查试图对本深埋长隧洞施工风险粗评中的富水情况（c）与洞口特性（C）进行调查。表中"隧洞概况"指被调查隧洞段的情况，供您了解与参照。敬请填写附表 1，选择您认为合理的评估结果，在该栏打"√"，感谢您提供宝贵意见！

　　[隧洞概况]

　　隧洞概况应包括以下两方面资料：

　　（1）该隧洞的地质勘探资料，重点包括地下水分布、水文地质等相关资料。

　　（2）隧洞洞口的施工特性，包括施工布置、施工便道情况、洞口地形特点与洞口开挖边坡高度等。

　　[调查表格]（需要您填写）

　　附表 1　　　　　　　富水情况（c）与洞口特性（C）打分调查表

调查指标	分　类	分值	打分选择栏
富水情况 c	隧洞全程存在可能发生涌水突泥的地质	2~3	
	有部分可能发生涌水突泥的地质	1	
	无涌水突泥可能的地质	0	
洞口特性 C	隧洞施工条件差	2	
	隧洞施工好	1	

　　注　请在您认为合适的分值栏后打"√"。

附录 2　某分段风险概率评估的风险因素/因子相对权重调查问卷

本次调查试图对本分段深埋隧洞的风险因素风险概率评估集的相对权重进行调查。情况说明中"隧洞概况"指被调查隧洞段的情况，供您了解与参照。敬请填写附表 2-1～附表 2-x 中的相对权重，感谢您提供宝贵意见！

[隧洞概况]

隧洞概况应包括该分段隧洞的分段依据、地质情况、隧洞基本设计情况、初步判断的主要风险因素等。

[权重打分说明]

本附表调查权重为各个风险因素/因子的相对权重，如您认为对于本分段隧洞的风险中，岩爆发生可能性要远大于软岩大变形，则可打 $a_{12}=9$，$a_{21}=1/9$，依此类推。

[调查表格]（需要您填写）

附表 2-1　　　　　　　某分段专项风险因素风险隶属度调查表

某分段专项风险		U_1	U_1	U_2	U_3	U_4	U_5	U_6	备　注
岩爆	U_1	a_{11}	a_{12}	a_{13}	a_{14}	a_{15}	a_{16}		
软岩大变形	U_2	a_{21}	a_{22}	a_{23}	a_{24}	a_{25}	a_{26}		本权重调查表采用
涌水突泥	U_3	a_{31}	a_{32}	a_{33}	a_{34}	a_{35}	a_{36}		9 分制，认为相关度
高地温	U_4	a_{41}	a_{42}	a_{43}	a_{44}	a_{45}	a_{46}		越高，权重越大，且
有毒有害气体	U_5	a_{51}	a_{52}	a_{53}	a_{54}	a_{55}	a_{56}		$a_{ij}=1/a_{ji}$
放射性物质	U_6	a_{61}	a_{62}	a_{63}	a_{64}	a_{65}	a_{66}		

附表 2-2　某分段岩爆专项风险因子判断矩阵、权重计算及一致性检验

岩爆		U_1	U_{11}	U_{12}	U_{13}	U_{14}	U_{15}	U_{16}	备　注
地应力	U_{11}	a_{111}	a_{112}	a_{113}	a_{114}	a_{115}	a_{116}		
岩性	U_{12}	a_{121}	a_{122}	a_{123}	a_{124}	a_{125}	a_{126}		本权重调查表采用
埋深	U_{13}	a_{131}	a_{132}	a_{133}	a_{134}	a_{135}	a_{136}		9 分制，认为相关度
地形	U_{14}	a_{141}	a_{142}	a_{143}	a_{144}	a_{145}	a_{146}		越高，权重越大，且
地下水	U_{15}	a_{151}	a_{152}	a_{153}	a_{154}	a_{155}	a_{156}		$a_{1ij}=1/a_{1ji}$
人为因素	U_{16}	a_{161}	a_{162}	a_{163}	a_{164}	a_{165}	aa_{166}		

附表 2-3　某分段软岩大变形专项风险因子判断矩阵、权重计算及一致性检验

（略）

附表 2-x　某分段×××专项风险因子判断矩阵、权重计算及一致性检验

（略）

附录3 隧洞施工专项风险损失调查问卷

本次调查试图对深埋长隧洞施工专项风险损失进行调查。表中"隧洞概况"指被调查隧洞段的情况，供您了解与参照（附表3-1）。敬请填写附表3-2，选择您认为合理的评估结果，在该栏打"√"，或填写相关参数，感谢您提供宝贵意见！

[隧洞概况]

隧洞概况包括该分段隧洞的长度、地质条件、分段原则等基本情况，同时也告知该段的专项风险概率分析结果，以明确该段隧洞的最主要风险与风险分布情况。

附表3-1　　　　　　　　　隧洞施工风险损失评分标准表

评估等级	5 灾难性的	4 很严重的	3 严重的	2 较大的	1 一般的
经济损失	1亿元以上	5000万元以上1亿元以下	1000万元以上5000万元以下	1000万元以下	500万元以下
进度损失	进度延误时间占工程设计总工期50%以上	进度延误时间占工程设计总工期30%~50%	进度延误时间占工程设计总工期20%~30%	进度延误时间占工程设计总工期10%~20%	进度延误时间占工程设计总工期10%以内
安全损失	30人以上死亡，或者100人以上重伤	10人以上30人以下死亡，或者50人以上100人以下重伤	3人以上10人以下死亡，或者10人以上50人以下重伤	3人以下死亡，或者10人以下重伤	无人死亡，10人以下重伤

[调查表格]（需要您填写）

附表3-2　　　　　　　　　隧洞施工风险损失评分表

风险损失程度		轻微的	较大的	严重的	很严重的	灾难性的
调查统计占比	岩爆风险损失					
	软岩大变形风险损失					
	涌水突泥风险损失					
	高地温风险损失					
	有毒有害气体风险损失					
	放射性物质风险损失					

参 考 文 献

［1］ Einstein H H，Vick S G. Geological model for tunnel cost model ［J］. Proc Rapid Excavation and Tunneling Conf，1974（2）：1701 - 1720.

［2］ CB Chapman. Risk Analysis for large Projects：Models，Methods and Cases ［J］. Journal of the Operational Research Society，1987，38（12）：1217.

［3］ Sturk R，Olsson L and Johansson J. Risk and decision analysis for large underground projects，as applied to the Stockholm ring road tuning ［J］. Tunneling and Underground Space Technology，1996，11（2）：157 - 164.

［4］ Sturk R，Olsson L，Johansson J. Risk and decision analysis for large underground projects，as applied to the Stockholm，ring tunneling ［J］. Tunneling and Underground Space Technology，1996.

［5］ Chapman C B C. A risk engineering approach to project risk management ［J］. Project Management，1990.

［6］ Nilsenb，Palmstrtsmc，Stilleh. Quality Control of a Sub - sea Tunnel Project in Complex Ground Conditions ［J］. Challenges for the 21st century，1992，15：137 - 145.

［7］ Heinz D. Challenges to Tunneling Engineers ［J］. Tunneling and Underground Space Technology，1996，11（1）：5 - 10.

［8］ Tononf，Mamminoa，Bemardini A. Multi objective optimization under uncertainty in tunneling：application to the design of tunnel support/reinforcement with case histories ［J］. Tunneling and Underground Space Technology，2002，17：33 - 54.

［9］ Yooc，Kimjh. A web - based tunneling - induced building unlity damages assessment system：TURISK. Tunneling and Underground Space Technology，2003，18：497 - 511.

［10］ Likhitruangslip V，Ioannou P G. Risk - sensitive decision support system for tunnel construction，2004.

［11］ Oztasn A，Okmen O. construction projects. Building Judgmental risk analysis process development in and Environment，2005，40（9）：1244 - 1254.

［12］ Eskesen S D，Tengborg P，Johansson J，et al. International Tunneling Association

Working Group No. 2. Guidelines for Tunneling Risk Management［J］. Tunneling and Underground Space Technology，2004，19（3）：227－237.

［13］ The International Tunneling Insurance Group. A Code of practice for Risk management of Tunnel Works［M］. 2006.

［14］ Shinjh，Kwonyc，Jungys，et al. Methodology for quantitative hazard assessment for tunnel collapses based on case histories in Korea［J］. International Journal of Rock Mechanics and Mining Sciences，2009，46（6）：1072－1087.

［15］ Buckley J J. Fuzzy hierarchical analysis［J］. Fuzzy Sets and Systems，1985，17（3）：233－247.

［16］ 刘学增，俞文生，王华牢，等. 公路隧道建设安全风险动态评估与控制技术［M］. 北京：人民交通出版社，2015.

［17］ 张顶立. 城市地下工程建设安全风险及其控制［M］. 北京：化学工业出版社，2012.

［18］ 丁士昭. 项目管理信息系统 PMTS 的理论与实践. 项目管理国际会议论文集［C］. 1992.

［19］ 白峰青，卢兰萍，姜兴阁. 地下工程的可靠性与风险决策［J］. 辽宁工程技术大学学报：自然科学版，2000，19（3）：237－239.

［20］ MeFeat Smith. Risk assessment for tunneling in adverse geological condition in Asia［J］. Proceedings of LCTUS，2000.

［21］ 王立军. 高速公路山岭隧道设计阶段安全风险评估［J］. 桥隧工程. 2012（24）：78－82.

［22］ 王梦恕. 厦门海底隧道设计施工运营安全风险分析［J］. 施工技术，2011（增刊）：1－5.

［23］ 宫志群. 地铁盾构区间隧道施工风险分析及评估［D］. 天津：天津大学，2006.

［24］ 宋浩然，张顶立，谭光宗. 大连湾海底隧道风险评估及对策研究［J］. 北京交通大学学报，2013，37（4）：1－6.

［25］ 王燕，黄宏伟，薛亚东. 钻爆法施工隧道塌方风险分析［J］. 沈阳建筑大学学报，2009，25（1）：23－27.

［26］ 叶英. 隧道施工超前地质预报［M］. 北京：人民交通出版社，2011.

［27］ 张先锋，杜道龙，等. 隧道超前地质预报技术指南［M］. 北京：人民交通出版社，2013.

［28］ 蒋良文，易勇进，杨翔，等. 渝怀铁路园梁山隧道桐麻岭背斜东翼岩溶涌水突泥灾害与整治方案比选［J］. 地球科学进展，2004，340（6）：1001.

［29］ 温其能，吴秉其，向帅，等. 隧道涌水突泥风险评估模型研究［J］. 重庆交通大学学报. 2012，10.3969/j. issn. 1674－0696.2012.05.07.

［30］ 余波. 深埋隧洞中的岩溶地基工程地质问题及地基处理［J］. 岩石力学与工程学报，2001，20（3）：403－407.

［31］ 林殿科. 大伙房水库输水工程放射性调查及影响评估［J］. 铀矿地质，2003，7（19）：246－251.

[32] 张瑞礼. 大坡度煤矿斜井 TBM 施工有害气体预控技术 [J]. 铁道建筑技术，2015 (4)：55-58.

[33] 周菊兰，郑道明. 地下工程施工中高地温、高温热水治理技术研究 [J]. 四川水力发电，2011，10 (5)：81-84.

[34] 杨长顺. 高地温隧道综合施工技术研究 [J]. 铁道建筑技术，2010 (10)：39-46.

[35] 吕孝强，于清军，甘明日. 井下粉尘及有毒有害气体综合治理技术措施的应用 [J]. 中国矿业，2010，19 (8)：5.

[36] 王志昌. 浅谈双护盾 TBM 施工隧洞有毒有害气体的监测及防治 [J]. 水电站机电技术，2016 (S1)：79-80.

[37] 齐传生. TSP202 隧道地震波超前地质预报系统的应用 [J]. 世界隧道，1999 (1)：36-40.

[38] 黄秀成，秦之富，朱如荣，等. 公路隧道地质雷达地质预报方法探讨 [J]. 公路交通技术，2004 (5)：107-111.

[39] 王正成，谭巨刚，孔祥春，等. 地质雷达在隧道超前预报中的应用 [J]. 铁道建筑，2005 (2)：9-11.

[40] 高才坤，郭世明. 采用地质雷达进行隧道掌子面前方地质情况预报 [J]. 水力发电. 2000 (3)：11-13.

[41] 钟宏伟，赵凌. 我国隧道工程超前预报技术现状分析 [J] 人民长江，2004 (9)：16-18.

[42] 许和平. 断层参数预测法超前预报铁路隧道断层技术研究 [D]. 成都：西南交通大学，2000.

[43] 代树林. 复杂地层隧道施工地质超前预报及施工方法的确定 [D]. 长春：长春科技大学，1999.

[44] 杨秀权. 隧道隧洞超前地质预报技术研究 [D]. 北京：北方交通大学，2002.

[45] 何发亮，李苍松. 隧道施工期地质超前预报技术的发展 [J]. 现代隧道技术，2001，38 (3)：12-15.

[46] 许建业，梁晋平，靳永久，等. 隧洞 TBM 施工过程中的地质编录 [J]. 水文地质工程地质，2000 (6)：35-38.

[47] 陈海军. 岩爆预测的人工神经网络模型 [J]. 岩土工程学报，2002，24 (2)：229-232.

[48] 白明洲，王连俊，许兆义. 岩爆文献性预测的神经网络模型及应用研究 [J]. 中国安全科学学报，2002，12 (4)：65-69.

[49] 李宏建. 隧道变形预测的灰色 Verhulsl 模型 [J]. 石家庄铁道学院学报，2000 (4)：5.

[50] 刘志刚. 隧道隧洞施工地质技术 [M]. 北京：中国铁道出版社，2001.

[51] 张玉祥. 巷道围岩稳定性识别模糊神经网络与模糊数学研究 [J]. 岩土工程学报，1998，20 (3)：90-93.

[52] 周保生，朱维生．巷道围岩参数的人工神经网络预测［J］．岩土学，1999.20（1）：22 - 26.

[53] 陈祥光，裴旭东．人工神经网络技术及应用［M］．北京：中国电力出版社，2003.

[54] 徐军．递归神经网络稳定性分析［D］．杭州：浙江大学，2007.

[55] 姜越．邻近既有地铁线的新建地铁工程施工安全风险管理研究［D］．北京：北京交通大学，2014.

[56] 孙长军．北京地铁近接施工安全风险控制技术及应用研究［D］．北京：北京交通大学，2017.

[57] 晏胜荣．大直径土压平衡盾构下穿圭塘河风险分析及施工技术研究［D］．长沙：中南大学，2013.

[58] 张镜剑，傅冰骏．岩爆及其判据和防治［J］．岩石力学与工程学报，2008，27（10）：2034 - 2042.

[59] 杨莹春，诸静．一种新的岩爆分级预报模型及其应用［J］．煤炭学报，2000，25（2）：169 - 172.

[60] Feng X T，Wang L N. Rock - burst prediction based on neuralnetworks［J］. Trans. Non - ferrous Met. Soc. China，1994，4（1）：7 - 14.

[61] 姜彤，黄志全，赵彦彦，等．灰色系统最优归类模型在岩爆预测中的应用［J］．华北水利水电学院学报，2003，24（2）：37 - 40.

[62] 冯夏庭，赵洪波．岩爆预测的支持向量机［J］．东北大学学报，2002，23（1）：57 - 59.

[63] 宫凤强，李夕兵．岩爆发生和烈度分级预测的距离判别方法及应用［J］．岩石力学与工程学报，2007，26（5）：1013 - 1018.

[64] 《岩土工程手册》编写组．岩土工程手册［M］．北京：中国建筑工业出版社，1994.

[65] 吴德兴，杨健．苍岭特长公路隧道岩爆预测和工程对策［J］．岩石力学与工程学报，2005，24（21）：3956 - 3971.

[66] 何满潮，景海河，孙晓明．软岩工程地质力学研究进展［J］．工程地质学报，2000，8（1）：46 - 62.

[67] 陈涛．某隧道软岩大变形防治问题的探讨石家庄铁道学院学报（自然科学版）［J］．2008，21（1）：39 - 42.

[68] 邹翀．高地应力软岩隧道施工变形控制方法试验研究［J］．隧道建设，2012，32（1）：6 - 10.

[69] 孙伟亮．堡镇隧道高地应力顺层偏压软岩大变形段的快速施工技术［J］．隧道建设，2009，29（1）：79 - 81.

[70] 张旭东，汪海滨，封明君，等．释能降压工法在高压富水岩溶隧道风险规避中的应用研究［J］．岩石力学与工程学报，2010（S1）：200 - 209.

[71] 高广义，陈立杰．象山隧道岩溶段注浆技术优化研究［J］．隧道建设，2011，31（1）：98 - 103．

[72] 孙国庆．超前大管棚施工工艺及参数优化研究［J］．隧道建设，2010，30（5）：495 - 507．

[73] 张民庆，张文强，孙国庆．注浆效果检查评定技术与应用实例［J］．岩土力学与工程学报，2006（S2）：581 - 590．

[74] 陈涛，梅志荣，李传富．隧道玻璃纤维锚杆全断面预加固技术的应用研究．现代隧道技术，2008（S1）：233 - 238．

[75] 朱鹏飞．宜万线隧道工程施工地质超前预测预报策划与应用效果评估［J］．现代隧道技术．2005，42（5）：52 - 59．

[76] 张民庆．宜万铁路重点难点隧道工程地质难题与施工对策浅析［J］．现代隧道技术增刊，2004，117 - 131．

[77] 铁道第四勘察设计院．宜万线复杂岩溶隧道施工防灾报警系统设计方案［R］．2006．

[78] 胡子平．复杂岩溶隧道突水突泥防灾报警系统设计［J］．现代隧道技术．2007，44（6）：48 - 55．

[79] 吴应明．华蓥山隧道有害气体监测与综合治理技术［J］．现代隧道技术．2003，40（4）：68 - 73．

[80] 黄敏富，沈文权，刘文．有害气体和岩石突出条件下的隧洞开挖安全措施［J］．四川水力发电．2010，29（1）：99 - 103．

[81] 卫修君，胡春胜．矿井降温理论与工程设计［M］．北京：煤炭工业出版社，2008．

[82] 余恒昌，等．矿山地热与热害治理［M］．北京：煤炭工业出版社，1991．

[83] 李湘权，代立新．发电引水隧洞高地温洞段施工降温技术［J］．水利水电技术，2011，42（2）：36 - 41．

[84] 李明亮．环境氡气辐射规律及防治研究［J］．电力学报，2006，21（3）：285 - 287．

[85] 慈捷元，等．深圳地铁一期工程各站段放射性水平与分析［J］．中国辐射卫生，2006，15（4）：474 - 475

[86] 朱江棚．长大引水隧洞岩爆机理分析及防治研究［D］．南京：河海大学，2007．

[87] 杜子建．岩爆预测理论与应用研究［D］．武汉：武汉科技大学，2007．

[88] 周德培，洪开荣．太平驿隧洞岩爆特征及防治措施［J］．岩石力学与工程学报，1995，14（2）：171 - 178．

[89] 许绛垣．岩爆灾害及其防治［J］．安全与环境工程，1998，5（1）：32 - 35．

[90] 赵福善．兰渝铁路两水隧道高地应力软岩大变形控制技术［J］．隧道建设，2014，34（6）：547 - 553．

［91］ 唐绍武．木寨岭隧道大战沟斜井高地应力软岩大变形施工技术［J］．隧道建设，2010，30（2）：209－211．

［92］ 张民庆，黄鸿健．宜万铁路马鹿箐隧道1·21突水突泥抢险治理技术［J］．铁道工程学报，2008（11）：49－61．

［93］ 张梅，张民庆，朱鹏飞，等．高压富水充填溶腔释能降压技术［J］．中国工程科学，2009，11（12）：13－19．

［94］ 刘胜东，孟国基．某铁路运营隧道溶洞强化治理设计及施工［J］．隧道建设，2011，31（2）：228－234．

［95］ 侯磊．硫化氢气体的检测及其安全防范措施［J］．中国高新技术企业，2009，19：26－28．

［96］ 李强，高碧桦，杨开雄，等．钻井作业硫化氢防护［M］．北京：石油工业出版社，2006．

［97］ 王伟．浅谈 H_2S 气体对油、套管的腐蚀特性及防护措施［J］．科技论坛，2005（12）：78．

［98］ 崔文霞，王瑞娥．含硫油气井中的硫化氢气体检测和防护应急程序［J］．企业技术开发，2010，29（1）：89－91．

［99］ 和学伟．高温高压热水条件下的引水隧洞施工［J］．云南水力发电，2003（S1）：59－61．

［100］ 侯代平，刘乃飞，余春海，等．新疆布仑口高温引水隧洞几个设计与施工问题探讨［J］．岩石力学与工程学报，2013，32（S2）：3396－3404．

［101］ 焦国锋．拉萨-日喀则铁路高地温分布特征研究［J］．铁道建筑，2013（8）：101－104．

［102］ 陈蕾，袁媛．布仑口-公格尔水电站发电引水隧洞高地温洞段爆破技术研究［J］．黑龙江水利科技，2012（9）：107－108．

［103］ 深圳市水务规划设计院．清林径引水调蓄工程3号输水隧洞氡气及 γ 射线防护方案（第二版）［Z］．

［104］ 广东省职业病防治院．氡气防护技术监测试验及 γ 射线危害评估（第 YP－FQC－12001号）．

［105］ 广东省职业病防治研究院．清林径引水调蓄工程3号隧洞氡气防护技术防护效果及 γ 射线危害评估［R］．2012．

［106］ 赖涤泉．隧洞施工通风与防尘［M］．北京：中国铁道出版社，1994．

［107］ 潘飞，程圣国，陈婷．复杂高地应力区软岩隧道大变形控制技术研究［J］．人民长江，2014，45（1）：49－54．

［108］ 胡文学，杨雁．瑶寨隧道突水突泥原因分析与处置［J］．桥隧工程，2013，10：39－42．

［109］ 王新，刘波波．秦岭隧洞 TBM 施工有害气体处理研究［J］．水利技术监督，2018，5：217－220．

[110] 宿辉，张宏，耿新春，等．齐热哈塔尔高地温引水发电隧洞施工影响分析及降温措施研究 [J]．隧洞建设，2014，38 (4)：351-356.

[111] 王石光，周应麟，刘正刚．分水坳隧道辐射防护措施 [J]．公路，2003 (3)：136-139.

[112] 陈建国．隧道大规模突涌水水量预测及抽排技术 [J]．公路交通技术，2019，35 (4)：111-115，122.